卫生健康职业教育校企合作创新教材

U0741733

管理学基础

（供现代家政服务与管理专业用）

主　编　陈　岭　胡志权

副主编　刘　静　张怀磊

编　者　（以姓氏笔画为序）

叶　奕（广东江门中医药职业学院）

刘　静（广东江门中医药职业学院）

关天萍（广东江门中医药职业学院）

张怀磊（广东江门中医药职业学院）

张春红（广东江门中医药职业学院）

陈　岭（广东江门中医药职业学院）

陈晓雯（广东江门中医药职业学院）

胡志权（江门职业技术学院）

梁枝贤（广东江门中医药职业学院）

中国健康传媒集团
中国医药科技出版社

内 容 提 要

　　本教材是"卫生健康职业教育校企合作创新教材"之一，系根据本课程教学大纲和本教材编写原则与要求编写而成。全书共11章，内容包括管理概论、管理理论、管理环境、决策、计划、组织、控制、领导、激励、沟通管理、现代企业与管理创新。通过"学习目标""案例导读""知识链接""案例拓展""小结""实用管理学小原理""目标检测"等模块，增强教材实用性，激发学生的学习兴趣，提高学习效率。

　　本教材可供全国高等职业院校现代家政服务与管理专业师生使用，也可作为相关从业人员的参考用书。

图书在版编目（CIP）数据

管理学基础 / 陈岭，胡志权主编 . —北京：中国医药科技出版社，2023.8
卫生健康职业教育校企合作创新教材
ISBN 978–7–5214–4063–8

Ⅰ.①管…　Ⅱ.①陈…②胡…　Ⅲ.①管理学 – 职业教育 – 教材　Ⅳ.①C93

中国国家版本馆CIP数据核字（2023）第141548号

美术编辑　陈君杞
版式设计　南博文化

出版　**中国健康传媒集团** | 中国医药科技出版社
地址　北京市海淀区文慧园北路甲22号
邮编　100082
电话　发行：010-62227427　邮购：010-62236938
网址　www.cmstp.com
规格　787×1092mm $^1/_{16}$
印张　13 $^1/_4$
字数　262千字
版次　2023年8月第1版
印次　2023年8月第1次印刷
印刷　北京市密东印刷有限公司
经销　全国各地新华书店
书号　ISBN 978–7–5214–4063–8
定价　**59.00元**

获取新书信息、投稿、为图书纠错，请扫码联系我们。

前言

管理学基础是高等职业院校现代家政服务与管理专业的一门专业基础课程。为了更好地适应该课程教学的需要，根据现代家政服务与管理专业的人才培养目标，针对高等职业教育的特点和规律，结合学生的学习特点，在学校大力支持下，我们组织编写了本教材。

本教材在编写过程中，坚持以能力培养为目标构建内容体系，重视提高教材的针对性和实用性，实现对学生通用管理技能的培养。

在内容选取和安排上，教材依据理论"必需、够用"为度的原则，突出有关基本概念、基本知识、基本原理和基本技能，以管理系统和管理思想为基础，以管理的计划、组织、领导和控制等主要职能为重点，同时强调管理理论创新，以此构建本书的内容体系。力求简单明了、通俗易懂和实用。

在编写体例上，教材进行了一些创新，力求适合高等职业学生的学习特点和现代家政服务与管理专业的需要。每章前面设有"学习目标"，提示学生注意把握知识要点和能力要求。在章节开头，以"案例导读"引出要学习的内容，激发学生的求知欲；在章节中间，提供"案例拓展"实例和"知识链接"，加强学生对主要内容的理解，提高学习兴趣，扩大视野；每章末尾，附带一个与本章相关的"实用管理学小原理"，既可以拓展学生的知识面，又可以给学生的学习、生活提供实用小工具；章节后有"小结"，总结全章重点内容，帮助学生回顾所学知识要点；最后设"目标检测"对学生的学习情况进行简单的检测并帮助学生进行复习。

本教材在编写过程中参考和引用了近年来相关出版材料，以及网络、报纸、杂志等公开发表的资料，在此对原作者表示衷心感谢。书中难免存在疏漏之处，恳请各位读者和同行批评指正，以便修订时完善。

编　者
2023 年 4 月

目录

第一章　管理概论

并不是只有高管才是管理者，所有知识工作者，都应该像管理者一样工作和思考。

——美国现代管理学大师彼得·德鲁克

学习目标

1. 掌握管理的概念、基本职能、方法、原则。
2. 熟悉管理者的类型、角色与基本技能。
3. 了解管理的含义、性质；管理学认知误区及学习管理学的必要性。

案例导读

"三个和尚没水吃"的管理启示

"一个和尚挑水吃，两个和尚抬水吃，三个和尚没水吃"的故事可以说是家喻户晓。在这个耳熟能详的故事里，三个和尚为什么没水吃？最后怎么解决了三个人吃水的问题？其实这个故事也可以从管理学的角度进行分析。

在这个故事里，原来只有一个和尚，出于自身需要，他每天自觉地去挑水。后来又来一个和尚，两个人都要喝水，谁都不想吃亏，所以选择两人抬水。等到来了第三个和尚的时候，其实就是形成了一个团队。在团队里，每个人都希望自己的利益最大化，不愿意责任共享，而且在团队里，每个和尚都有了偷懒的空间和可能，于是大家就互相推诿，没人愿意当"傻瓜"去干挑水、抬水的活儿了。这种利益分配上的矛盾如果没有得到解决，就会造成人手增加反而效率大大降低的情况。民间对这种情况还有很多类似的俗语，比如"龙多不治水""人多瞎胡乱，鸡多不下蛋"等。这与我们常说的"众人拾柴火焰高"和"人多力量大"的预期效果截然相反。这种情况如何破局呢？管理学也许能给我们提供一些思路和办法。

如何让三个和尚解决吃水的问题呢？至少有三个方案可供参考：比如让三个和尚轮流挑水，一人一天；也可以每天两个人轮值去抬水；还可以三个人一起去挑水。为了保证大家都按约定执行挑水任务，可以在三个和尚里选一个比较有威望，而且能以身作则的"领导"，由他来制定相应的制度，明确每个人应尽的义务、责任和享受的权利。这样落实下来，不管寺庙里来几个和尚，"没水吃"的问题就都不会再出现了。

大家是如何解决宿舍打扫卫生问题的？如果你是一名班干部，你如何把全班同学组织起来共同举办一场新年晚会？假期在家的时候，哥哥姐姐的孩子送回来让你带，你怎么当好一个"孩子王"？这些事看似简单，其实都跟管理有关。管理可以让我们更有效率地解决问题。所以有人说管理也是生产力！

思考： 为什么说管理也是生产力？

第一节　管理的内涵

一、管理的概念

管理是人类的一种基本活动，自原始社会开始，人类已经有意识或无意识地开始了管理活动。特别是工业革命以后，随着现代工业技术的广泛应用和工商企业数量、规模的发展，管理越来越受到人们的重视。第二次世界大战以后，更是形成了世界性管理发展、研究热潮。可以说，管理活动不仅存在于人类社会各个历史阶段，而且存在于社会生活各个领域、组织和部门。从政府、军队，到企业、医院、学校甚至家庭，都存在着管理活动，任何组织或者团体都不能离开管理。

"管理"这个词的英文是"management"，最初的意思是"训练和驾驭马匹"。在汉语中，"管"最早表示"管状乐器"，或者"钥匙"，后来引申为管辖、负责的意思；"理"指条理、梳理。简单来说，管理可以理解为对人和事物进行安排和处理。

实际上，管理的含义不仅限于此。自从泰罗和法约尔开创了管理学这门学科以来，人们对"管理"的定义一直是众说纷纭，没有统一的定义。有人认为，管理就是通过众人的工作实现组织的计划和目标；有人认为，管理就是研究系统运行的规律，并根据这些规律组织系统活动，使系统不断发展；有人强调管理的本质是决策，就是围绕制定和组织实施决策开展的一系列活动；也有人把管理理解为计划、组织、指挥、协调和控制的过程。

虽然人们对管理有众多解释，但是不同解释之间并不矛盾，我们可以理解为人们从不同侧面和角度描述了管理活动的特征或者某一方面的属性。这也说明，管理其实是一种非常重要而且复杂的行为。

综合以上各种理解，我们对管理定义如下：管理就是为了有效地实现组织目标，协调以人为中心的组织资源，进行计划、组织、领导与控制的过程。

在这个定义中，包含以下几层意思：①实施管理的主体一般是具有专门知识、技术和方法的管理者，也就是说，管理有一套专门的理论、方法和技术，并不是任何人都会管理或者任何人都能把管理工作做好的；②管理的目的是有效实现组织目标；③管理的本质是协调；④管理的载体是组织，管理不能脱离组织而存在；⑤管理的职能包括计划、组织、领导、控制；⑥管理的对象是组织资源，包括人力、物力、财力、技术、信息、文化等；⑦管理并不是一次性行为或动作，而是一个过程。

二、管理的认知误区

1.管理是为了实现组织目标，管理本身不是目的　英国著名历史学家诺斯古德·帕金森1958年出版的《帕金森定律》一书中提出："在行政管理中，行政机构会像金字塔一样不断增多，行政人员会不断膨胀，每个人都很忙，但组织效率越来越低下。"这种现象被称为"帕金森定律"。彼得·德鲁克也指出，我们所称的90%的"管理"只是使完成任务变得更加困难；管理并非越多越好，糟糕的管理比没有管理更糟糕。

事实上，在现实中我们经常发现一些企业或组织致力于建立健全的管理制度和规范的管理，但效益并不见得很好。所以我们一定要清楚管理的最终目的是实现组织目标，但管理本身并不是目的，不能为了管理而管理。

2.管理是"协调"，不是把人"管住"　管理是合理分配和协调组织的各类人力、物力等资源，是要"激发"人，不是为了"管住"人。彼得·德鲁克认为，管理的本质是激发人的善意和潜能。但很多人把管理当作一种工具，认为管理是操控员工的行为。实际上，激发、激励员工，使所有组织成员协调行动，为实现共同的目标而努力才是管理的目的。

三、管理的性质

1.管理的二重性　是指管理既具有自然属性，又具有社会属性。管理的自然属性指管理是生产过程中固有的，是有效组织劳动所必需的；管理的社会属性指管理直接或间接同生产资料所有制有关，管理受一定的社会关系、政治制度和意识形态的影响和制约。

管理的二重性表明，管理存在于所有的社会经济形态中，不因社会制度的改变而改变，是社会化大生产的必需条件。管理的自然属性决定了管理具有普遍性和永久性特征，不受时代或社会形态的影响。因此，我们可以学习和借鉴发达国家先进的管理经验和方法为我们的发展服务。管理的社会属性则表明，管理总是在一定生产关系下进行的，某种意义上可以说是生产关系的再生产，它由社会制度、生产关系决定。所以，我们不能完全照抄其他国家的管理理论和方法，要有选择地进行引用和借鉴，因地制宜地建立中国特色的管理科学，更好地为我国建设和发展服务。

2.管理的科学性和艺术性　人们在长期管理实践中归纳总结出一些基本的规律也就是管理理论和方法。这些理论和方法可以指导我们的管理实践，我们又可以用管理实践的结果来衡量管理理论和方法，评价其有效性和正确性。从这个角度说，管理是一门科学，是一套分析问题、解决问题的科学方法。

一方面，管理在实践中虽然遵循一定的原理和方法，但因为管理过程非常复杂并且存在各种不确定性，没有人可以"按图索骥"完全按照理论进行操作，否则无异于纸上谈兵。管理者在管理过程中必须发挥人的积极性、主动性和创造性，根据具体的管理环境灵活地使用管理知识和方法，甚至对原有的方法进行适度创新，才能达到更好的效果。另一方面，不同的管理者的管理行为具有不同的风格，处理问题的方法和技巧也各不相同，并非千篇一律，这就如同是一种艺术创造过程。

管理的科学性和艺术性特征要求管理者既要重视对管理基本理论的学习，又要重视在实践中因地制宜地灵活运用，才能实现成功的管理。

四、管理的基本职能

管理的职能是指管理的职责与功能。

管理是一种活动。对于管理活动所具有的基本功能或职能有哪些，有很多不同的观点。最早系统地提出管理职能的是法国管理学家亨利·法约尔。法约尔提出管理具有计划、组织、指挥、协调和控制5种职能，为后人的研究奠定了基础。在法约尔的基础上，后来的管理学家有各种补充或删减。尽管各种学派对管理的职能划分各不相同，但计划（planing）、组织（organizing）、领导（leading）和控制（controling）（简称P-O-L-C）4大职能得到了大家公认。许多新的管理理论在此基础上，又提出将激励、决策、沟通等也纳入管理活动的基本职能。

1.计划　是组织对未来活动如何进行的预先筹划。人们在从事一项活动之前首先要做计划，这是管理的开始和前提。计划职能包括收集基础资料和信息，并在此基础上对组织的未来发展趋势做出预测，建立组织目标，然后制定各种方案、措施和具体实施步骤，为实现组织目标做出完整的筹划。计划是管理的首要职能，管理活动从计划开始。

2.组织　为了有效地实施计划，必须根据工作要求和组织人员的特点对岗位、人员配备、职责和权限等关系进行设计和组合，使信息、资源能在组织内有序分配，使整个组织协调运转。这就是组织工作的任务。组织是管理活动的根本职能，是其他一切管理活动的保证和依托。

3.**领导**　是指管理者利用组织赋予的权力和个人影响力指挥和影响下属为实现组织目标而努力工作的活动过程，包括决策、选人用人、指挥协调、激励等。作为一名管理者或者领导，其主要职责是激发下属的潜能，率领员工一起为实现组织目标而努力。管理的领导职能是一门非常奥妙的艺术，贯穿整个管理活动中。

4.**控制**　在执行计划的过程中，由于受到各种因素影响，常常会出现偏离计划的情况。控制就是发现偏差，并采取措施纠正偏差，使活动与目标一致，减少偏差可能给组织带来的损失。控制的实质就是使实践活动符合计划。计划就是控制的标准。各个管理层次都要充分重视控制职能，越是基层管理者，控制要求的时效性越短，控制的定量化程度也越高；越是高层管理者，控制要求的时效性越长，综合性越强。

5.**决策**　是指采用一定的科学方法和手段，从多个方案中选择一个比较满意的方案的过程。决策是管理工作成败的关键。

在现实管理活动中，管理的各项职能并不是按照顺序履行的，而是在时间和空间上相互交融、彼此重叠，管理者并非按部就班地依次完成各项管理职能。但是不同层次、级别的管理者在执行管理职能时，其侧重点和具体内容又是各不相同的。

6.**激励**　指运用各种手段激发员工的工作动机，以实现组织目标。其核心是调动人的积极性，激发人的内在驱动力，自觉自愿为企业奉献。

7.**沟通**　沟通作为一种管理措施，可以发挥协调个体，使企业成为一个整体的作用，也是管理者激励下属，实现管理职能的基本途径，同时也是组织与外部环境之间建立联系的桥梁。

在任何组织管理活动中，从最高管理层到基层员工都有决策职能，越往高层战略性决策越多，越往基层执行性决策越多。执行性决策一般属于程序性的，决策难度比较小；战略性决策由于要解决的问题情况复杂，因而决策难度大。管理的决策职能存在于各项管理活动中。

五、管理的方法

管理的方法是指为达到组织的管理目标所采取的方法、手段、措施、途径等。在管理实践中，管理目标的实现必须借助一定的方法和手段。管理方法是管理理论和原理的具体化、实际化，是管理原理指导管理活动的中介和桥梁，是实现管理的途径和手段，是管理者的管理工作行为方式，对管理目标的实现具有非常重要的意义。

管理方法一般可分为行政方法、法律方法、教育方法和经济方法等几大类。

1.**行政方法**　是指依靠行政组织的权威，运用命令、规定、指示等行政手段，按照行政系统和层次，以权威和服从为前提，直接指挥下属工作的方法。

（1）行政方法的实质　通过行政组织中的职务和职位进行管理。它特别强调职责、职权、职位，而不是个人能力或特权。

（2）行政方法的主要特点　权威性、强制性和垂直性。

（3）行政方法的作用　有利于组织内部统一目标和行动，能快速贯彻上级的方针政策，可以对全局活动实行有效控制；是实施其他管理方法的必要手段；可以强化管理作用，便于发挥管理职能；便于处理特殊问题。

（4）行政方法的局限性　比如过于重视强制干预，容易引起被管理者的抵触心理，所以单纯依靠行政方法很难进行持久有效的管理。

2.法律方法　是指通过各种法律、制度、条例等严格约束管理对象以实现组织目标的方法。

（1）法律方法的内容　包括建立健全各种法规，还包括相应的司法和仲裁工作。

（2）法律方法的主要特点　强制性、规范性、严肃性、稳定性。

（3）法律方法的作用　可以起到保证必要的管理秩序、调节管理因素之间的关系、使管理活动纳入规范化制度化轨道等作用。

（4）法律方法的局限性　是处理特殊情况时缺乏灵活性。因此，不能期望法律方法能解决所有的管理问题，它只能在有限的范围内发挥作用。所以，法律方法应该和其他管理方法综合使用，才能实现有效的管理。

3.经济方法　是指依靠利益驱动，利用经济手段，通过调节和影响被管理者的物质需要来促进管理目标实现的方法。

（1）经济方法的实质　是围绕经济利益，运用各种经济手段调节组织与个人之间的关系，调动各方面的积极性、主动性和责任感。

（2）经济方法的主要特点　利益性、平等性和持久性。

（3）经济方法的局限性　一般表现为可能会使被管理者过分看重金钱的力量，从而影响其主动性和创造性。所以，要注意将经济方法和教育等方法有机结合，尽量减少其消极作用。

4.教育方法　是指通过对员工进行思想、文化、生产技能和经营管理等方面的教育，提高员工素质，以增强组织生存和发展能力的管理方法。

教育的目的：提高人的素质。教育的内容要涉及与完善人素质有关的各个方面，包括人生观与道德教育；爱国主义和集体主义教育；民主、法制、纪律教育；科学文化教育；组织文化教育等。要根据教育内容和教育对象采取灵活多样的教育方法。

不同的管理方法各有长处和局限，在管理实践中，要根据管理环境的具体情况和管理目标的要求，因地制宜地综合运用不同的管理方法，以提高管理的整体功效。

六、管理的原则

1. 效益原则 资源的有限性决定了追求效益是人类一切活动都应该遵循的基本原则。但人总希望利用已有的有限资源来满足自身无限的需要。解决资源的有限性与人类需要的无限性之间的矛盾，是经济学和管理学的永恒任务和课题。为了缓和这个矛盾，人必须在一切社会活动中，特别是经济活动中遵循效益原则。

效益一般包括经济效益和社会效益。企业以追求利润即经济效益最大化为终极目标。企业追求经济效益的过程中，主动或被动地实现了科技创新、扩大就业、促进区域经济发展等社会效益。管理要以提高效益为核心，把追求组织局部效益与追求全局效益协调一致，应当把追求当前经济效益与长远效益结合，不断增强企业发展后劲，保证企业具有长期稳定的效益。

2. 人本原则 即以人为本，要求在具体管理活动中重视人的因素，把人放在根本的位置上，发挥人的主动性并提高管理效率。人本原则的主要观点：员工是企业的主体；员工参与是有效管理的关键；使人性得到最完美的发展是现代管理的核心；服务于人是管理的根本目的。

实现有效管理有两条截然不同的途径：一种是高度集权、从严治理，依靠严格的管理和纪律重奖重罚，保证工作效率；另一种是适度分权、民主治理，依靠科学管理和员工参与使个人利益与组织利益紧密结合，使全体员工为了共同目标而自觉努力奋斗，实现高效工作。前一种管理方法把员工当作管理客体，员工处于被管理的地位；后者把员工当作管理主体，使员工主动参与管理。从20世纪末开始，后一种管理方法成为主流。

人本原则要求对组织的管理既是"依靠人的管理"，也是"为了人的管理"。现代管理模式下，管理者与被管理者之间及组织成员之间是相互平等、相互尊重的关系。以人为本的原则要求管理者重视人的需要，关心被管理者的经济、文化生活，帮他们选择自己的社会角色，并创造条件使他们掌握必要的知识、技能，以出色地完成所承担的社会责任并实现自我。

3. 适度原则 管理活动中存在许多相互矛盾的选择。比如，企业业务范围的专业化和多元化的选择。专业化经营可以使企业具有稳定的业务方向和顾客群，有利于企业不断改进技术；还可以使企业具有更广阔的市场，减少企业的经营风险。在管理权力的分配上，存在集权和分权的选择。集权可以保证组织总体决策的统一和执行效率；分权可以增加组织适应能力，提高低层管理者的积极性。

在这些相互对立的选择中，一方的优势往往是另一方的劣势。适度管理原则要求管理者能够根据组织的能力和所处环境进行选择，并能根据环境和能力的变化对选择进行适时调整。

4.责任原则　管理是追求效率和效益的过程。在这个过程中，要挖掘人的潜能，必须在合理分工的基础上明确规定每个部门和个人必须完成的工作任务和承担的责任。

责任原则主要包括以下内容。

（1）明确每个人的职责　即在分工的基础上，通过适当方式把每个人的职责进行明确规定。比如，清楚职责界限；职责中要包括横向联系的内容，也就是规定某个岗位职责的同时，必须规定同其他单位、个人协作的要求，这样才能提高组织整体功效；职责一定要落实到每个人，做到事事有人负责等。

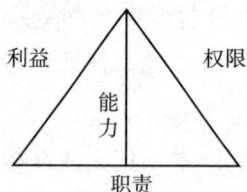

图1-1　职责、权限、利益三角形定律

（2）职位设计和授予的权限要合理　一个人对所管的工作能否完全负责取决于3个要素：权限、利益和能力。职责、权限和利益之间的关系遵守等边三角形定理，即三者要对等（图1-1）。能力相当于等边三角形的高，它可以略小于职责，这样可以使工作更富有挑战性。但是能力过小会形成难以胜任的后果。

（3）赏罚要分明　要建立健全组织奖惩制度，严格奖惩。奖惩还要及时、公正，这样可以对员工的行为起到及时纠错、正确引导的效果。

第二节　管理者

管理者是组织中履行管理职能的人。他们通过协调和监督其他人的活动来促进组织目标的实现。传统观念认为，管理者是运用职位和权力对人进行驾驭和指挥的人。管理者一般拥有相应的权力和责任，由具有一定管理能力、从事现实管理活动的人或人群担任，管理者及其管理技能在组织管理活动中起决定性作用。与普通员工相比，管理者具有以下两个特征。

1.管理者是具有职位和相应权力的人　管理者的职权是管理者从事管理活动的资格，管理者职位越高，权力越大。组织或团体必须赋予管理者一定的职权，否则他无法进行管理工作。这种权力一般被称为法定权力。

在管理活动中，管理者仅有法定权力也难以做好管理工作。管理者在工作中还要具有个人影响力。个人影响力是指管理者在组织中的威信、威望，是一种非强制性的影响力。威信和威望不是组织授权就可以获得的。虽然与管理者的职位有一定关系，但主要取决于管理者个人的品质、思想、知识、能力和水平等。管理者的个人影响力一旦形成，各种人才和员工就会被吸引到管理者周围，并能心悦诚服地接受引导和指挥。

2.管理者是承担责任的人　管理者具有一定的职位，被赋予运用和行使相应权力的资格，同时也必须承担一定的责任。组织赋予管理者一定的职务和地位，使其具有一定权力的同时，也必须相应承担一定的组织责任。各级管理人员的责任和权力必须对等和明确，没有责任的权力会导致管理者用权不当，没有权力的责任必然是空泛和难以承担的。有权无责或有责无权，都难以在工作中发挥作用，都不能成为真正的管理者。

一、管理者角色

"角色"原来是戏剧用语，指演员在舞台上按照剧本的规定所扮演的某一特定人物。随着这个词的用法和含义不断拓展，现在一般指个人在社会关系体系中处于特定社会地位，并符合社会期望的一套个人行为模式，也可以解释为一定社会身份所要求的一般行为方式及其内在的态度和价值观。

亨利·明茨伯格（Henry Mintzberg）是最早从角色视角对管理者进行分析的管理学家。他把管理者的工作分为10种角色，这些角色又归为人际关系方面的角色、信息传递方面的角色、决策制定方面的角色3大类，见表1-1。

表 1-1　管理者的角色

角色大类	角色	特征行为
人际关系方面	挂名首脑	接待来访者，签署法律文件，主持仪式
	领导者	对下属工作进行指导，鼓励下属
	联络人	通过会议等方式建立和保持组织内外的联系
信息传递方面	信息收集者	浏览各级提交的报告，从外部媒体获取信息
	信息传播者	向组织内成员传递信息，发布报告
	发言人	通过演讲、采访等方式将信息传向组织外部
决策制定方面	企业家	识别机会，发起创新活动
	危机处理者	解决下属之间的冲突，应对外部危机
	资源分配者	开展财务预算，安排下属工作
	谈判者	参与各项合同拟订过程中的谈判

1.人际关系方面的角色　指管理者需要维护与其他人（包括下属和组织以外的人）之间的关系，履行一些具有礼仪性质或象征意义的职责。具体包括挂名首脑、领导者和联络人3类角色。挂名首脑角色要求管理者代表组织与外部建立和保持良好的关系；领导者角色指作为管理者应带领组织员工实现组织目标；联络人角色主要体现为管理者要使不同的人与组织建立起联系。

2.信息传递方面的角色　包括信息收集者、信息传播者和发言人3类角色，涉及信息收集、接收和传播。信息收集者角色要求管理者要持续关注组织内外环境的变化，及时获取对组织有用的信息；信息传播者角色体现为管理者应保证组织员工具有必要的信息以便有效开展工作；发言人角色体现为管理者把信息传递到组织以外，让相关利益方（股东、客户、供应商、政府等）了解组织内的情况。

3.决策制定方面的角色 要求管理者进行决策和选择，具体包括企业家、危机处理者、资源分配者和谈判者4类角色。企业家角色要求管理者发现、利用机会并及时发起创新活动；危机处理者角色要求管理者对组织运行过程中遇到的危机或问题及时进行处理，以防对组织造成进一步的影响；资源分配者角色体现为管理者对组织资源（包括人、财、物等）的使用做出决策；谈判者角色要求管理者在决策过程中与员工、客户、供应商等进行必要的谈判，为组织争取最大利益。

研究发现，不同的管理者对不同角色的关注度因其在组织中层次的不同而不同。例如，处于较高层次的管理者更关注挂名首脑、信息传播者和谈判者角色；基础管理者应扮演好领导者和信息收集者的角色。

📖 **知识链接** --

管理领域的"离经叛道者"

亨利·明茨伯格是著名管理学家，经理角色学派的代表人物，1939年出生于加拿大多伦多。

亨利·明茨伯格大学获得了机械工程学士学位，毕业后进入加拿大国家铁路公司工作，后来对研究人们如何工作产生兴趣，转而到麻省理工学院攻读了管理学硕士和博士学位。他的第一本著作《管理工作的性质》曾被15家出版社拒稿，后来却成为管理学经典。明茨伯格在管理领域躬耕30多年，发表过近百篇文章，出版了十多本著作，曾4次在《哈佛商业评论》上发表文章，其中2次获得"麦肯锡奖"。明茨伯格经常提出大胆创新和具有开拓精神的管理学观点，但因为他的思想独特，往往不太容易被人接受。正因如此，他被正统学者们视为一个"离经叛道"的典型。发生在明茨伯格身上最富有戏剧性的一件事是，他曾于1988—1989年担任战略管理协会主席，谁知刚坐稳主席的位置，他就宣布战略管理已经衰落。明茨伯格因此被人称为"管理领域伟大的离经叛道者"。

二、管理者的类型

管理者由于责任和权限不同，所处的地位和作用也不同，因此可以分为不同的类型。

1.按管理层次划分 可以把管理者分为高层管理者、中层管理者和基础管理者。

在传统的金字塔形组织结构中，越往上，管理者的数量越少，管理的范围越大；越往下，管理者的人数越多，管理的范围越具体。

（1）高层管理者　位于组织最高层，他们对组织负有全面管理的责任，主要职责包括确定组织目标，制定组织发展总体战略，以及根据外部环境的变化及时调整组织发展方向。他们需要考虑更长期的问题，要关心组织所处大环境的发展趋势和变化，要能及时抓住机会引领组织走向成功。高层管理者的主要职责还包括向全体成员阐明共同发展远景，塑造公司文化，发现并培养各方面的专业人才。高层管理者还要了解中层管理者，要建立一套合理的薪酬和奖惩机制，建立科学高效的管理体系。企业高层管理者的职位一般是首席执行官（CEO）、总裁、执行总裁或总经理等。

（2）中层管理者　处于基层和高层管理者之间。他们的主要职责是贯彻执行高层管理者制定的重大决策，监督和协调基层管理者的工作。中层管理人员不直接指挥或协调一线员工，他们主要负责将高层管理者制定的目标落实到具体事务中，指挥基层管理者的活动，同时将基层意见和要求反馈到高层管理部门，发挥连接高层管理层和基层管理者的桥梁和纽带作用。企业中层管理者的职位包括项目经理、部门主管、业务主管、地区经理、事业部长等。

（3）基层管理者　又称一线管理者，是组织中处于最底层的管理者。其主要职责是管理一线员工，直接指挥和监督现场。基层管理者工作的能力对组织计划的落实和组织目标的实现起直接作用。基层管理人员不需要具有统筹全局的能力，技术操作能力和激励下属的能力对他们来说非常重要。企业基层管理者的职位包括班长、组长、店长等。

2. 按管理工作的性质和领域划分　可以把管理者分为综合管理者和专业管理者。

（1）综合管理者　指负责整个组织或组织中某个事业部门全部活动的管理者。在小型企业中，总经理可能是唯一一个综合管理者，他要统管组织内包括生产、研发、营销、人事、财务等在内的全部活动。在大型企业中，可能会按照产品类型分设几个产品部，或按照地区设立若干个地区分部。这些产品部或地区分部的总经理或主管都是综合管理者。

（2）专业管理者　负责组织的某一种职能或活动，也可以称为职能管理者。专业管理者一般只负责管理组织中某一方面的活动，根据其所管理的专业领域不同，可以分为生产部门管理者、研发部门管理者、营销部门管理者等。

3. 按职权关系的性质划分　可以把管理者分为直线管理人员和参谋人员。

（1）直线管理人员　指有权对下级进行直接指挥的管理者。他们与下级之间是领导隶属关系。直线管理人员的主要职责是决策和指挥。

（2）参谋人员　指给上级提供咨询、建议，对下级进行专业指导的管理者。他们与上级之间是参谋、顾问与主管领导的关系，与下级之间是一种非领导隶属关系的专业指导关系。其主要职能是咨询、建议和指导。

三、管理者的基本技能

技能一般指完成某些任务所需要的一系列技巧、模式和方法。管理者要承担起多种角色，需要具备多种技能。管理技能一般包括专业技能、人际技能和概念技能。

1.专业技能　指管理者所具备的与工作相关的知识或技术，以及运用这些知识、技能完成工作任务的能力。专业技能对基层管理者尤其重要，因为他们大部分工作内容都是指导、训练、帮助下属处理具体工作问题，因此必须熟悉下属的各种工作。例如，生产部门主管要熟悉各种设备的性能、使用方法、加工工序、产品指标要求等，才能更好地指导、培养下属，得到下属的信赖和支持。

2.人际技能　指管理者与他人和群体形成良好合作关系的能力。良好的人际关系是开展管理工作的前提，人际关系对各级管理者都非常重要。

3.概念技能　指管理者分析和判断复杂形势的能力。管理者通常要面对复杂的局面和环境，必须纵观全局，洞察组织与环境之间的关系和组织内部各部分之间的关系，对其加以概括并迅速做出正确判断进而解决问题。对于高层管理者，这种技能非常重要，基层管理者因其任务相对简单，对这项技能的要求不高。

第三节　学习管理学的意义

1.管理活动具有普遍性　人类具有社会性，人类的生产和社会活动都是集体进行的，要组织和协调集体活动就离不开管理。可以说，自从有了人类，就有了管理。所以，我们可以说，管理活动是普遍存在的，而且越来越重要。

对于各种组织，大到一个国家，小到一个家庭，无论其规模大小，无论其工作领域是什么，管理都是必要的。尽管管理的重要性毋庸置疑，但不同企业、行业、国家的管理水平存在很大差异。我们在学校也可以看到，不同的班主任、辅导员和老师进行班级管理、课堂管理的水平也各不相同，班集体呈现的精神状态和学习成就也受其影响各不相同。对于同学们来说，承担班干部或者小组长、宿舍长的工作，也是管理。各个同学的管理水平也各不相同。总体上看，我国组织管理水平还比较低，懂管理、会管理的人才还比较少，很多管理者还是凭经验或者模仿进行管理，缺乏管理的科学性。

21世纪的中国已经逐渐融入全球化竞争，越来越多的中国企业已经向国际化迈进。为了应对这种挑战，各类组织都需要具有一定管理水平或管理知识的人才。因此，在现代社会，学好管理学将会大有可为。

2.管理既充满挑战又充满机遇　管理是一种充满挑战的活动。管理者需要具备多种知识和技能，但不仅仅包括完成本职工作所需的技能，还包括各种协调技能，要善于与各种人打交道，以整合有限的资源达成既定的工作目标。管理者还需要经常在混乱和不确定的环境中从容应对，保证计划顺利实施或发现偏差及时调整。管理工作很多时候虽然辛苦，但是充满机遇，可以充分实现个人价值。管理工作有助于培养开放的心态、更高的站位，让管理者能够统揽全局，承担更大的责任，迅速提高其个人能力。有效的管理不但能使工作顺利推进，对管理者个人和组织成员的成长也会产生强大的助推作用，这些都能使一个人在组织中获得地位和认可。

3. 管理能力是从事专业工作的必备技能　2019年，国务院办公厅和教育部等七部门发布《关于促进家政服务与管理提质扩容的意见（30号）》和《关于教育支持社会服务产业发展提高紧缺人才培养培训质量的意见（教职成厅〔2019〕3号）》，指出要加快建立健全家政、养老、育幼等紧缺领域人才培养培训体系，扩大人才培养规模，全面提高人才培养质量，支撑服务产业发展。家政服务与管理专业是新时代国家重点发展专业之一，是全面落实"老有所养、幼有所育"、满足促进我国老年护理与婴幼儿照护服务业发展的重要举措，是当今及未来热门专业之一。家政服务与管理行业是朝气蓬勃的朝阳产业，专业人才紧缺，市场需求广阔，就业面宽，发展前景良好。

家政服务与管理专业除了要求毕业生应该具有一定的科学文化水平，良好的人文素养、职业道德和创新意识，精益求精的工匠精神，较强的就业能力和可持续发展的能力，还必须具备从事家政服务与管理以及其他社会公共服务管理工作的能力，具有较强的理解能力、沟通能力、表达能力和一定的管理能力，这样才能胜任未来面向居民服务业的家政服务、家政企业管理、家政师资教育等相关工作，为以后个人职业发展奠定良好的基础。

但是，学好书本上的管理知识就一定能胜任管理工作吗？这显然是不可能的。我们还要多听、多看前人的管理经验并不断进行实践，边干、边摸索，才能把学到的管理知识融会贯通，在管理工作中越来越成功。

小　结

1.本章学习了管理学的基本概念和对管理学常见的两个认识误区。管理学的性质包括二重性、科学性与艺术性。管理具有五大基本职能：计划、组织、领导、控制和决策。常见管理方法包括行政方法、法律方法、教育方法和经济方法。管理一般要遵循效益原则、人本原则、适度原则和责任原则。

2.关于管理者，我们要了解管理者一般具有人际关系方面、信息传递方面和决策制定方面的多种角色。管理者的必备技能包括专业技能、人际技能和概念技能。

3.本章还讨论了学习管理学的三大原因，希望管理学知识能为同学们未来的工作中提供更大的发展助力。

📖 实用管理学小原理 -

奥卡姆剃刀原理

奥卡姆剃刀原理（Occam's Razor）是由14世纪英格兰奥卡姆的逻辑学家威廉提出的，又被称为"如无必要，勿增实体"，即"简单有效原理"。这个原理提醒我们在处理事情的时候，要把握事情的本质，解决最根本的问题，不要把事情人为地复杂化，这样才能更有效率地把事情做好。

乔布斯重回苹果公司做CEO的时候，公司正值财务危机。当时苹果公司出品的麦金塔计算机有几十种型号，各种型号有不同配置，令人眼花缭乱，连生产商自己都经常搞不清楚。乔布斯曾经问他的手下，如果我想买一台送给朋友，应该选哪个型号？没有一个人能回答他。于是乔布斯着手对公司所有产品进行审核剔减，最后只有不到十个产品保留下来，然后继续打造这些拳头产品，终于救活了濒临绝境的苹果公司。

推而广之，这个原理对我们的生活同样适用。每个人在人生阶段最重要的事一般都只有一两件，我们要对其他事情尽量简化，以保证能够聚焦对长远发展有价值的事，集中精力把它们做好，做到极致。

思考： 奥卡姆剃刀原理对你的学习、生活有什么启示？

- -

目标检测

参考答案

一、选择题

1.管理过程中的首要职能是（ 　 ）。

    A.计划　　　　　　　　　　　　　B.组织

    C.领导　　　　　　　　　　　　　D.控制

2.为了保证组织目标和为此制订的计划得到有效实施，需要有（ 　 ）职能。

    A.计划　　　　　　　　　　　　　B.组织

    C.领导　　　　　　　　　　　　　D.控制

3.管理者在处理与组织成员和其他利益相关者的关系时，扮演的角色是（ 　 ）。

    A.人际角色　　　　　　　　　　　B.信息角色

C.决策角色　　　　　　　　　　D.控制角色

4.在同供应商进行谈判时，管理者扮演的角色是（　　）。

　　A.企业家　　　　　　　　　　　B.资源分配者

　　C.谈判者　　　　　　　　　　　D.危机处理者

5.对于基层管理者而言，最重要的是（　　）。

　　A.技术技能　　　　　　　　　　B.人际技能

　　C.概念技能　　　　　　　　　　D.控制技能

6.（　　）对于所有层次的管理者的重要性基本相同。

　　A.技术技能　　　　　　　　　　B.人际技能

　　C.概念技能　　　　　　　　　　D.控制技能

7.（　　）对于高层管理者最重要，对于中层比较重要，对于基层管理者不重要。

　　A.技术技能　　　　　　　　　　B.人际技能

　　C.概念技能　　　　　　　　　　D.控制技能

8.作为（　　），管理者把重要信息传递给工作小组成员；作为（　　），管理者把信息传递给组织以外的人。

　　A.监督者　　　　　　　　　　　B.传播者

　　C.发言人　　　　　　　　　　　D.联络人

9.组织的高层管理者主要负责制定（　　）。

　　A.日常程序性决策　　　　　　　B.局部程序性决策

　　C.短期操作性决策　　　　　　　D.长期全局性决策

10.越是处于高层的管理者，其对各种技能的需要越是按照（　　）顺序排列。

　　A.概念技能，技术技能，人际技能　　B.人际技能，技术技能，概念技能

　　C.概念技能，人际技能，技术技能　　D.技术技能，概念技能，人际技能

二、简答题

1.管理活动有哪些职能？

2.什么是管理？管理有哪些基本原则？

3.管理有哪些基本方法？

4.联系实际说明我们为什么要学习管理学。管理学对你有什么用？

第二章 管理理论

大成功靠团队，小成功靠个人。

——美国微软公司联合创始人比尔·盖茨

🙌 学习目标

1. 掌握泰勒的科学管理理论；法约尔的一般管理理论；霍桑实验和人际关系理论。
2. 熟悉现代管理制度的主要流派和管理思想。
3. 了解早期管理思想和管理理论发展的新趋势。

📖 案例导读

富士康的管理模式和富士康事件

说到富士康公司，大家可能都不陌生，作为苹果公司在中国最大的配件组装商，富士康有很多卓越高效的管理方式。但是，任何事物都有其两面性，在富士康严格管理模式的背后也吸取过惨痛的教训，其中就有著名的"富士康事件"，引起社会各界乃至全球的关注。

严格的层级制度既有优点也有缺点。优点是权力关系清晰，有利于领导和指挥；责任明确、细化分工、标准化操作，有利于提高生产效率；管理目标一致性强，便于对部门与个人的考核；执行力强，有利于推行决策等。缺点是过分强调长官意志，决策过于依赖长官个人的能力，容易让个人产生疏离感和巨大压力，造成人际关系冷漠，基层员工缺少足够的话语权等。

虽然富士康给一线员工的加班费很高，极大激励了员工的工作积极性。但是富士康不断细化分工，实行标准化操作，一线技工长期处于高度紧张、高强度的工作状态。富士康森严的等级制度使他们还要忍受管理人员的辱骂甚至体罚。员工几乎变成机器，自尊心被忽视，作为社会人的其他需求没有得到充分的满足。很多人认为，这种管理模式是导致富士康事件的根本原因。

思考： 富士康管理模式体现了什么思想？

- -

第一节　早期管理思想

人类只要存在集体活动，就存在对这些活动的管理，就会有人对管理活动的实践进行思考，从而形成某些管理思想。有的管理思想影响比较大，成为人们管理实践中的共识。这些共识就是管理思想的基础。

早期人类管理活动中，法典作为重要的管理工具，也是管理思想的集中体现。例如，古巴比伦制定了世界上第一部完整的法律文件《汉谟拉比法典》，内容涉及保护个人财产、货物交易规则、上下级关系、犯罪的处罚等，还包括有关社会责任的记载，说明古巴比伦人已经意识到管理不单是为了利益，还要考虑社会责任和伦理道德等因素。

古埃及人曾动用10万多人耗时20多年建造金字塔。这么多人用这么长时间共同参与一项浩大的工程，如何解决大量人员的吃住、原材料运输及劳动协作问题，都需要强大的组织能力和管理能力。

古代罗马人建立的罗马帝国以地中海为中心，跨越欧、亚、非三大洲，存在了500年。罗马帝国通过建立行省制对辽阔的疆土进行管理，还建立了特别的制度和方法管理军队和税务。

中国在两千多年的封建社会建立了中央集权的国家管理制度，形成了不断成熟的财税管理、人才选拔与管理、人口田亩管理、军队管理、文书档案管理等丰富的管理制度和规范，也涌现了很多杰出的管理人才，积累了丰富的管理经验。

我国古代典籍中也有大量管理相关的记载和论述。孔子、老子、庄子、孙子等诸子百家的思想对中国传统管理思想的发展影响深远。

虽然人类早期进行了大量的管理实践和管理思想探索，但是直到20世纪初，美国的泰勒、法国的法约尔等管理理论先驱才把管理学作为一门科学进行研究，使管理思想逐渐系统化、理论化。

第二节　古典管理理论

早期管理思想实际上是管理理论的萌芽。19世纪末到20世纪初，西方资本主义国家生产技术日益复杂，生产规模不断发展，工厂制度日渐普及，市场竞争也不断激烈。面对新的生产组织形式和激烈的竞争，以及劳动效率低下、劳资冲突加剧等问题，人们对管理的要求不断提高。在这个时期，泰勒的科学管理理论、法约尔的一般管理理论和韦伯的行政组织理论应运而生。这个时代也被称为"科学管理"时代。

一、科学管理理论

"科学管理"理论的创始人是美国的弗雷德里克·温斯洛·泰勒（Frederick Winslow Taylor，1856—1915年）。泰勒被西方管理学界称为"科学管理之父"，他的著作《科学管理原理》和其他文章提出了一系列提高工人劳动效率的基本理论和方法。

泰勒中学毕业后因为眼疾无法继续读书，于是进入美国米德维尔钢铁公司做学徒，后来逐渐被提升为工头、中层管理人员和总工程师。泰勒的经历使他对生产现场非常熟悉，他认为凭经验进行管理是不科学的，必须进行改变。

📖 知识链接 -

泰勒的三项著名实验

1.搬运生铁实验　泰勒对钢铁厂工人搬运生铁的动作、方法进行了大量研究。后来他挑选了一个身强力壮的工人进行实验。通过实验，泰勒制定出一套包括最优步行距离、最优工休间歇的最优化搬运方法，大大提高了工人搬运生铁的劳动效率。

2.铲子实验　泰勒发现，工人铲运原材料的数量与铲子的大小有关。于是，泰勒专门设计了十几种不同形状的铲子用来铲不同的东西。他的实验结果使工人平均每天的铲运量从16吨提高到59吨，不但提高了工作效率还提高了工人的日薪。这个实验成为后来标准化生产的雏形。

3.金属切削实验　过去切削金属没有标准的加工工艺规程，都是师傅带徒弟凭经验来做。泰勒通过实验制定了每个工人每天合理的工作量和各种操作、加工标准，训练工人按照这些标准或规程进行劳动。

- -

泰勒通过实验和研究进行了一系列管理制度改革，包括通过科学的操作方法合理利用工时、提高工人的工效；在工资制度上实行差别计件制；对工人进行专门的培训；制定、推广科学的工艺规程；把管理工作和劳动分离等。

以上这些改革成为科学管理理论的基本组成部分。这些现在看来早已为人熟知的常识，在当时却是重大变革和创新。泰勒的改革实验效果显著，工厂的生产效率得到普遍提高。1903年，泰勒开始把自己的实验和研究成果进行总结提升，并著书立说，于1911年出版了代表作《科学管理原理》。

泰勒创立的管理理论主要观点如下。

1.科学管理的根本目的是谋求最高的工作效率 泰勒认为，工作效率提高，可以使工人得到更高的工资，工厂主获得更多的利润。这样可以提高两者对扩大再生产的兴趣，促进生产的发展。所以，提高劳动生产效率是泰勒创立科学管理理论的基本出发点，也是泰勒确定科学管理原理、方法的基础。

2.用科学的管理方法代替旧的经验管理是达到最高工作效率的重要手段 泰勒认为，管理是一门科学，在管理实践中建立各种明确的规定、条例、标准，使所有环节科学化、制度化，是提高管理效率的关键。

3.管理人员和工人在精神上和思想上进行彻底的变革是实行科学管理的核心问题 泰勒多次在公开场合提出：科学管理是一场重大的精神变革。他提出，工人应树立对工作、同伴、雇主负责的观念；管理者应增强责任观念，改变对同事、工人以及一切日常问题的态度。

与泰勒同时代，对管理改革做出贡献的还有亨利·甘特、弗兰克·杰布雷斯夫妇、亨利·福特等。

甘特曾是泰勒的同事，后来独立开始企业管理研究，他的代表作是1916年出版的《工业的领导》和1919年出版的《工作组织》。甘特为人熟知的重要贡献是设计了甘特表，还提出了"计件奖励工资制"，即除了支付工人的日薪以外，对工人超过定额完成的部分再进行计件奖励，如果工人完不成工作等额，则只能拿到固定的日薪。这种制度让工人感到收入有保障，做的越多，还可以拿到越多的报酬，比泰勒的"差别计件制"更有吸引力。

杰布雷斯夫妇以进行"动作研究"著称。他们进行了与泰勒类似的工厂研究。最开始，杰布雷斯夫妇研究建筑行业的工人用哪种姿势砌砖既快又省力。经过实验，他们制定了一套砌砖的标准作业方法，可以让工人的砌砖速度提高两倍。后来他们的实验范围扩大到其他行业。他们在工人的手臂上绑上小灯泡，把工人劳动时的动作拍摄下来仔细分析哪些动作多余，哪些动作更省力，哪些动作应该调换次序，然后制定标准操作程序。杰布雷斯夫妇的研究成果集中体现在其代表作《动作研究》一书中。

美国的亨利·福特（Henry Ford，1863—1947年）在泰勒动作研究的基础上对提高整个生产过程效率问题进行研究，创造了世界上第一条流水生产线——汽车流水生产线，极大地提高了企业的效率，并降低了生产成本。此外，他还进行了多种标准化生产研究，包括减少产品类型，生产系列化产品；提高零件的互换性，进行零件规格化；让不同的工厂或车间专门生产某一类别的零件，提高工厂专业化水平；让工人只负责一种简单的作业，以缩短培训工人的时间并提高工人劳动效率等。

泰勒和同时期的先行者们的理论和实践构成了泰勒制。泰勒制着重解决的问题是用科学方法提高生产现场的工作效率。他们被称为科学管理学派。

泰勒制虽然极大提高了生产效率，但因为种种原因，却受到当时社会的普遍抵制：资本家认为增加了给工人的工资支出，企业请专门的管理人员也增加了开支，标准化管理影响了资本家的权威；工人认为标准化工作程序损害了工人的权利，给工人造成了威胁。1909年，工会同泰勒主义者之间的冲突空前激化，导致美国国会通过一项法律，禁止在军工和政府企业采用泰勒制。这项法律一直到1949年才撤销。

今天，我们应该对泰勒制科学管理理论进行客观评价。

（1）泰勒的科学管理理论冲破了传统落后的经验管理办法，把科学引入管理领域，为管理实践开创了新局面。

（2）科学管理方法和操作程序大大提高了生产效率，推动了生产的发展。

（3）管理开始成为一种专门的工作，企业开始出现专门从事管理工作的人。

（4）泰勒把工人看作纯粹的"经济人"、会说话的机器，认为人的活动仅仅出于经济动机，忽视了企业成员之间的交往和感情。

（5）泰勒制主要研究如何提高生产效率，重点解决生产现场的监督和控制问题，管理范围比较狭窄，企业的财务、销售、人事等活动基本没有涉及。

二、一般管理理论

亨利·法约尔（Henri Fayol，1841—1925年）是法国古典管理学家，与泰勒是同时代的人。法约尔曾长期担任企业高管，积累了管理大企业的经验，还曾经在大学担任过管理学教授。因为他的个人经历与泰勒不同，视野和思路更开阔，所以管理学的研究方向也与泰勒不相同。他的一般管理理论集中体现在1925年出版的《工业管理和一般管理》一书中。法约尔的管理思想主要包括以下几个方面。

（一）管理活动五大职能

法约尔提出管理活动包括计划、组织、指挥、协调、控制等5项职能。

1.计划　管理者应尽量准确预测企业未来发展的各种动态，确定企业目标和完成目标的步骤，既要有长期指导性计划，也要有短期行动计划。

2.组织　即确定执行工作任务和管理职能的机构，由管理机构进一步确定完成任务所必需的物资和人员。

3.指挥　管理者对下属的活动要给予指导，使企业各项活动互相协调。

4.协调　协调组织各部门及员工的活动，使大家目标一致。

5.控制　矫正组织活动的偏差，确保实际工作与计划基本吻合。

（二）管理活动十四条原则

法约尔还提出管理人员应遵循的14条管理原则。

1. 劳动分工原则　即通过分工提高工作效率。分工即劳动专业化减少了每个工人所需掌握的工作项目，可以实行大规模生产并降低成本。同时，每个工人工作范围缩小，也可以大大减少工人的培训费用和时间。

2. 权力与责任原则　法约尔强调权力必须与责任相统一，有责任必须有权力，有权力必然承担相应责任。

3. 纪律原则　纪律是企业发展的关键，纪律要明确公正，对违反纪律的行为要进行合理惩罚。

4. 统一指挥原则　一个员工在任何活动中只应该接受一位上级的指挥，否则就会出现混乱。

5. 统一领导原则　一个下级只能有一个直接上级。与统一指挥不同，统一领导指的是组织机构设置的问题，即在组织机构设置时，一个下级不能有两个直接上级。统一指挥指的是在组织运转过程中，一个下级不能同时接受两个上级的指令。

6. 个体服从整体利益原则　法约尔认为，整体利益大于个人利益的总和。实现组织总目标比实现个人目标更重要，领导者态度坚定和以身作则是协调双方利益的关键。

7. 报酬公平原则　报酬应公正合理，尽可能使员工和企业都满意。对贡献大的员工要适当奖励。

8. 集中化管理原则　这条原则讨论的是管理权力集中与分散的问题。法约尔认为，影响权力集中的因素有两个：①组织规模；②领导者和下级的个人能力、工作经验和管理环境。

9. 集中原则　组织从最高层到最低层各层权力形成一个等级链结构。它是一条权力线，用以贯彻执行统一的命令并保证信息传递的秩序。

10. 秩序原则　包括物品的秩序和人的社会秩序原则。物品秩序要求各种物品要物归其类，而且要正确设计、选择和确定物品位置，以方便工作程序。人的社会秩序要求把每个人都安排在合适的位置上。

11. 公平原则　指以公正的态度执行组织规则制度，公平对待员工。

12. 人员稳定原则　对于企业来讲，要把握人员流动的合适尺度，保持企业中人员的稳定性和适应性。

13. 首创精神　管理人员不但自己要有首创精神，还要鼓励员工的首创精神。

14. 集体精神　是企业发展的强大动力，领导者应尽可能维护和巩固组织中人员的团结。

法约尔的一般管理理论不仅揭示了管理的本质，还为管理理论提供了一套科学的理论框架，为以后管理理论的发展奠定了基础。

三、行政组织理论

马克斯·韦伯（Max Weber，1864—1920年）是德国著名社会学家和哲学家，同泰勒和法约尔同时代，因其对西方古典管理理论的确立做出的杰出贡献，而被人称为"组织理论之父"。他在管理理论上的重要贡献就是提出了所谓"理想的行政组织体系"。韦伯在《社会和经济组织的理论》一书中，主张建立一种高度结构化、正式的、非人格化的"理想的行政组织体系"。

韦伯认为"理想的行政组织体系"是通过职务或职位而不是通过个人或世袭地位来管理的。理想的行政组织分为最高领导层、行政官员及一般工作人员3个层次，每一层都对应不同的管理职能。企业无论采用哪种组织结构，都具有这3层基本框架。管理人员必须遵守组织规则，他们的行为应受到规则的约束，同时他们也有责任监督其他成员服从这些规则。

韦伯认为，任何组织都必须以某种形式的权力作为基础，没有某种形式的权力，任何组织都不能达到自己的目标。韦伯把权力分为3种类型：传统权力（来自传统惯例或世袭）、超凡权力（来源于别人的崇拜与追随）和法定权力（依法建立的等级制度赋予人的权力）。他认为，只有法定权力才能成为行政组织体系的基础，它为管理的连续性提供了保障。韦伯的理想组织模式强调规则而不是个人，强调人的能力而不是裙带关系，有利于防范任人唯亲、人浮于事的现象，因而成为许多现代大型组织设计的原型。

四、行为科学理论

泰勒作为古典管理理论的代表人物，他的影响远超其他管理学家。但是，因为泰勒的研究侧重生产作业，而且在他的理论中，把人看作"活的机器""机器的附属物"，导致对工人的尊严和主观能动性的忽视。实行泰勒制方法初期，劳动分工、生产标准化等措施确实迅速提高了企业生产效率。但是，因为长期从事单一、标准化操作，完全机械被动工作，工人的创造力被遏制，开始对工作漠不关心，从而导致工作效率不但难以持续提高，甚至出现下降。于是有人关注到，工作效率不仅受物质条件影响，还受到人的工作态度和情绪影响。在这种情况下，一些人开始研究人类行为规律，从对人的经济需要的关注转向对人的社会需要的关心。在这些研究中，"霍桑实验"尤其著名。

（一）霍桑实验和人际关系理论

霍桑实验是心理学史上最著名的实验之一。为了研究工作条件与工作效率之间的关系，哈佛大学心理学教授梅奥等学者在霍桑工厂进行了长达5年的系列实验。在总结霍桑实验研究成果的基础上，梅奥出版了其代表作《工业文明中的人类问题》，创立了人际关系理论。

人际关系理论提出了与古典管理理论不同的观点，主要观点包括以下几个方面。

1.企业职工是"社会人"　古典科学管理理论把人看作仅仅为了追求经济利益而进行活动的"经济人"。但是霍桑实验表明，物质条件的改变并不是劳动生产率提高或降低的决定性因素。据此，梅奥等提出了"社会人"假说，认为人属于某一工作集体，并受到这个集体的影响，他们的行为并不单纯出自追求金钱的动机，还追求人与人之间的友情、安全感、归属感等社会和心理需求。

2.企业中存在"非正式组织"　梅奥发现，企业中存在"正式组织"和"非正式组织"。"正式组织"指为了实现企业目标而建立的职能明确的机构。"正式组织"以效率和成本为主要标准，要求成员为了提高效率降低成本而确保协作，对个人具有强制性。企业职工在共同工作、生产中，相互之间还会产生共同的感情，形成人群关系，并自然形成一种行为准则或惯例，这就构成了"非正式组织"。非正式组织以感情为主要标准，要求其成员遵守人群关系中形成的非正式的、不成文的行为准则。如果管理者只注重效率和成本，而忽视工人的感情，两种组织之间就会发生矛盾冲突，并妨碍企业目标的实现。因此，协调这种关系，解决两者之间的冲突是管理的根本问题。

3.新的领导能力在于提高工人的满意度　在决定劳动生产率的各种因素中，工人的满意度应该处于首位，而传统管理理论重视的生产条件、工资报酬只处于第二位。员工满意度越高，其生产率越高。工人需求得到满足会提高其满意度。这些需求不仅包括物质需求，也包括精神需求。

人际关系理论是行为科学理论的早期理论，它主要强调要重视人的行为。行为科学理论随后的发展对人的行为规律进一步研究，试图找出产生不同行为的影响因素，并探索如何控制人的行为以达到预定目标。

📖 **知识链接** -

霍桑实验

霍桑工厂是美国芝加哥西部电器公司下属的一家生产电话机和电气设备的工厂，在20世纪20年代的时候有2.5万名工人在这家工厂工作。

霍桑工厂工作条件在当时算是相当不错，工厂安装了完善的娱乐设施，建立了医疗制度和养老金制度，但是工人的工作效率并不理想。这与当时人们普遍认同的工作条件影响生产效率的观点不太符合。为了探究其中的原因，1924年，美国国家科学院组织了一个研究小组来到霍桑工厂专门考察工作条件与生产效率之间的关系。

研究小组首先进行了工厂照明实验。结果发现，照明条件改变并不能影响生产效率。后续又进行了各种假设和实验（包括改变工作日长度、休息时间提供咖啡和点心等），结果都不理想，研究一度陷入困境，直到哈佛大学教授梅奥和他带领的团队加入进来。

梅奥团队继续进行各种假设和实验，同时耗时2年对2万多工人进行了访谈，最终发现影响生产效率的重要因素其实是工人在工作中发展起来的人际关系。

研究人员在实验中感觉到工人中似乎存在一种非正式组织。为了证实这种组织的存在和验证它对工人工作态度的影响，研究小组进行了电话线圈装配实验。实验中，研究人员观察到工人对产量水平会达成某种默契，并运用团体压力加以维护，使人们共同遵守：每个工人都自觉限制自己的产量，以避免受到同伴的排斥。这种在工厂的正式组织中存在的小团体，被研究人员称为"非正式组织"。这种非正式组织有自然形成的领袖和自己的行为规范。违反这些规范的人会受到某种形式的攻击。

- -

（二）需要层次理论

行为科学理论认为人的各种行为都是由一定动机引起的，动机产生于人们本身存在的各种需要。人们为了满足需要，就会为自己确定目标，并为达到目标而行动。这种从一定的需要出发，为达到某种目标而行动，进而满足需要的过程是一个不断激励的过程。只有尚未得到满足的需要才能对人起到激励作用。

尚未得到满足的需要是什么？人的需要有哪些？各种需要相互之间有什么关系？在这些问题研究中，美国社会心理学家亚伯拉罕·马斯洛（Abraham H·Maslow，1908—1970年）提出了著名的需要层次论。

马斯洛的需要层次论主要有两个观点：①人是有需要的动物，只有尚未满足的需要能够影响人的行为；②人的需要有层次之分，是依次得到满足并逐级上升的。

马斯洛把人的需要从低到高依次分为生理的需要、安全的需要、社交的需要、尊重的需要和自我实现的需要五个等级。

（三）X理论、Y理论、超Y理论和Z理论

1. X理论和Y理论　美国行为科学家道格拉斯·麦格雷戈（Douglas M.Mc Gregor，1906—1964年）于1957年在文章《企业的人性方面》中首次提出X理论和Y理论。

（1）X理论　麦格雷戈把以"经济人"假设为理论依据的管理概括为X理论。X理论的内容：人的本性是好逸恶劳、不喜欢工作的，只要有可能，人们就会逃避工作；一般人都胸无大志，喜欢安于现状；由于人不喜欢工作，所以必须采取强制措施和惩罚手段。

（2）Y理论　与X理论相反，它对人性的假设是：人并不是懒惰的，人们对工作的好恶取决于这项工作对他们是一种满足还是一种惩罚；正常情况下，人是愿意承担责任的；

人们热衷于发挥自己的才能和创造性。

从X理论的人性假设出发，管理者必然会采取"命令与统一""权威与服从"的管理模式。管理者会忽视人的精神需求和个性特征，只关注人对经济目标的要求，把金钱作为主要激励手段，把惩罚作为有效管理方式。

从Y理论的人性假设出发，管理者会重视创造一个能多方面满足员工需要的环境，使员工的智慧和能力得到充分发挥，以更好地实现组织目标和个人目标。

2. 超Y理论　在麦格雷戈提出X、Y理论之后，美国的乔伊·洛希（Joy Lorsch）和约翰·莫尔斯（John Morse）选了两个工厂分别采用X理论和Y理论进行了实验。通过对实验结果的分析，认为不同的人对管理方式的要求不同。有人希望有正规化的组织和规则制度对自己的工作进行约束，而不愿意参与问题决策和承担责任，这种人更适合X理论。有的人却希望获得更多责任和发挥个人创造力的机会，这种人会更欢迎以Y理论为指导的管理方式。另外，工作性质和员工素质对管理方式的选择也有影响。不同的情况应采取不同的管理方式。

3. Z理论　美国加州大学管理学院日裔教授威廉·大内（William Ouchi）在研究分析了日本企业的管理模式后，提出了Z理论模型。

Z理论认为，企业与职工的利益是一致的，两者的积极性可以统一起来。根据Z理论，企业应该长期雇用职工而不是短期雇用；鼓励职工参与企业管理事务；实行个人负责制；上下级关系要融洽；对职工应进行全面培训，使他们具有多种工作经验；控制机制应该含蓄，但检测手段必须正规。

📖 案例拓展

H餐饮公司的员工管理模式

H餐饮公司是一家以经营川味火锅为主、融汇各地火锅特色的大型直营火锅连锁店。经过20年艰苦创业、不断进取，逐渐从一个不知名的小火锅店发展成今天的大型跨省直营餐饮品牌。贴心、周到、优质的个性化服务已成为该公司的品牌象征。

餐饮行业属于劳动密集型服务行业，相比其他行业，员工入职门槛不高，工作比较辛苦，因此离职率比较高。但是，H餐饮公司的员工离职率仅为10%，远低于同行业其他品牌。它是如何做到的呢？

首先，H餐饮公司给员工的待遇和保障比较好；其次，员工感觉自己有发展前途。H餐饮公司的员工有三条明确的职业发展路线：一条是管理线，一条是技术线，还有一条是后勤线。选择走管理线，可以从员工逐级晋升到大堂经理、门店经理、区域经理、大区经理，甚至到副总经理。走技术路线，可以逐层晋级到先进员工、标兵员工、劳模员工、功励员工。员工还可以向文员、出纳、会计、采购、物流方向发展，进入技术部、开发部，直至业务经理，走后勤路线。员工一级级向上走，工资和待遇也会跟着变化。清晰多样的发展路线可以留住员工，形成一支健康有活力的人才队伍，不但对个人发展有利，对企业发展也非常有利。

H餐饮公司给员工充分的"权力"。比如，门店店长有审批权，员工在一些事情上可以直接做决定，不用一层层向上申报。

H餐饮公司还特别鼓励员工创新，设有专门的创新管理、扶持部门，对创新设立分级标准，对不同等级的创新颁发相应的奖金，还与晋升挂钩。H餐饮公司还有鼓励创新的一些独特规定。比如，要求每个员工每个月给公司至少提5条建议，好的建议会被采纳。

H餐饮公司秉承"用双手改变命运"的理念，培养出一大批敢想、敢干、敢挑重任的新生代员工，为该公司的快速发展提供了助力。

思考：H餐饮公司的管理体现了哪些管理理念？

第三节　现代管理理论流派

20世纪60年代以来，管理理论得到进一步发展，形成各具特色、流派纷呈的局面。美国管理学家孔茨把这一现象称为"管理的丛林"。1980年，孔茨在《管理学评论》上发表的《再论管理理论的丛林》一文中，把管理学派总结为管理过程学派、人际关系学派、组织行为学派、权变理论学派等11个流派。

一、管理过程学派

管理过程学派又称为管理职能学派，在西方是继古典管理理论和行为科学理论之后影响最大的学派。古典管理理论的代表人物之一亨利·法约尔是这个学派的创始人，后经美国管理学家哈罗德·孔茨、詹姆斯·穆尼等人发扬光大。

管理过程学派主要以管理过程和管理职能为研究对象，认为管理是一个过程，这个过程包括计划、组织、领导、控制等若干职能，管理者可以通过对各个职能的具体分析，归纳出其中的规律和原则，指导管理工作，提高组织效率和效益。

二、决策理论学派

决策理论学派是以统计学和行为科学为基础的管理流派。第二次世界大战以后，许多运筹学家、统计学家、计算机专家和行为科学家都试图在管理领域寻找一套科学的决策方法，以便对复杂问题进行明确、合理、迅速的决策。美国经济学家和社会科学家赫伯特·西蒙对此学派的发展做出了突出贡献。

决策理论学派的主要观点如下。

1.管理就是决策　西蒙等人认为，决策贯穿整个管理过程，所以管理活动的全部过程就是决策的过程。

2.决策分为程序性决策和非程序性决策　程序性决策即按照既定程序所进行的决策。对于经常发生的问题，可以制定例行程序，凡遇到同类问题，就可以按既定程序进行决策。对于复杂问题或没有例行程序可以遵循的问题，要进行特殊处理。对这类问题的决策称为非程序性决策。

决策理论学派认为，在不同管理层（高层、中层、基层）所处理的决策问题中，程序性决策和非程序性决策的比例各不相同。

三、管理科学学派

管理科学学派的重要特点是将数学模型广泛应用于经营管理。他们认为通过构思精确的数学模型可以帮决策者迅速找到可行方案。数学模型的另一个重要作用是能使问题及可供决策者选择的方案数字化，便于管理者对问题进行定量分析。目前广泛应用的管理模型有决策理论模型、盈亏平衡模型、资源配置模型（线性规划）、网络模型、排队模型、投入产出模型等。这些模型使管理问题的研究从定性分析发展为定量分析。

四、经验主义学派

经验主义学派以向西方大企业的经理提供管理企业的成功经验和科学方法为目标。他们以大企业的管理经验为主要研究对象，对其进行概括和理论化，提供给管理者和研究人员作为参考和建议。彼得·德鲁克（Peter F·Drucker，1909—2005年）是该学派最著名的代表人物。

德鲁克曾于20世纪60年代受日本政府邀请，对日本政府和企业高管进行管理培训。德鲁克的主要著作有《管理的实践》（1954年）、《有效的管理者》（1966年）和《动荡年代的管理》（1980年）等。

五、权变理论学派

20世纪70年代以来，权变理论在美国兴起。权变理论认为，企业管理要根据企业所处的内外部条件随机应变，没有什么一成不变、普遍适用的"最好的"管理理论和方法。

权变学派与经验主义学派既有联系又有区别。经验主义学派主要通过研究个别企业的管理实践和经验概括出管理一般原则。权变学派则是通过观察和分析大量事例，找出管理思想、技术和方法与各种环境因素之间的相互关系，把众多的情况归纳为几种基本模型，并为每个模型找出一种管理模式。

可以划归权变学派的管理理论观点比较多，其中也包括莫尔斯和洛希的"超Y理论"和大内的"Z理论"。

六、系统管理学派

系统管理学派主要应用系统理论全面分析和研究组织的管理活动和过程。它重视对组织结构和模型的分析。系统理论提出了整体优化、合理组合、规划库存等管理新概念和方法。理查德·约翰逊、弗里蒙特·卡斯特和詹姆斯·罗森茨韦克三人合著的《系统理论与管理》是该学派的代表作。

系统管理学派的主要观点如下。

（1）一个系统是由许多子系统组成的。

（2）企业是由人、物资、机器和其他资源在一定目标下组成的一体化系统。

（3）企业是一个投入–产出系统。

系统管理学派对管理实践的启示：管理者应从整体出发，不仅要解决企业内部问题，还必须注意企业与外部环境之间的关系；管理者应学会用系统的观点考察和管理企业，才能有助于提高企业整体效率。

第四节　管理理论发展的新趋势

20世纪80年代以来，随着科技的迅猛发展，全球化、经济一体化形势不断加强，管理活动也出现了深刻的变化，管理思想与管理理论经历不断创新，形成了新的发展趋势。

一、从管理科学到管理艺术的创新认识

自泰勒的科学管理理论提出以来，管理是科学的观点逐渐得到人们的认可。由于这种认识，人们改变了传统的经验主义观念，以科学的态度观察和研究管理实践，试图透过管理活动的表象寻找管理活动的一般原则和规律，促进了管理实践和管理理论的发展。此外，"管理是科学"的观念促使人们把其他学科的科学方法和理论引入管理理论研究和实践，不仅促进了管理理论的发展，而且大大提高了管理的效率。

20世纪70年代以来，科学技术发展成为经济全球化的主要推动力量。在跨国公司和世界贸易组织的推动下，经济全球化持续发展。进入21世纪，随着以互联网、人工智能为代表的新一轮科学技术的发展，经济全球化成为强劲的时代潮流。在经济全球化推动下，文明冲突、贫富差距、利益失衡、经济主权、能源危机、环境污染、恐怖袭击、跨国犯罪、疾病传播等问题不断凸显，企业生存环境瞬息万变。越来越多的管理者认识到，管理的原则是简单的，管理的方法已经很明确，但是这些基本方法和原则的不同组合和运用却造成了不同组织的成败。成功的管理是一种在适当的时间对适当的对象运用适当的方法和原则的艺术。因而，《艾柯卡自传》《经营沉思录》等管理大师的自传或企业经营经验类的书籍成为图书市场的热卖品。许多人抱着浓厚的兴趣在管理大师们的著作中寻找管理艺术的真谛。

二、从"手段人"到"目的人"

在20世纪20年代之前，管理学理论中基本都把人当作类似机器的要素看待，认为人的需求主要是物质需求和经济需求，即人是"经济人"、理性人，驱使人工作的动机就是经济需要，所以人在工作过程中是理性的、善于计算的。因此，管理者的主要任务就是设计合理的工作结构和分配制度让员工可以通过提高劳动效率获得更高的收入。

但是梅奥等人通过霍桑实验发现，人不仅有物质需求，还有社交、归属感、自我实现等心理需求。工人的生产效率不但受劳动条件、技术、体力和企业分配制度影响，还与劳动中的情绪、态度等因素有关。管理者不但要注重满足员工物质方面的需求，还要提高其精神、生理、心理上的各种需求。即从"经济人""物质人"转变为"社会人"。

以上对人性的假设使管理学倾向于把人视作企业经营的手段。管理学研究人的目的是提高工作效率以达成企业目标。

这种"手段人"的观念越来越受到冲击。原因是，现代的人已经逐渐成为一种特殊的资源，人才成为企业的重要资源。随着越来越多西方国家进入老龄化社会，劳动力匮乏问题越来越突出，企业之间对于人力资源的竞争日趋激烈。文化教育的发展使劳动者受教育程度和收入水平不断提高，越来越多的劳动者把工作看作实现个人社会价值的重要手段。这些变化促使企业不得不更加重视对人的管理，把员工当作"目的"看待。

三、从强调个人竞争到重视团队协作

现代工业生产分工不断向精细化发展，任何产品的制造都要经过许多环节，经过许多人共同努力才能完成。没有团队协作，任何产品的制造、科研项目的完成都难以维持。西方传统管理鼓励个人之间的竞争，工资和奖金计算也是以个人为单位。这种以个体为管理和激励对象的机制可能引起群体内部人员之间的过度竞争，也可能使部门之间和个人之间的协作变得难以为继。因为在传统管理机制下，其他人和其他部门的成功就意味着自己的失败，必然导致部门、个人之间互相封锁，产生不顾整体利益的不合作态度。

在这种情况下，日本企业的成功引起许多西方企业的注意。通过对日本企业管理的研究，许多学者发现，日本职工大多具有强烈的集体精神和协作意识。日本企业的奖励制度往往以集体为单位，与西方企业以个人为计核对象形成鲜明对比。

许多企业认识到协作的重要性，开始学习日本企业，注重团队和团队合作精神的培养。

📖 案例拓展 -

惠普公司的"野餐团建"

惠普是美国一家跨国信息技术公司，为大中小型企业、政府医疗卫生和教育部门提供软、硬件产品和服务，总部位于美国。惠普公司的企业文化被称为"惠普之道"，其特点之一就是在公司内部营造浓郁的家庭气氛，并让所有员工对这种亲密的情感沟通方式建立认同感。"野餐"是"惠普之道"的一个有代表性的传统。

在惠普创立早期，每年都会请所有员工及其家属参加野餐。这项大规模活动交由员工自己策划和举办。公司创始人比尔·休利特、戴维·帕卡德及其他高管则负责上菜，并借此机会与员工和家属熟识。野餐很受员工欢迎，所以后来惠普决定把这个传统推广到所有分公司。此外，惠普还采取多种多样的方式增进公司与员工及其家属的感情。"野餐团建"成为惠普公司塑造团队精神的一个特色方式。

- -

四、从集权到分权

职责分明、结构严谨的等级制度是许多企业的主要管理形式。这种传统管理的基础是职业分工，核心是统一指挥，主要特征是集权，上层决策、中层传达、基层执行是基本运行规则。

为了应对复杂的生存环境和风险，不少组织内部逐渐出现分权化趋势。特别是信息手段的不断推陈出新和广泛运用使企业不再需要大批中层管理人员上传下达，组织结构逐渐出现扁平化趋势。一些结构严谨的大公司开始演变成由若干灵活机动的工作项目团队组成的联合体。奈斯比特在《展望90年代》中就提出，为了充分发挥基层积极性，企业等级结构正逐渐被网络组织或生物组织取代。团队组织、动态联盟、虚拟企业等新型的组织结构形式相继涌现。

五、从外延式管理到内涵式管理

外延式管理主要通过联合与兼并扩大经营规模，提高市场占有率。内涵式管理主要通过充分利用内部条件、加强企业创新、提高生产能力来增强企业竞争力。

20世纪70年代以前，企业热衷于外延式管理。经常可以在媒体上看到企业兼并或收购的报道。许多公司的管理者热衷于通过兼并和收购获得规模效益。但是规模效益并非只有好处，企业超过一定规模后，可能造成机构臃肿、决策缓慢和信息渠道不畅，反而使企业效益下降。一些跨行业的收购和兼并因为涉足不熟悉的行业，反而给企业带来沉重的负担。

鉴于此，部分企业开始从追求规模效益转向内涵式管理。与这种理念对应，企业的生产范围开始收窄。一些在某个领域深耕形成独特个性和竞争优势的"小而美公司"逐渐进入大众视野。这种公司一般规模不大，业务品类比较单一，甚至只做一种业务，但是在某个领域的产品或服务却比较全面而细致。它们通过追求细节到位，力求产品达到极致。

小　结

本章主要学习管理理论的发展历史。我们根据管理理论的发展顺序从古典管理理论、现代管理理论学派和管理理论发展的新趋势3个方面进行了介绍。

1.古典管理理论主要包括科学管理理论、一般管理理论、行政管理理论和行为科学理论。

2.现代管理理论学派主要介绍了管理过程学派、管理科学学派、决策理论学派、经验主义学派、权变理论学派和系统管理学派。

3.对于现代管理理论的发展，主要介绍了管理科学五大趋势：从管理科学到管理艺术的创新认识、从"手段人"到"目的人"、从强调个人竞争到重视团队协作、从集权到分权、从外延式管理到内涵式管理的发展趋势。

📖 **实用管理学小原理** -

彼得定律

彼得定律（the Peter Principle）是美国管理学家劳伦斯·彼得（Laurence. J. Peter）在对组织中人员晋升的有关现象进行研究后得到的一个结论。基本内容：在一个存在等级制度的组织中，每个职工都趋向于上升到他所不能胜任的地位。彼得指出，职工由于在原有职位上工作成绩好（胜任），一般会被提升到更高一级职位；如果继续胜任则将进一步提升，直至他所不能胜任的职位。彼得定律又被称为"向上爬"理论。

彼得定律在现实生活中无处不在：一名优秀的教授被提升为大学校长后无法胜任；一名优秀的工程师被提升为项目主管后无所作为……对一个组织来说，一部分人被提拔到其不能胜任的级别，就会造成组织效率低下，人浮于事。把一名优秀的员工提拔到一个难以发挥才能的岗位并不一定是对他的奖励，可能会给组织带来损失。

启示： 每个人都期望不断升职，但是不要把"向上爬"当作唯一的动力。要做好职业规划，正确认识自己，找到自己能充分发挥才能的位置。对企业来说，内部人员晋升要注重员工的潜能和能力上限，加强对员工胜任能力的培养，尽量减少彼得定律带来的影响。

▶ 目标检测

参考答案

一、选择题

1.管理学形成的标志是（　　）。

    A.泰勒的科学管理理论　　　　　　　B.法约尔的管理过程理论

    C.梅奥的霍桑实验　　　　　　　　　D.马斯洛的需要层次论

2.法约尔的代表是（　　）。

    A.《科学管理原理》　　　　　　　　B.《国富论》

    C.《工业管理和一般管理》　　　　　D.《工业文明中的人类问题》

3.企业中存在"非正式组织"的观点来源于（　　）。

    A.泰勒　　　　　　　　　　　　　　B.法约尔

    C.梅奥　　　　　　　　　　　　　　D.孔茨

4."管理活动十四条原则"是（　　）提出来的。

    A.泰勒　　　　　　　　　　　　　　B.法约尔

    C.梅奥　　　　　　　　　　　　　　D.孔茨

5.（　　）提出了重视管理中人的因素。

    A.铁铲实验　　　　　　　　　　　　B.霍桑实验

    C.搬运生铁实验　　　　　　　　　　D.金属切削实验

6.行为科学理论最大的特色是认为人不是（　　），而是（　　）。

    A.经济人，社会人　　　　　　　　　B.社会人，复杂人

C.自然人，经济人　　　　　　　　D.复杂人，自然人

7.在麦格雷戈的X-Y理论中，按照X理论，管理者必然采取（　）管理方式。

A.命令权威，统一服从　　　　　　B.扩大工作，丰富工作

C.自我控制，自我指导　　　　　　D.自我实现，自我满足

8.哈罗德·孔茨等人将（　）理论发扬光大，成为现代"管理理论丛林"中的一个主流学派。

A.科学管理　　　　　　　　　　　B.系统管理

C.管理过程　　　　　　　　　　　D.行为科学

9.通过建立数学模型、定量分析帮管理者进行决策是（　）的特点。

A.管理过程学派　　　　　　　　　B.决策理论学派

C.管理科学学派　　　　　　　　　D.系统管理学派

10.决策理论认为，越是上层管理者处理的问题中，（　）比例越大；越是下层管理者，其处理的问题中（　）决策的比例越大。

A.程序性决策，非程序性决策　　　B.非程序性决策，程序性决策

C.程序性决策，程序性决策　　　　D.非程序性决策，非程序性决策

11.马克斯·韦伯认为，适合作为理想组织体系的基础权力是（　）。

A.法定权力　　　　　　　　　　　B.超凡的权力

C.传统的权力　　　　　　　　　　D.继承的权力

二、简答题

1.泰勒提出的科学管理有哪些基本观点？

2.法约尔提出的五项管理职能是什么？

3.泰勒和法约尔研究管理问题的视角有何不同？

4.管理科学理论的含义是什么？它与科学管理有什么关联？

5.X理论和Y理论的人性假设有什么不同？

6.经验主义与权变理论学派有什么异同点？

第三章　管理环境

一个成功的决策，等于90%的信息加上10%的直觉。

——美国企业家S·M·沃尔森

学习目标

1. 掌握管理环境的定义及分类。
2. 熟悉各类管理环境的适应能力及应对能力。
3. 了解管理环境的特殊性。

案例导读

《中国家政服务业高质量发展指数报告（2022）》发布

2022年3月25日，商务部研究院信用研究所联合启信宝公司发布了《中国家政服务业高质量发展指数报告（2022）》。报告聚焦中国家政服务业的发展实力、发展活力、创新动能和信用水平4个方面，形成了包含4个分类指数（共16个指标）的发展指数体系。报告在概述国内外家政服务业发展状况的基础上，基于我国2011—2021年家政服务业的公开数据，对国内家政服务业高质量发展总指数及各分类指数进行了系统分析，客观反映了近年来中国家政服务业发展所取得的成绩，以及不同区域、不同省份家政服务业发展的特点和差异。最后，对中国家政服务业高质量发展提出了对策与建议。

报告指出，近年来，我国陆续出台促进家政服务业提质扩容、积极推进落实家政扶贫、推动家政服务信用体系建设等系列政策，促进了家政服务业的迅速发展，家政业经营规模持续保持两位数增长。家政服务的巨大需求潜力，使家政劳务输出基地建设、组合就业模式创新、数字化创新应用、服务人员人文关怀、诚信追溯管理等方面得到快速发展。不过，整体来看，我国家政服务业质量总体发展不够，发展实力、发展活力和创新等指数水平不高。

当前国内家政服务业存在较大的提升空间，不同区域之间的发展不平衡不充分。报告建议加快补齐家政服务业高质量发展的短板，通过推动行业数字化转型、加强区域供需衔接、强化市场资源配置、提升提质扩容能力、加强信用经济监测、探索数据交换共享等方式促进我国家政服务行业快速发展。

从国际情况来看，目前有些国家家政服务业起步早，发展呈现多样化、专业化、规模化、规范化的特点，而且配备了比较完善的法律规范，值得我国借鉴。

思考：请分析家政服务行业的市场环境，讨论我国家政行业处于怎样的环境中。

任何组织在社会中都不是孤立存在的，它是一个开放的系统，企业的整体活动都会受到所在环境的影响，与外部环境和内部环境密切联系。管理者对环境的理解、认识、适应程度都关系着组织的成长与发展。

环境是不断变化的，这种变化是客观存在的，不以人的意志为转移，管理者对环境变化的发现存在一定的滞后性，但这并不代表管理者对待组织所处的环境是消极、被动的，企业如果要赢得市场竞争优势，务必要提高自身适应环境的能力，积极、主动地通过各种方式对环境加以控制，并学会预判环境的发展趋势。

所有组织都是在一定环境中开展活动的，这个环境就是管理环境。管理环境存在于组织内部和外部，并对管理者的行为产生间接或直接的影响。斯蒂芬·P·罗宾斯认为，管理环境是对组织绩效起着潜在影响的外部机构或力量。美国工业心理学家斯科特认为，环境是在特定的范围里，所有个体、团体或组织及其相互关联所形成的特定行动领域。

管理者和组织要有效把握和驾驭环境，必须对环境进行分类，只有这样才能增强对环境的认识和理解。不过，由于环境的复杂性和多变性，对环境进行区分也就存在一定的困难。国内外管理学理论对于环境的区分和归类有多种不同的观点。

综合起来，管理学界对于环境的分类主要有"二分法"和"三分法"两种代表性的观点。

1.二分法　将环境分为一般环境和具体环境。

（1）一般环境　是指在组织之外，所有可能遇到的各种情况。

（2）具体环境　是指对具体目标的实现产生直接影响的外部因素。一般环境与具体环境的最大不同点在于环境对企业的影响：一般环境间接地影响企业的运营，而具体环境直接地左右企业的生产经营、发展乃至企业的生命。

2.三分法　将环境分为一般环境、具体环境和内部环境（图3-1）。

（1）一般环境　是指距离企业比较远的环境，它以不同的方式影响所有的企业。

（2）具体环境　是指某一特定产业中的环境，只有在此产业中的企业才会受到影响。

（3）内部环境　是企业内部物质和文化环境的总和。

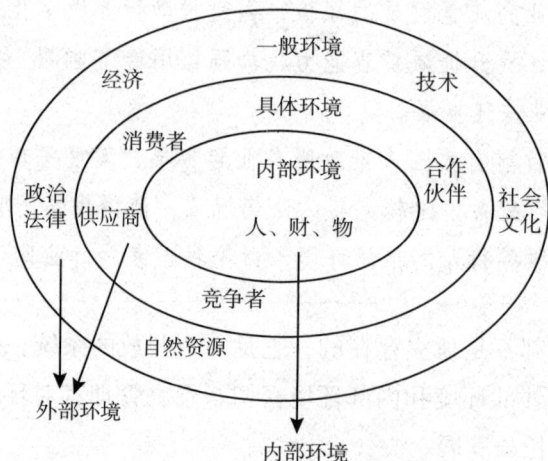

图 3-1　组织的管理环境

本书在吸收相关研究成果的基础上，将环境划分为两类，即组织的外部环境和内部环境。

第一节　外部环境

外部环境是指影响组织绩效的外部因素、力量和实践。外部环境是组织生存的土壤。它既为组织活动提供条件，也对组织活动起制约作用。组织要充分利用外部环境带来的机会，并有效避开威胁，必须对外部环境进行研究。研究可以帮助我们认识外部环境发展变化的一般规律，并据此对未来发展和变化趋势进行预测。

管理的外部环境是存在于组织系统之外，是对组织系统的建立、存在和发展产生影响的外部客观情况和条件等相关因素的组合。这种组合不是一种简单的堆砌，而是诸多因素相互交错而形成的复杂整体。在组织的外部环境中，一般环境处于外层，它对组织的影响是间接的；具体环境距离组织较近，它对组织的影响较为直接和明显。

📖 案例拓展 -

放下身段的星巴克

曾几何时，星巴克成了年轻人喜爱的学习、发呆、约会、谈事的"第三空间"。星巴克依托门店给消费者提供了商务洽谈与生活休闲的空间。其优质的服务所带来的精致生活体验也满足了消费者对精英身份的追求，成为白领心中生活品位的象征。

但是，近年来，众多咖啡品牌的崛起和更多外来咖啡品牌的涌入，星巴克在华业绩不断下滑。

为改善业绩，星巴克放弃一直以来对外卖的谨慎态度，面对中国市场发生的4个方面的变化，星巴克与多平台合作开展全方位新零售手段。

1.市场红利到来　中国咖啡市场已处在全面收获期，快速跑马圈地、快速持续渗透已经成为中国咖啡市场的核心策略。

2.线上持续渗透　在经历了上一轮跑马圈地之后，出现了中国业绩下滑，使星巴克对线下拓展效率进行评估和调整的同时，还要通过外卖渗透来推动业绩重振。

3.竞争加剧　因为看到了庞大的咖啡成熟期市场的机会，多个品牌砸钱进场，日本、加拿大等龙头品牌也宣布大举进军中国，并且来势凶猛。这些都是中国咖啡行业大环境的变化。

4.外卖场景日趋成熟　中国咖啡市场需求仍然存在增长空间。中国的物流服务已经趋于标准化和成熟，对星巴克的线上扩张可以产生助推作用。

当越来越多的咖啡被送到消费者的手中，星巴克就已不再仅仅是一种高端的"第三空间"，而重新变回一个"卖咖啡的"。这种演化有可能促使星巴克成为一个打通第三空间（线下）和第四空间（线上）生活方式的品牌。

也许，"第四空间"就是让星巴克复兴和辉煌的关键。

思考：星巴克是如何应对大环境的？它的优势是什么？

一、一般环境

一般环境是在一定时间存在于社会中的各类组织都会面对的环境。它对所有企业或组织都会产生影响，也被称为宏观环境因素。它包括政治法律、社会文化、经济、技术和自然环境等因素。一般环境对组织的影响是间接的、长远的。

1.政治法律环境　包括对组织产生影响的各种政治因素和法律、法规等因素。

政治因素是指总的政治形势，它涉及社会制度、政治结构、党派关系、政府政策和公众政治倾向等。政治的稳定无疑是组织发展必不可少的前提条件。政治环境的变化有时对组织的决策行为产生直接作用，但更多地表现为间接影响。例如，由国家权力阶层的政治分歧和矛盾所引发的罢工浪潮和政局动荡，无疑会给当地企业的经营活动造成直接冲击。

由于政治环境的变化所导致的法律、法规的变化，将对所有企业的经营和决策产生更广泛、更深远的直接或间接影响。比如为了促进和指导企业的发展，国家颁布了经济合同法、企业破产法、商标法、质量法、专利法和中外合资企业法等法律，此外，国家还对工业污染控制、卫生要求、产品安全要求、某些产品定价限制等做出规定，这些法律和法规则会对企业的活动有限制性、引导性的影响。企业的生产、交换、分配活动都必须自觉遵守有关法律的规定，否则就会遭到法律的制裁。

2.社会文化环境 主要包括人口因素、文化因素、教育因素等方面，这些因素对产品的市场需求水平和需求结构都会产生重大的影响，从而左右着企业的生产和经营。

（1）人口因素 包括人口的总量、年龄结构、民族构成、职业构成和家庭构成等方面。一定消费水平下的人口总量对社会生产规模有决定性的影响；人口的地理分布状况对生产企业地址的选择有重要的影响；人口的性别比例和年龄结构对社会需求结构有一定的影响，进而影响社会供给结构和企业的产品结构；家庭户数及其变化与耐用消费品的需求和变化趋势相关，也会影响耐用消费品的生产规模。在我国，近年来人口结构上发生了一系列的变化。主要表现在人口趋于老年化，青壮年劳动力人口比例下降，影响了企业劳动力的补充；另一方面，人口结构老龄化又带动了以老年人为主要顾客群体的市场，使生产老年人用品和提供老年人服务的企业迎来了一个发展机会。

（2）文化因素 这里讲的文化因素指的是一定时期人们的知识、宗教、信仰、道德、习俗、心理等特定传统和行为规范。每一个国家、社会都有与其相适应的文化，并随着社会的发展而发展，呈现出时代的特点。它对组织的影响可从人口变化、家庭变化、消费者行为以及人们的价值观、生活方式等多方面表现出来。

不同国家的文化形态对管理会有不同的影响，如中国文化中强调"人和"的重要性，受其影响，有利的方面是，人们都愿意为营造一个良好的人际环境而努力，因此容易形成凝聚力，也比较容易沟通；美国文化是典型的个人主义文化，这种文化对组织的影响是，每个人都干好自己分内的事情，有利于竞争和提高工作效率。

（3）教育因素 看似与组织关系不大，实际有很大的影响。

教育水平的高低会影响一个社会劳动者的整体素质和水平，很大程度上决定了劳动者工作能力和对社会贡献的大小，会对包括企业在内的一切社会组织挑选人才、形成组织人力资源队伍产生影响，从而也将影响企业的经营活动。

教育和文化又会改变人们的生活方式、消费习惯，具体表现在人们对于婚姻、工作、道德、性别角色、公正、教育、退休等方面的态度和意见会发生根本转变。这些价值观念和人们的工作态度会对企业的工作安排、组织结构、管理行为以及报酬制度等产生很大的影响。例如，如果社会价值注重对物质利益的追求，就会使劳动者特别偏重索取与自己劳动价值相等的报酬，贡献的概念将会发生变化，物质回报可能成为激励的主要手段。

随着人们受教育水平的提高和对生活质量的更高要求，就会出现各种自发的利益团体，如消费者协会、环境保护组织等。一些利益团体的行为对组织的行为会产生很大的影响，甚至对企业的活动有很强的限制作用。

3.经济环境 是影响组织行为诸多因素中最关键、最基本的一般环境因素，而其中最主要的是宏观经济周期波动和政府所采取的宏观经济政策。例如，在经济高速增长时期，企业往往面临更多的发展机会，相应企业可以增加投资，扩大生产或经营规模，这时企业的竞争环境也不会太紧张；而经济停滞或衰退时期，则尽量不能如此操作。再如，国家实施信贷紧缩会导致企业流动资金紧张、周转困难、投资难以实施等困境，而政府支出的增加，则可能给许多企业创造良好的销售前景。通常，利率、通胀率、汇率、可支配收入及证券市场指数等因素的改变意味着经济环境的变化，组织应对此密切关注，因为这些因素的改变会大大影响组织的管理实践。

4.技术环境　任何组织都与一定的技术存在着稳定的联系，一定的技术是一个组织为社会服务或贡献的手段。一个组织拥有的技术先进与否，对组织的生存和发展影响极大。技术领先的医院、大学、机场，甚至军事组织，比那些没有采用先进技术的同类组织具有更强的竞争力。由于电子计算机和信息处理技术的发展，已使组织有可能逐渐建立起大规模、反应灵敏、反馈速度快的管理信息系统。这种系统中，电子计算机能够迅速处理、分析各种文件、报表及数据，并向管理者提供处理问题的可行方案，可以大大提高决策的准确性、及时性。

5.自然环境　主要指组织所处的地理位置、气候条件和自然资源状况等自然因素。这种环境要素的变化也会对企业等组织的管理与经营产生一定程度的影响。以2011年日本大地震为例，日本是全球巨大的电子、汽车工业半成品供应商，但由于地震造成道路损坏、电力切断以及缺少下游企业为其提供的零部件而减产甚至停产，导致从日本北部地区进货的国际制造商中有97%不得不重新寻找替代货源。同时，地震的影响也波及了日本之外，造成从韩国到西班牙的工厂停工。同样，2011年泰国发生了50年一遇的巨大洪灾，由于泰国是东南亚第一大汽车生产国，受洪灾的冲击，使在泰国设厂的丰田、三菱、日产、福特、马自达和五十铃等诸多汽车商被迫纷纷停产。另外，泰国还是世界第二大硬盘生产国，水灾导致的硬盘供应短缺，使英特尔、苹果和戴尔的业务都无一例外地受到了影响。

📖 **知识链接** -

影响工作效率的"气候"条件

1.通风　有报告数据显示，人们在通风和室内空气质量良好的环境中工作，可将工作效率可提高10%左右。

2.温度　医学研究发现，与人体适宜温度环境相比，高温和低温环境下体力劳动者更容易出现筋疲力尽的情况。适宜的办公室温度不仅影响人的体感舒适度，也影响人的工作效率。夏季办公场所把空调温度调到26℃左右，做好通风换气，不但能保持人的工作效率，而且节能环保，还可以减少"空调病"。

3.光线 办公室照明条件不好容易使人眼睛疲劳和头痛，办公场所应尽量引入自然光，配合适度的人工照明，创造舒适的照明环境。

4.声音 噪音会使人焦虑、难以集中注意力。可以通过办公室规划、空间管理、使用隔音材料和设置公共交流区等办法减少办公空间的声音干扰。

5.绿化 现在越来越多的公共区域和办公区域会布置室内绿化植物。绿化可以起到调节室温、净化空气、减少噪音、降低眼睛疲劳等作用，而且适宜的绿化可以打造生机勃勃的环境，有助于人们放松精神和消除疲劳。

二、具体环境

具体环境一般指组织所处行业环境。行业环境的特点直接影响组织的竞争力和竞争强度，主要影响因素包括行业管理机构、现有厂商、潜在的参加竞争者、替代品制造商、原材料供应商、产品用户（顾客）等。这些因素要么是与组织某一具体的决策活动相关联的力量，要么是与某一管理活动直接相关的特殊力量，要么是与组织目标的制定和实施相联系的因子。

具体环境又称为任务环境、特殊环境，一般包含资源供应者、服务对象、竞争者、政府管理部门和社会特殊利益团体等。

通过对具体环境的研究，迈克尔·波特提出了"波特五力模型"的概念（图3-2）。

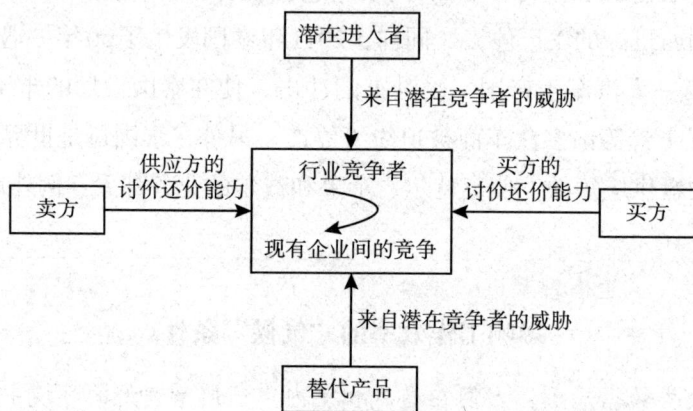

图 3-2 波特五力模型

他认为在企业经营环境中，能够经常为企业提供机会或威胁的因素主要有5种，分别是资源供应者、服务对象、潜在竞争者、实际竞争者以及替代品供应者。这一模型可以帮助人们深入分析行业竞争压力的来源，使人们更清楚地认识到组织的优势和劣势，以及组织的机会和威胁。

根据"波特五力模型"，具体环境由5个构成要素。

1.资源供应者　组织要生存发展，必须依靠一定的资源。但组织本身并不一定都拥有这些资源，因此，组织必须源源不断地从外界获得这些资源要素。人们首先会想到组织的供应商。其实供应商并不仅仅是为组织供应原材料和设备的公司，还包括财力及劳动投入的供应者。组织需要股东、银行、保险公司、福利基金会及其他类似机构来保证持续的资本供给；需要工会、职业协会、地方劳动力市场来保证其持续的劳动力供给。任何一个组织，缺少了人力、物力、财力中的任一因素，都难以有效运行。

2.消费者　组织生产的每一个产品，都是为了满足顾客的需求，没有需求，生产就成了一种无意义的行为。有些组织，虽然不生产实物产品，如政府组织、学校组织，但这些组织为公众提供服务。我们对一所学校的评价完全可以通过公众是否愿意进校就读，学校在社会上的受欢迎程度作为标准。这些组织提供的服务就是它们的无形产品。组织与顾客的关系实质上是生产与消费的关系。组织的一切活动都必须以顾客为中心。"顾客是企业的上帝"揭示的就是这个道理。

顾客的需求是不断变化的，因此顾客代表着潜在的不确定性。例如，当生活水平低时，人们对冰箱、彩电等耐用消费品的需求量很小；生活水平高时，人们的消费会逐步向高品质的耐用消费品转变。组织只有不断地满足顾客种种变化的需求，才能生存发展。

3.同行业竞争者　任何一个组织都有竞争者，即使是垄断组织也不例外。竞争者的一举一动，经常影响管理者的经营决策。竞争的结果通常表现为此消彼长。忽略竞争者行为的组织无一例外都要付出惨重的代价，国内、国外不乏其例。例如，在20世纪60年代，美国汽车在北美市场占有绝大部分份额，日本汽车在美国只占4%，美国汽车公司根本没有将其作为竞争威胁。1967年，日本汽车在美的占有率接近10%，仍然没有受到美国公司的重视。世界石油危机爆发后，日本汽车以其省油特点大受美国用户欢迎，在美市场占有率很快上升，到1989年，日本汽车在美的占有率已近30%，美车只剩60%。这时候，美国汽车行业着急也来不及了。

4.潜在竞争者　这是指想要进入某个行业的企业。一个企业想要进入某个行业，一般具有新的业务能力和充裕的资源，期待建立有利的市场地位，一方面会带来生产能力的扩大，引起与现有企业的激烈竞争，导致产品价格的下降；另一方面，新进入者要获取资源进行生产，可能会引起行业的生产成本上升，这两方面都将导致行业的获利能力下降。某一行业受入侵者威胁的大小取决于行业进入的障碍、行业价格和利润水平等因素影响。

5.替代品　是指在满足顾客的需要方面，能够与该行业产品提供具有同样价值的产品。替代品的价格如果比较低，会限制本行业产品的价格，减少本行业的收入，如果替代品达到了强大的经济规模，本行业将受到威胁。对替代品的分析内容主要包括两个方面：①确定哪些产品可以替代本企业的产品；②判断哪些替代品可能对本企业和本行业带来威胁。

📖 **案例拓展** -

小天鹅收购事件的波特五力分析

曾生产出我国第一台全自动洗衣机的江苏无锡小天鹅成立于1958年，后来发展成为中国领先的高端洗衣机品牌和全球第三大洗衣机制造商。作为国内高端洗衣机品牌的头部企业，小天鹅拥有扎实的洗衣机品牌业务功底和品牌影响力，产能和专业技术储备均处于洗衣机行业前列。

2018年9月，美的集团以发行新股的方式换股吸收小天鹅股所有股份，从此小天鹅成为美的集团名下的一个子公司。

试用波特五力模型对美的收购小天鹅这一决策进行分析。

1. 同行业竞争者的能力 受政策推动，洗衣机市场基本趋于饱和，但智能洗衣机的出现给洗衣机行业带来了新的市场。在这种情况下，有实力的企业纷纷通过加大科研创新投入研发新产品，以提高产品竞争力。在当时的洗衣机行业，市场占有份额较高的企业具有技术创新、资金雄厚等优势，发展状况都比较稳定。另一方面，家电行业价格战一直存在，降价促销不断压低产品利润。

2. 新进入者的威胁 洗衣机行业是一个高成本投入的行业。对于行业新进入者来说，有以下几大壁垒。

（1）关键资源壁垒 洗衣机行业的关键资源包括专利和生产技术。随着时代的发展，人们对洗衣机的功能要求越来越多。比如，洗衣机原本只需要能清洗衣物就可以了，随着人们健康、环保意识的提高，免清洗、低能耗等要求被提出。能满足人们的精细化需求、功能更先进的洗衣机更容易受到消费者的追捧。洗衣机的科技创新成为企业宝贵的无形资产。

（2）规模经济壁垒 洗衣机行业的销售利润率不高，厂商一般通过扩大规模、降低成本来增加收益。对于新进入者来说，这是一大难题。而且，在市场渐趋于饱和的情况下，新进企业增加自身市场份额势必会引起业内其他企业的激烈反应。

（3）在位者优势 在位者具有较强的品牌优势。消费者在购买家电时，会更倾向于购买老品牌的产品。老品牌的产品网上顾客评价信息更多，消费者对其更了解，而且一般售后服务更好，产品质量更有保障。相比而言，新企业新品牌在这些方面不具有太多优势。

3. 代替品的威胁 随着技术革新，智能化产品迭代越来越快，智能化家居很可能替代传统家居成为家电未来的主力军。洗衣机的功能越来越多，智能化程度也越来越高，但暂时还没有替代品出现。

4. 供应商的议价能力 在洗衣机生产商与原材料供应商的关系中，洗衣机企业整体议价能力比较强。大、中型企业议价能力更强，可以有效控制产品成本。而且，由于近年来白色家电几种主要原材料的成本下降，进一步增强了企业在采购方面的议价能力。

5.购买者的议价能力　随着市场渐趋饱和，洗衣机供过于求的趋势越来越明显。同时，消费者可以快速通过网购、电销平台获得其他消费者对同类产品的评价，能够充分掌握产品的种类、功能、价格等信息，大大提高了消费者的议价能力。

通过波特五力模型分析，我们发现，洗衣机行业的进入壁垒较高。美的想扩展自身的洗衣机业务，通过自身发展难度比较大，而通过收购已具有一定影响力的成熟品牌实现发展目标是一个比较好的选择。

思考：波特五力分析法对你有什么启示？

- -

三、外部环境的不确定性

环境是不断变化的，而且大多数变化都是管理者不可预测的，因此环境具有一定的不确定性。根据环境不确定性的程度，我们可以把环境分为动态环境和稳态环境。

动态环境是指组织处在外部要素大幅度改变的环境，反之，则称之为稳态环境。在稳态环境中，组织所处的环境较为简单、确定性较强，管理者易于在稳态环境中做决策。任何一个组织都希望自己处于一个较为稳定的环境之中。从某种程度上讲，这也有利于组织发展。但环境是不断变化的，这一点不会以任何人的意志为转移。组织会经常面临环境变化，如突然出现的竞争者，竞争对手新的技术突破，竞争对手出人意料的经营决策等。

1.外部环境不确定性的导因　主要由两个方面引起。

（1）环境的复杂性　复杂性程度可用组织环境中的要素数量和种类表示。在一个复杂环境中，有多个外部因素对组织产生影响。通常外部因素越少，环境复杂性越低，不确定性越小。例如，格兰仕通过大幅降价，挤退了许多中小型微波炉厂，扩大了市场占有率，减少了竞争者数量，这样也就降低了其所处环境的复杂性。一般而言，一个组织要与之打交道的顾客、供应商、竞争者及政府机构越少，组织环境的不确定性就越小。

（2）环境的多变性　组织环境的变动是稳定的还是不稳定的，不仅取决于环境中各构成因素是否发生变化，而且与这些变化的是否可预见有关。可预测的快速变化不是管理者必须应付的不确定性。当我们谈到环境多变性时，我们通常是指不可预见的变化。例如，啤酒酿造公司一般在第二、三季度创造一年中50%~80%的营业额，第四季度营业额便急剧下降。对于这种可预见的消费需求变化并不会使啤酒酿造公司的环境具有不确定性。不可预见的环境变化也就是环境的不确定性才是威胁一个组织成败的关键因素。因此管理者应尽力将这种不确定性减至最低程度。

根据环境的复杂性和多变性，我们可以把企业环境的不确定性划分为4种类型（图3-3）。

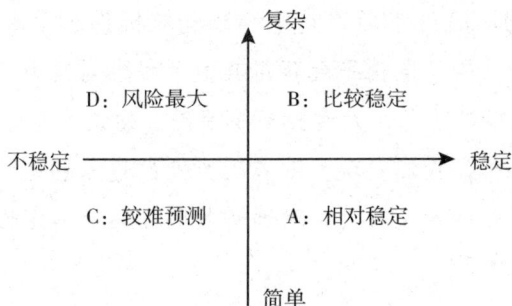

图 3-3　环境不确定的 4 种类型

在"简单＋稳定"（A）象限中，环境的不确定程度很低。企业对环境的预测和适应是比较容易的。这类企业生产的品种往往比较单一，例如客户常常是少数的固定几家；签订固定的合同；所需原材料的品种较少；它们的竞争者也较少；产品的需求量是比较容易掌握的。因而这类企业的环境因素比较简单，而且可以在多年中保持相对稳定。

在"复杂＋稳定"（B）象限中，环境的不确定性成分有所提高。主要是由于影响企业的外部因素增加了。尽管影响的范围有一定的增大，但由于这些因素变化缓慢，因而预测并适应环境并不十分困难。这类企业一般产品种类多，所需要的原材料也各不相同；供应商来自多个方面；同行业的竞争者比较多。但是，由于人们的生活习惯相对稳定，因而市场需要也比较稳定，能够比较准确地了解顾客需求的产品品种、款式和数量。

在"简单＋不稳定"（C）象限中，环境的不确定性程度进一步提高，影响企业的外部因素虽然不多，但这些因素变化快，难以预测，而且由于企业为适应环境而采取的行动会引起环境因素的反作用，如采取降价竞争策略，会引起竞争的连锁反应等。这类企业一般生产的品种单一，生产量大，原材料供应渠道固定、顾客的市场面和竞争面有限。但这种行业的外部环境因素变化比较快，往往由于相关的可替代产业的兴起而引起需求的变化，而且很难事先准确预测。

在"复杂＋不稳定"（D）象限中，环境的不确定性达到最高程度。企业的外部环境因素错综复杂，因素不稳定，因而风险性很大。这类企业通常产品品种、规格、款式多样；顾客、供应商和竞争者很多；市场变化快且难以预测其变化的方向和速度。因而这类企业的环境不确定性最高，面临的市场风险也最大。

📖 案例拓展 -

三只松鼠迅速"爆红"的背后

2019 年 12 月 3 日，休闲食品头部品牌"三只松鼠"的一则公告引发了市场关注：三只松鼠股份有限公司全渠道成交额突破 100 亿元关口。这意味着中国休闲零食领域首家成交额达到百亿元的企业诞生了。

三只松鼠的快速发展得力于它在成立之初就充分利用了互联网时代提供的大市场环境。

三只松鼠有研发团队和营销团队，但没有自有品牌工厂，所以关注的客户群是小众范围，即只要有小部分消费者提出需求，它都能迅速提供对应的供给。依据大数据精准分析消费者的个性化需求，然后研发新产品、找代工厂商生产，最后贴上"三只松鼠"的品牌标签就可进入销售环节。

利用大数据整合供需资源，使三只松鼠有效避免了供应链平台上单个企业重复无效的投入，有利于盘活资源的利用率，同时也为企业节约了成本，提高了企业灵活性。

思考： 互联网给企业发展带来什么发展机遇？

- -

2. 外部环境不确定性对管理的影响　对于组织与管理者而言，外部环境的不确定性对管理的影响主要从外部威胁和外部机会两个方面表现出来。

（1）外部环境给管理带来的机会　外部环境的不确定性可能会给组织带来一定的市场机会。市场机会特指某种环境条件，在该环境下企业可以通过采取一定的活动创造价值，实现盈利。当然，不同的机会能给企业带来的利益的大小是不同的。市场机会能为企业带来的利益越大，其价值也就越高，对企业利益需求的满足程度也越高。为了在不确定的市场环境中找到价值最大的市场机会，企业需要对市场机会的价值进行更为详细具体的分析。

（2）外部环境给管理带来的威胁　当环境中一种不利的发展趋势对企业提出挑战，如果不采取果断的措施和行动，这种不利趋势将导致企业市场地位被侵蚀。面对外部环境带来的威胁，企业的管理者一方面应当学会识别面临的主要威胁，在此基础上通过选择新的行业或市场等进行回避，也可以通过多元化经营等途径来转移或分散威胁。但最有效的办法是事先预见威胁的发生，并主动采取措施来对抗威胁，将其可能带来的负面影响最小化。

3. 管理者对外部环境的反应　任何一个组织的管理者都不可避免地必须面对外部环境对其带来的影响，但在实践中，由于管理者对环境认识的偏差，其对环境影响所采取的反应方式也有较大的差异。针对外部环境造成的不确定性，企业可以从内部和外部两个角度加以考虑。

（1）内部战略　在外部环境不可控的情况下，管理者应该调整或改变组织的行为以适应环境。具体行为选择如下。

1）范围选择：企业无法改变自己所在的环境，但它可以通过选择一个适合企业发展的环境。如对经营范围的选择等。

2）招聘合适人才：从外部聘请合适的经营人员，能快速准确地做好市场定位，做好市场分析，对企业进行有效经营。企业的发展状况在很大程度上取决于高层管理者的能力。优秀的高级主管不仅能充分运用其理论和经验使企业得到发展，而且能运用其与外部社会建立的良好关系，使企业更好地认识甚至影响环境。

3）缓冲方法：有时外部环境的变化只是暂时的，或者采取行动所付出的代价可能会远远超过其回报，这个时候企业可以考虑暂时按兵不动，或者在控制成本的前提下，对企业内部稍加调整。

（2）外部战略　管理者不仅能适应已有的环境，还可以通过有效活动为组织创造一个良好的外部环境。管理者可以采取的有效活动如下。

1）广告宣传：通过广告，可以改变产品的消费市场，例如：促使已有的消费者进行更多的消费，或把竞争对手的顾客拉过来。广告有利于建立和巩固消费者对品牌的信任，提高顾客忠诚度，尤其对于产品和服务差别较小的企业来说，顾客的信任可以极大地改善其竞争地位。广告让消费者了解企业，可以对消费者的购买决策产生重大影响。广告不但可以提高品牌知名度，减少对消费者的依赖，甚至可以在交易中占据优势。

2）建立长远的合作关系：企业可以通过与有良好声誉的供应商、销售商签订长期合约，在供应数量和价格方面做出约定，享受一些特殊待遇。这样，在一定时期内，企业与供应商、销售商之间稳定的合作关系会直接影响企业与环境的关系，降低不确定性，减少波动。

3）兼并收购：在竞争与合作并存的环境中，企业可以通过兼并、收购那些对其经营造成威胁的企业和个人减少竞争压力。企业对相关产业中企业的并购是企业实现多样化或一体化经营的重要途径，这也会改变企业在本行业中的竞争地位，改变其与上下游企业竞价的实力。

第二节　内部环境

组织内部环境是指组织内部的物质和文化环境的总和，包括人力资源、物力资源、财力资源、企业文化等因素，这些因素相互联系、相互影响、相互作用，形成一个有机整体。其中，物力资源是组织内部硬环境，企业文化是组织内部软环境，组织内部环境的形成是从一个简单到复杂的过程，内部环境管理的目标就是提升竞争力，并实现利益最大化。组织内部环境主要包括3个方面。

1. 营运因素

（1）人力资源环境　人力资源政策是影响内部环境的关键因素。在现代企业中，包括管理人员、生产人员、技术人员、劳动力的培养教育和整个人力资源的开发利用。一个企业的人力资源环境直接影响企业中每个人的表现和业绩。人力资源环境涉及人力资源的流动、蓄积、配置、考核等具体环节，进而关系到内部控制的实现效果和效率。

（2）物力资源环境　企业的真正资产全部是以物的形式存在的，比如设备、产品、车辆、原材物料等。财务是对企业资产进行金额性描述，以资金的方式记录资产的；仓储则是对企业资产以物化形式进行数量描述的，物品不会因市场价格的变化而进行数量变动，但是物品状态的变化及属性的改变又会影响它价值的改变。所以对仓储的管理是一个动态的管理，对任何一个物品、设备、原材物料都要有永久的跟踪，直到消亡。仓储同财务一样要实现信息化管理，同时要实现档案化管理，流动性管理，实现最大限度区域调配与共享。对设备、材料、仪器、能源和物资的管理，应达到物尽其用，提高利用率。搞好企业设备管理，对提高企业设备管理水平和技术水平，加快施工进度，提高工作效率，降低劳动强度，增强企业的市场竞争力都有十分重要的现实意义。

（3）财力资源环境　包括经济和财务管理。经济是组织在一定时期内所掌握和支配的物质资料的价值表现。财务管理是按经济规律进行有效管理，使资金的使用能保证管理计划的完成，为企业管理层提供决策信息，为企业财务信息外部使用者和投资者提供所需相关信息以做出合理的决策。

2.组织结构　是组织的全体成员为实现组织目标，在管理工作中进行分工协助，在职务范围、责任、权利方面形成的结构体系。它是表明组织各部分排列顺序、空间位置、聚散状态、联系方式以及各要素之间相互关系的一种模式，是企业整个管理系统的"框架"。组织结构作为组织在职、责、权方面的动态结构体系，其本质是为实现组织战略目标而采取的一种分工协作体系。因此，组织结构并不是一成不变的，它也会随着组织的重大战略调整而进行调整。

组织结构一般分为4种类型：直线制结构、职能制结构、直线职能制结构和矩阵制结构。

（1）直线制结构　是最简单和最基础的组织形式，也是最传统的组织结构形式。所谓的"直线"是指在这种组织结构下，职权直接从高层开始向下流动、传递、分解，经过若干个管理层次达到组织最低层。它的特点是企业各级单位从上到下实行垂直领导，呈金字塔结构。组织中每一位主管人员对其直接下属拥有直接职权，而下属部门则只接受一个上级的指令，组织中的每一个人只对他的直接上级负责或报告工作。主管人员在其管辖范围内，拥有绝对或完全职权，即主管人员对所管辖的部门的所有业务活动行使决策权、指挥权和监督权。

直线型组织结构意味着，企业所采取的管理沟通渠道模式是纯粹的单个或多个链型管理沟通模式。在这个管理沟通结构中，层级制度严格，一个企业员工只能与一个上、下级进行上、下行沟通。

（2）职能制结构　也被称为U形组织或多线性组织结构。职能制结构起源于法约尔在其经营的煤矿公司担任总经理时所建立的组织结构形式，故又称"法约尔模型"。它是按职能来组织部门分工，即从企业高层到基层，把承担相同职能的业务及其工作人员组合在一起，设置相应的管理部门和管理职务。

职能制组织结构是以工作方法和技能作为部门划分的依据。在现代企业中，很多业务活动都需要具有专业知识和能力的人来完成，因此将这样的人员归类组合到一个团队内，可以更有效地开发和使用其技能，提高工作的效率。

（3）直线职能制结构　是现代企业最常见的一种结构形式，它更适用于大中型组织。这种组织结构的特点：以直线为基础，在各级行政主管之下设置相应的职能部门从事专业管理（比如销售、后勤、财务等部门）作为该级行政主管的参谋，实行主管统一指挥与职能部门参谋指导相结合的结构模式。在直线职能制结构下，下级机构既受上级部门的管理，又受同级职能管理部门的业务指导和监督。各级行政管理者逐级负责，高度集权。这是一种按经营管理职能划分部门，并由最高管理营者直接指挥各职能部门的结构体制。

（4）矩阵制结构　简单来说，就是在一个大型组织内，为了实现某个特别的工作任务而另外成立项目小组，这个项目小组与原组织配合，在形态上有并行交叉，这种情况就是矩阵式组织形式。这种组织结构是按项目为对象来设置的，项目的管理人员从职能部门抽调，项目完成后管理人员又回归职能部门。矩阵式组织结构的最大特点就是拥有双重命令体系，即职能式矩阵和项目式矩阵。前者是以职能主管为主要决策人，后者则是以项目负责人为主要决策人。这种组织结构最为突出的特点就是打破了单一指令系统的传统企业管理方式，而使员工同时拥有两个上级。

3.企业文化　是在组织长期发展过程中逐渐形成和发展起来的，日趋稳定的独特的价值体系。企业文化包含价值观、组织精神、伦理道德准则、组织素养、行为规范、群体意识等。企业文化是企业最高目标或宗旨，有属于自己特色的行为规范和规章制度，是价值观的物质载体。

企业文化形成的因素是多种多样的，会受到民族文化差异、地域文化差异、组织制度文化差异、行业文化特点、组织传统因素和个人文化素养等因素的影响。

📖 **案例拓展** -

格力的企业文化

格力电器（GREE）是一家集生产研发销售和服务于一体的国际化家电企业。根据

2022年权威市场调查机构欧睿国际发布的数据，格力家用空调2021年全球市场占有率达20.2%，品牌零售销量再次登顶全球第一名。格力电器产品已远销180多个国家和地区，家用空调市场占有率连续17年稳居全球第一，5亿用户共同见证"格力造"的领先科技和卓越品质。

格力的发展与其企业文化息息相关。格力的企业文化包括以下内容。

1. 创新为本 企业界有一句名言："不创新就死亡。"这句话不仅说明了市场竞争的残酷，更道出了企业生存的根本。格力把创新作为自己的核心理念。格力电器自成立以来，始终坚持"创新是企业的灵魂"，致力于技术创新，把掌握核心技术作为企业发展的根本，并以此推动企业增强自主创新能力，不断完善促进自主创新的管理机制，制定技术创新战略，促进企业成为技术创新的主体。

在这个核心理念的驱动下，格力推出一系列具备领先水平的科技创新产品。据统计，截至2022年7月，格力电器累计研发出35项"国际领先"技术。格力电器已经形成"核心技术自主研发"能力，搭建起"企业为主，市场为导向，产学研相结合"的技术创新体系。

2. 诚信立企 "人无信不立，业无信不兴，国无信不盛"说的就是诚信。诚信是做人、立业、兴国的重要根基。

格力把诚信作为企业的灵魂和宝贵财富，为格力打造世界品牌提供了坚实的后盾。在内部管理中，格力把忠诚作为选拔人才的第一标准。在格力，诚信出问题的员工，会受到严惩。例如，员工如果在工作中收受回扣，一经发现立刻开除。曾经有一位格力中层干部私自陪家人看病没有向公司请假，被发现后却谎称是在陪客户而被开除。格力董事长董明珠说："企业一定要树立这种正气，才能把管理提升上去。"

3. 善待员工 在当下市场环境不断变化、企业竞争日趋激烈的情况下，一些企业大力推崇"狼性文化"、鼓励员工遵从"996"（早上9点上班，晚上9点下班，每天工作10小时以上，并且一周工作6天）工作制，还有很多企业认为员工和企业之间是"雇佣关系"，我支付了钱（工资），员工就应该任劳任怨地为企业工作。格力却认为，员工是企业之本，只有以心换心善待员工，使员工得到充分的尊重、认可并产生归属感，他们才会和企业同呼吸、共命运，形成"一损俱损，一荣俱荣"的价值链，才能激发员工的主人翁意识，与企业共渡难关。2016—2019年格力连续三次为全体员工加薪，平均每次加薪幅度都超过千元。格力还建造公寓供员工居住，当员工在格力退休的时候，这套房子就可以完全归员工所有。

思考：你还知道有哪些企业文化？这些文化你认同吗？

小　结

1.管理环境可以分成外部环境和内部环境。外部环境包含一般环境和具体环境，管理的外部环境存在于组织系统之外，是对组织系统的建立、存在和发展产生影响。内部环境是指组织内部的物质和文化环境的总和，包括人力资源环境、物力资源环境、财力资源环境、企业文化环境等因素，这些因素相互联系、相互影响、相互作用，形成一个有机整体。

一般环境是指在组织之外，所有可能遇到的各种情况。它包括政治法律、社会文化、经济、技术和自然环境等因素。

具体环境是指对具体目标的实现产生直接影响的外部因素。又称为任务环境、特殊环境，一般包含资源供应者、服务对象、竞争者、政府管理部门和社会特殊利益团体等。

外部环境的不确定性是由环境的复杂性和环境多变性引起的，根据环境的复杂性和多变性可以把组织的管理环境分成4种类型：相对稳定的环境、比较稳定的环境、较难预测的环境和风险最大的环境。

2.对于外部环境的不确定性，管理者可采取内部战略和外部战略加以应对，如选择合适的发展环境，招聘合适的人才，建立长远的合作关系，做好宣传策划，兼并收购等。

3.管理的内部环境是由物质和文化综合构成的，物质基础是组织内部硬环境，企业文化是组织内部软环境，组织内部环境的形成是从一个从简单到复杂的过程。

📖 **实用管理学小原理** -

破窗效应

破窗效应（Broken Windows Effect）由詹姆士·威尔逊（James Q·Wilson）和乔治·凯林（George L Kelling）提出。他们提出这个原理本来是为了描述我们常见的一种情况：一个房子如果有一扇窗子破了却没有及时修补，不久之后，其他的窗户也会被人打破；如果一面墙上的涂鸦没有得到及时清理，很快墙上就会画满乱七八糟的图画；一个街角如果有人堆放过垃圾，很快这里就会理所当然地被人们当作丢垃圾的场所，成为一个垃圾堆。破窗效应最早被用于解释犯罪产生的原因，后来被人们广泛应用。根据此理论，环境中的不良现象如果被放任，就会诱导人们不断仿效，甚至变本加厉。

在生活中，我们常对一些小事觉得无所谓。比如违反公司制度，如果管理者没有对这些小错误及时批评指正，就等于无形中纵容员工的这种行为，这种违纪行为就会屡禁不止。

曾有管理者亲身经历过类似情况：因为公司刚搬到郊区的新办公地点，大家住得都比较远，刚开始有几个人迟到，领导很理解，没有管。后来迟到的人越来越多，即使住得近的员工也开始迟到。再后来，问题越来越严重，有员工提出要延迟上班时间，甚至有员工借外出办事的机会整天不回公司。公司开始意识到问题的严重性，紧急出台考勤制度，要求员工不能迟到，外出办事必须登记，不按制度执行按旷工处理。刚开始有人不以为意，以为公司只是做样子、走形式，依然故我。到了月底，根据考勤记录，财务把考勤扣款单下发到这些人手中，大家才意识到公司的要求会被严格执行。从此，随意迟到、旷工的行为越来越少。

破窗效应警示我们：要善于从细微处发现大问题，对已经出现的错误或问题要及时补救，做到防微杜渐，以预防更大问题的发生。

参考答案

目标检测

一、选择题

1. A企业是一家家电生产企业，在研究某地市场需求时，该公司市场人员首先搜集了该地区近五年家庭数量及每年新婚数量的数据。根据以上信息可以判断A企业在做决策时非常看重（　　）。

    A.政治环境   B.经济环境

    C.社会文化环境   D.技术环境

2. 某食品公司经过分析和调查发现，消费者的生活方式正在发生变化，喜欢足不出户就能满足自己的需求，所以该食品公司也开通了网上购物，实现了电商模式，该食品公司的消费细分属于（　　）。

    A.人口细分   B.技术细分

    C.自然环境细分   D.政治环境细分

3. 对于奢侈品企业而言，市场的竞争对手越多，这些企业讨价还价的能力（　　）。

    A.越大   B.越小

    C.不变   D.不确定

4. 当外部环境具有很高的不确定性时，计划应是指导性的，同时计划期限也应该（　　）。

    A.更长   B.更短

    C.适中   D.不确定

二、简答题

1.为什么要进行企业战略环境分析？

2.简述竞争者分析的内容和步骤。

三、论述题

结合企业实际，运用PESTE分析方法对企业的宏观环境进行分析。

第四章 决 策

管理就是决策。

——美国管理学家赫伯特·西蒙

🖐 学习目标

1. 掌握决策的过程；主要决策方法。
2. 熟悉决策的含义；决策的影响因素。
3. 了解决策的原则和类型。

📖 案例导读

某厂作为所在地区最大的面粉厂，一贯非常重视原料采购管理，早几年就已引入企业资源规划（Enterprise Resource Planning，ERP）管理。工厂每个月都会召开"销－产－购"联席会议，制订和落实销售、生产计划。采购部门"照单抓药"，根据生产部门的需要进行原材料采购，并把库存控制在2个月的生产用量以内，明显降低了原料占用成本。

2010年下半年，国内外的小麦价格开始出现大幅度上涨，一年内涨幅接近30%。但是，为了保持市场占有率，面粉产品的价格并不能随原料价格同步上涨。为了维持经营，该厂不得不一边买高价小麦原料，一边生产销售价格较低的产品，结果是产销越多，效益越低。当年工厂亏损非常严重。

思考：面粉厂为什么会严重亏损？是哪方面的决策出现了问题？

第一节 决策概述

一、决策的含义

决策是管理的核心，是管理的重要职能，决策的正确与否直接关系到决策主体的经济效益和社会效益、关系决策者的成功与失败。

决策是人类自古以来就有的活动，但是科学化决策到20世纪初才开始形成。第二次世界大战后，决策研究吸收了行为科学、系统理论、计算机科学等多学科的成果，结合决策实践，形成了一门专门研究和探索人们做出正确决策的规律的科学，即决策学。

美国行政学专家赫伯特·西蒙认为，决策理论应着眼于合理的决策，应研究如何从各种可能的抉择方案中选择出一种令人满意的行动方案，或者合理决策，在一定合理性的前提下，通过对各种行为的比较和选择，使总效用或边际效用达到最大。

也有学者认为，决策是管理者识别问题、解决问题以及利用计划的过程；决策是组织或个人为了实现某种目标，对未来一定时期内有关活动的方向、内容和方式进行选择或调整的过程。

综合不同学者对决策的定义，本书将决策定义为：决策是管理者为了实现某种目标，借助一定的科学手段和方法，从多个可行方案中选择一个最优方案，并组织实施的过程。

对于决策的含义，我们应该从以下几个方面进行理解。

1.决策具有目标性 决策是为了解决某个问题或者为了达到某个清晰的目标。没有目标的决策是盲目的决策。

2.决策要有多个备选方案 决策实质上是行动方案的选择过程。至少要有两个以上的方案，人们才能从中进行比较、选择，选出一个最佳方案。

3.决策方案要付诸行动 决策不仅仅是一个认识、选择过程，也是一个行动过程，没有行动，决策就完全失去了意义。

二、决策的原则

科学合理的决策应该遵循一定的原则制定。这些主要原则包括以下几个方面。

1.效益原则 决策必须以效益为中心，并且要把经济效益与社会效益结合起来，尽量以最小的劳动消耗和物质消耗取得最大的成果。如果一项决策实施下来，所付出的代价大于所得，这项决策就是不科学的，或者是失误的。

2.系统原则 也可以称为整体原则。就是要把决策对象作为一个整体，协调系统中各个部分之间的关系，使系统完整、平衡。

3.目标原则 决策必须有明确的目标，目标是决策的起点，也是决策最终要实现的目的。目标原则要求决策的目标要具有稳定性，目标一旦确定，就不应该轻易改变。

4.可行性原则 决策的目的是指导未来的行动，因此，决策方案的拟订与选择必须考虑行动的可行性，保证决策方案可以落地实施。

5.满意原则 决策方案选择的不是最优方案，而是能协调各方利益，且在当前环境中足够好、最令人满意的方案。

三、决策的类型

1.按决策问题的重复性分类　分为程序化决策和非程序化决策。

（1）程序化决策　又称重复性决策。决策的问题是重复发生的，组织已经了积累处理经验、规则，可以按照已经规定的程序来解决。例如，为普通顾客的订货单标价，办公用品的订购，有病职工的工资安排等。

（2）非程序化决策　是指对那些过去未发生过，或其确切的性质和结构尚捉摸不定或很复杂，或其作用十分重要而需要用现裁现做的方式加以处理的决策。非程序化决策处理的问题往往是首次出现或偶然出现的。所进行的决策也是非重复性的决策。由于非程序化决策要考虑企业内、外部环境的变化，不能用常规办法进行处理，所以在决策时，决策者的个人经验、知识、洞察力等主观因素会发挥非常重要的作用。

2.按决策的主体数量分类　分为个人决策和群体决策。

（1）个人决策　是指组织中的个人在参与活动中所做出的决策。个人决策一般效率较高、责任明确，但受个人见识范围限制，决策易带有片面性和主观性。

（2）群体决策　是由组织中两人或两人以上的群体所做出的决策。在群体决策中，每个成员都有同等的表决权，但任何个人都不能单独做出决断，必须由群体达成一致意见，由集体决议的形式形成最后的决策。相较于个人决策，群体决策的效率一般受到群体大小、成员配合等因素的影响，决策效率比较低。

个人决策和群体决策各有利弊，在企业发展过程中，面对不同的问题要采用不同的决策方式，这两种决策方式并不是截然对立的，有时也是可以并存的，要具体问题具体分析。

知识链接

决策者决策风格

决策不是管理者的专利。在生活中，每个人都少不了做决策。美国职业生涯专家斯科特（Scott）和布鲁斯（Bruce）认为决策风格不是先天形成的，而是人们在后天学习经验中逐渐形成的，每个人的学习经验不同，所形成的决策风格也不一样，决策风格大致可以分为5种类型：理智型、直觉型、依赖型、回避型和自发型。

1.理智型决策者　通常逻辑思维能力强，已经对未来的预见性很高，在分析时通常从全局出发，会对问题所带来的各种后果深思熟虑，在应对问题时通常具有常人不具备的冷静思考能力。

2.直觉型决策者　主要以直觉和感觉为特征，比较注重自己当时的内心感受，对后果的预见和应对欠缺思考。但是他们决策时间短，也不易纠结，在信息有限时具有较强优势，但是决策出错的可能性也高。

3.依赖型决策者 一般缺乏主见，往往不能承担自己做决策的责任，比较看重他人的意见和建议，会受到他人的正面评价，但也可能因为简单模仿他人的行为导致负面的反应。

4.回避型决策者 风格是拖延、不果断。这种决策者面对决策问题时会产生严重焦虑，会因为害怕做出错误决策而选择回避。

5.自发型决策者 决策效率高、以尽快完成决策为特点。自发型决策者常会基于一时的冲动，在缺乏深思熟虑的情况下做出决策，这种决策者通常会给人果断或过于冲动的感觉。

3.按决策的影响范围和重要程度分类 分为战略决策、战术决策和业务决策。

（1）战略决策 是解决全局性、长远性、战略性的重大决策问题的决策。一般多由高层次决策者做出，是组织经营成败的关键，它关系到组织的生存和发展。如医院经营方向、长远发展规划的决策，医院组织机构改革等。

（2）战术决策 又称管理决策，是为了实现战略决策、解决某一问题所做出的决策，是实现战略的手段和环节，以战略决策规定的目标为决策标准，具有局部性和短期性。如医院住院流程设计、医院人员的招聘与工资水平等决策。战术决策的实施效果主要影响组织的效率和生存。

从调整对象看，战略决策调整的是组织的活动方向和内容，解决的是"做什么"的问题，是根本性的决策；战术决策是执行决策，是在既定的方向和内容下调整活动方式，解决"怎么做"的问题。从涉及的时间范围看，战略决策面对的是未来较长一段时间内的活动，战术决策则是具体部门在未来较短一段时间内的行动计划。战术决策一般由企业中层管理者做出。战术决策要服务于战略决策，不会直接决定或影响企业的命运和发展方向，但会影响企业目标的达成度和工作效率。

（3）业务决策 是在企业日常经营活动中，为提高生产效率和更好地执行战术决策而进行的具体决策。例如，生产的日常调度、确定物资库存等。

案例拓展

沃尔玛成长战略

1955年，美国著名财经期刊《财富》杂志首次推出"全球500强"排行榜的时候，号称"环球商业神话"的美国沃尔玛零售连锁集团还没有诞生。历经数十年的风雨历程，沃尔玛却在2002—2004年连续三年荣登《财富》杂志"全球500强"之首。

沃尔玛的辉煌成就令人很难相信它从无到有，直至独霸零售业仅仅用了数十年。1950年，沃尔玛公司的创始人山姆·沃顿在美国开了一家名叫"5~10美分"的廉价商店。1962年，沃尔玛第一家连锁商店开张，1970年建立了第一家配送中心，从此之后沃尔玛进入了发展快车道：1983年，第一家山姆俱乐部建立；1988年，沃尔玛第一家超级购物中心开张；1991年，沃尔玛年销售额突破400亿美元，成为全球大型零售企业之一；1993年，沃尔玛销售额达到673.4亿美元，雄居全美零售业榜首；1995年，沃尔玛实现年销售额936亿美元，相当于全美所有百货公司的总和，位列《财富》杂志美国最大企业排行榜第四。沃尔玛在短短几十年中发展如此迅猛，不得不说是传统市场环境下零售业的一个奇迹。

思考：1.沃尔玛的战略决策和战术决策分别是什么？

2.现在的沃尔玛在面临电商迅速发展的新购物环境中做出了什么决策？

4.按决策环境的可控程度分类 分为确定型决策、不确定型决策和风险型决策。

（1）确定型决策 是指组织的作业安排在各种情况完全确定的条件下做出的计划。确定性决策的条件是确定的，决策者对问题的起因、后果充分了解，决策的效果基本可以准确计算出来，决策就是根据决策目标和计算结果做决定。例如，对企业库存量的决策、设备更新的选择、生产任务安排等问题基本都属于确定型决策。

（2）不确定型决策 当决策者在面对这些确定的不同自然状态，但不能预测各种自然状态将会对相应的方案造成什么影响，无法确定各种方案成功的可能性时，所做出的决策称为不确定型决策。常用的决策分析方法如下。

1）乐观准则：比较乐观的决策者愿意争取一切机会获得最好结果。

2）悲观准则：比较悲观的决策者总是小心谨慎，从最坏结果开始想。

3）同等可能性准则：决策者对于状态信息毫无所知，所以对它们一视同仁，即认为它们出现的可能性大小相等。

（3）风险型决策 在决策过程中提出各个备选方案，每个方案都有几种不同结果是确定的，发生的概率也是可以预测的，这种情况下的决策称为风险型决策。在风险型决策情况下，未来可能的状态不止一种，究竟出现哪种状态，不能事先肯定，只知道各种状态出现的概率值、频率值等。例如，企业为了提高利润，会提出两种方案：一个是扩大产品销量，一个是开发新产品。无论哪个方案都可能会遇到市场需求高、需求一般和需求低的可能性，无论选择哪个方案都有风险。在这种条件下做出的决策就属于风险决策。

5.按决策者的层次分类 分为高层决策、中层决策和基层决策.

（1）高层决策 指由高层管理者所做的决定企业经营方向和目标的重大决策。这类决策一般属于不确定性决策或风险决策。

（2）中层决策　指为保证企业战略的顺利实施，由中层管理者所做的决策。主要解决企业战略实施过程中比较重要的具体问题，一般属于业务决策。

（3）基层决策　一般是基层管理者的工作，主要是为了解决工作中的实际操作问题。

四、决策的过程

决策过程是从问题到方案确定的过程。决策是一个复杂的过程，具有一定的规律性，需要遵循一定的科学程序。不按照科学的程序进行决策，可能导致决策失败。因此，我们需要明确和掌握科学的决策过程。

1. 确定决策目标　决策是为了解决一定的问题。因此，在进行决策之前，要首先分析组织活动中的问题，确定问题的性质，弄清楚哪些问题涉及组织全局，是战略性问题；哪些只涉及局部问题；哪些是非程序性问题；哪些是程序性问题，并据此确定决策的层次，合理安排决策者和决策范围。

2. 确定决策准则　确定决策目标后，下一步是确定决策的各种制约因素在决策中的优先权，从而据此制定决策原则。例如，某个家庭准备购买一辆家用小型汽车，在购买决策时，要考虑汽车的外观、价格、油耗、品牌、日常维修成本和操纵性。根据家人的偏好和对汽车不同性能的重视程度，可能会确定汽车外观权重为20%，价格占30%，是否省油为20%，品牌的权重占15%，日常维修成本占10%，其他占5%。制定了这样的准则，家人在挑选汽车时就会优先考虑汽车的价格、外观及油耗，能够快速挑选出满意的车型。

3. 拟订备选方案　确定决策目标和原则后，下一步就应该拟订达到目标的各种备选方案。为了使在多个拟订方案中的挑选具有意义，各个不同方案应该是不能互相替代、互相排斥，而且是不能互相包容的。如果一个方案可以包含在另一个方案中，那么这个方案就失去了备选的意义。

一般来说，拟订的备选方案越多，最后选定的方案能达到的相对满意度就越高。因此，在方案制定阶段，要广泛发动群众，充分利用组织内外的专家，让他们献言献策，产生尽可能多的备选方案。

4. 比较和选择方案　决策者必须批评性地分析每个方案，对各种方案进行评价和比较，找出每种方案的差异，了解各个方案的优势和劣势。在总体权衡之后，由决策者挑选出一个比较满意的方案。

在挑选、确定方案时，决策者要注意统筹兼顾各种关系和因素，还要注意反对意见。每种方案各有优劣，都有人支持、有人反对。决策者在众说纷纭的情况下，要充分听取各方意见，权衡各种方案的利弊，做出决断。在做最终选择时，决策者要有魄力，不能优柔寡断，对问题悬而不决，错失决策的最佳时机。

📖 **案例拓展** --

案例1 "光荣产品"的凋落

马来西亚国营重工业公司和日本三菱汽车公司共同投资2.8亿美元生产的"沙格型"新款汽车于1985年隆重面世。当时，马来西亚政府对这款汽车寄予厚望，将其视为马来西亚工业的"光荣产品"。出乎意料的是，这款汽车推出后不久，销售量就很快跌至低谷。一些经济学家经过研究一致认为"沙格型"汽车失败的市场原因主要有两个：①汽车所有配件都从日本本土采购，日元升值导致生产成本急剧上涨；②马来西亚国内经济不景气，对汽车销售量影响比较大。此外，还有一个最重要的原因是，马来西亚政府在决定制造这种车型时，主要考虑的是本国国内汽车市场，技术上没有达到国际标准，造成即使国内需求不旺也无法出口的局面。由于目标市场决策失误，"沙格型"汽车助力马来西亚工业振兴的美梦迅速落空。

启示：确定决策目标是科学决策的前提。作为评价和监测整个决策行动的准则，它不断地影响、调整和控制着决策活动的过程，一旦目标定位有误，就会导致决策失败。

案例2 商用公司的大收购战略

美国国际商用机器公司大胆决策购买股权以扩大公司规模、占领市场的操作案例：美国国际商用机器公司出资2.5亿美元从英特尔公司手中买下了12%的股权，以应对国内外电脑业的挑战；后来，又出资2.28亿美元，大手笔收购了罗姆公司（美国一家专门生产电讯设备的企业）15%的股权，从而维持了公司在办公自动化设备方面的"霸主"地位。

案例3 占领先机的索尼

早在1956年，美国一家公司就发明了盒式电视录像装置，并把这项技术用于生产一种价格昂贵的广播电台专用设备。而日本索尼公司看到了这个录像装置应用于家庭休闲娱乐的商机。经过分析论证，索尼的决策层认为，这种录像装置如果能实现大批量生产，价格必然会下降，许多家庭都购买得起，如果马上开发研究家用型电视录像机，肯定能获得良好的经济效益和社会效益。索尼公司的这项决策很快大获成功，家用电视录像机市场因此一度被日本占领了90%以上，而作为技术发源地的美国则长期被日本压制，处于劣势。

思考：以上三个案例有什么共性特点？对你有什么启发？

第二节 决策的方法与影响因素

一、决策的方法

在决策过程中，由于决策对象和内容不同，相应产生了不同的决策方法。一般把决策方法归纳为定性方法和定量方法两大类。

（一）定性决策方法

定性决策又称主观决策，主要指决策者运用社会学、心理学、经济学等相关专业知识、经验，并根据个人的经验和判断力，充分发挥专家内行的集体智慧，对问题进行分析和决策的方法。

常见定性决策方法主要包括以下几种。

1.德尔菲法 又称专家调查法，最早由美国兰德公司创始实行。德尔菲法通过通信方式分别征询专家组成员的意见，然后对意见进行整理、归纳、统计，再匿名反馈给各位专家，再次征求意见，再集中，再反馈，直至得到一致的意见。

德尔菲法具体实施步骤如下。

（1）组建专家组。按照问题涉及的领域，确定入选专家。一般不超过20人。

（2）分别向各位专家提供问题相关材料，请专家通过书面形式答复。

（3）将收集到的第一轮专家意见进行整理、汇总，再分别发给各位专家，让专家比较个人与别人的意见，对个人意见进行修正。

（4）把专家再次的反馈意见收集、汇总起来，再次发给专家寻求反馈。如此往复三四轮，直到专家形成确定的意见。

（5）对专家意见进行综合处理，得到最终决策办法。

要注意的是，收集专家意见和反馈不一定要经历固定的次数。有的问题可能在第二轮就达到统一意见，而不必进行第三步轮；有的可能在第四步结束后，专家对各问题的意见还不能达到统一。

德尔菲法与常见的召集专家进行集体讨论，然后得出统一意见的专家会议法既有联系又有区别。德尔菲法能发挥专家会议法的优点，充分发挥各位专家的作用，做到集思广益，又能让各位专家充分表达个人意见和分歧，可以取各家之长。同时，德尔菲法又可以避免专业会议法的缺点，比如专家们可能会受到权威人士的影响，不能充分表达个人意见；有的专家可能碍于面子或出于各种原因，不愿意发表与别人不同的意见；专家可能出于自尊心等原因不愿意修改自己原来的意见等。德尔菲法也有缺点，最主要的就是过程比较复杂，耗时较长。

2.头脑风暴法　又称思维共振法或智力激励法，也有人把它叫作畅谈会法，是一种集体决策的方法。它是通过召开小型会议，让所有参加者畅所欲言，自由交换想法或点子，使各种设想相互碰撞，以此激发与会者创意和灵感的方法。

头脑风暴的基本做法是让参与决策的成员针对要决策的问题各自发表意见，大家提出的意见越多越好。要注意的是，不管哪个与会专家提出的意见有多荒诞或者不靠谱，其他人都不能对意见提出批评或者评论。把所有的意见记录下来，然后通过进一步讨论和分析加以补充和完善，最后从中选出 1~3 个最佳方案，经过讨论确定最终决策方案。

（二）定量决策方法

定量决策是在建立数学公式或模型的基础上进行的一种决策方法。一般会用到统计学、运筹学、计算机等技术，把决策的变量与目标用数学关系表达出来，通过计算选择出最满意的答案。定量决策方法又分为确定型决策和风险型决策。

1.确定型决策　又称为标准决策或结构化决策。适用的情况：决策的主要因素或关键因素是确定的，暂时可以忽视次要或非关键因素带来的不确定性。这时，可以把问题简化成确定的模型加以解决。

确定型决策问题一般条件比较明确，可以比较有把握地计算各种方案的经济效益，然后在计算结果中选择最优解。

企业最常用的确定型决策方法是盈亏平衡分析法。它是通过分析产品的产量、成本、利润之间的关系，建立盈亏变化模型或公式，从而指导企业能够以最小成本生产出最多的产品，使获取的利润达到最大化的一种决策办法。

2.风险型决策　适用的情况：每个备选方案都会产生几种可能的情况或结果，而且每种情况出现的概率都是可以估计出来。在根据不同概率拟订的多种决策方案中，无论选择哪个方案，都要承担一定的风险。

风险型决策常见的方法是决策树法。决策树法是把构成决策方案的有关因素以树状结构的方式表达出来，以此分析和选择决策方案的一种分析方法。

决策树一般由决策点、方案分枝、状态点、损益值和概率分枝构成。画决策树的时候，从左到右先画决策点，通常用□表示，从决策点向右引出多个方案分枝，分枝后面连接状态点，用"○"表示，一般"○"中有数字标号，表示状态的序号。状态点后引出概率分枝，每条概率分枝上要标注该状态出现的概率。概率分枝末端标注方案在这种状态下的结果，也就是损益值。最后根据不同方案损益值确定期望值最高的一个方案为最优方案。

例题：某果茶连锁店为了扩大销售规模，准备在某商场开新店。根据市场预测，产品销量好的概率是0.7，销量差的概率是0.3。有两种方案可供连锁店选择：

方案1：新开一家连锁店，需要投资50万，初步估计，销量好的话，每年可获利50万元；如果销量差，每年盈亏持平。新店房租要签订5年合同，也就是连锁店可以经营5年。

方案2：扩大现在的店面规模，需投资20万装修费。销量好时，每年可以获得40万元收益；销量差时，每年仍可获利10万元。店铺经营时间也是5年。

问：该选择哪个方案？

该果茶连锁店的两种方案可以用决策树法来进行分析。如下图：

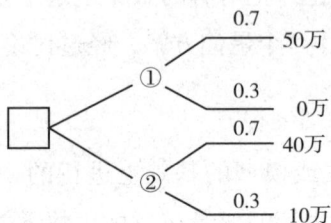

计算：

方案1的期望收益值：（0.7×50+0.3×0）×5−50=125（万元）

方案2的预期收益值：（0.7×40+0.3×10）×5−20=135（万元）

根据计算结果，方案2的预期收益（135万）>方案1的预期收益（125万元），所以应该选方案2。

3. 不确定型决策　特点与风险型决策问题类似，只是无法估计各种状况出现的概率，只能根据各种方案在不同状态下可能获得的损益值来分析、估计收益，然后确定方案。

常见的不确定型决策有4种方法。

（1）悲观法　这种方法是建立在决策者对未来发展形势很悲观的主观态度基础上，即认为未来会出现很差的情况，因此，无论企业采取什么方案，都只能获得最小收益值。所以，在决策时，先计算出各种方案在各种情况下可能的收益值，从中选出小的几个收益值（也就是最差情况对应的收益），然后从中选择出最大收益值，它所对应的方案就是决策方案。这种方法也称为小中取大法。

（2）乐观法　指决策者对未来持乐观态度，认为未来发展形势会越来越好，所以企业不论采用哪种方案，都可能取得不错的收益。决策时，会计算各种方案在最好情况下能带来的最好收益，然后在其中找出收益最大的方案作为决策进行实行。

（3）机会均等法　又称为中庸法。决策思路：未来各种情况出现的机会是均等的，如果有 n 种情况，那么每种情况出现的概率都是 $1/n$。这种方法实际上是把不确定型决策问题转化成了风险型决策问题。后面可以用决策树法进行决策。

（4）最大最小后悔值法　后悔值就是在一定情况下，一个方案可能带来的收益值与该情况下另一种方案可能获得的最大收益值的差距。采用这种方法时，首先计算出各个方案在一定情况下的后悔值（该情况下的最大收益值减去该状态下的收益值），然后找出每种方案的最大后悔值，从中选择最大后悔值最小的方案作为决策方案。

二、决策的影响因素

影响决策的因素一般包括以下几种。

1.环境　影响企业的活动选择，环境的习惯反应模式也会影响组织的决策选择。

如果一个企业面临的市场环境是相对稳定的，那么它的决策一般会沿袭以前的决策经验；如果市场情况发生了急剧变化，企业就需要及时对经营方向和内容等进行调整。对于同样的环境条件，不同的企业可能会做出不同的反应。这种反应模式一旦形成，就会成为企业的一种惯性规范，会对决策者的决策范围形成限制。

2.过去的决策　大多数情况下，组织决策不是在一张白纸上进行初始决策，而是对以前的决策进行完善、调整或改革。

过去的决策者与现任决策者之间的关系会影响现在的决策。如果过去的决策是现任决策者制定的，他会倾向于坚持原来的决策，不愿意做出重大调整；如果没有关系，则现任决策者会比较容易接受重大改变。

3.决策者对风险的态度　会影响其对方案的选择。喜好风险的人一般会选取风险较大，但收益也比较高的方案；厌恶风险的人倾向于选择比较安全的方案。

4.组织文化　会影响组织成员的行动和行动方式。在决策过程中，任何一个方案都意味着对过去的某种程度的否定，也会影响组织的未来发展方向和变化。组织文化会影响人们对于变化的接受程度。

在偏保守、怀旧的组织中，人们会比较抗拒变化和改革；在具有开拓、创新气氛的组织中，人们对变化会持欢迎、支持的态度，新的决策也比较容易得到支持和推广。所以，任何决策方案的选择都要考虑现有组织文化的影响。

5.时间　有学者把决策类型分为时间敏感型和知识敏感型两类。时间敏感型决策是指那些必须迅速做出的决策，比如战争中指挥官的决策。知识敏感型决策一般对时效性要求不高，但对质量和效益要求比较高。组织中的战略决策大部分属于知识敏感型决策。

小 结

1.决策作为管理的一个重要职能，必须具有目标性，即在多个方案中进行选择，决策方案是组织必须付诸实施的方案。

2.决策的原则包括效益原则、系统原则、可行性原则和满意原则。

3.根据不同的划分依据,决策可以分为不同的类型,包括程序化和非程序化决策;个人决策和集体决策;战略、战术和业务决策;确定型、风险型和不确定型决策等。

4.决策要遵照一定的程序开展,其过程依次如下:确定目标,确定原则,拟订备选方案,比较和选择最终方案。

5.决策的方法分为定性和定量两个大类。定性方法在本章我们主要介绍了德尔菲法和头脑风暴法。定量方法包括确定型决策、不确定型决策和风险型决策,其中风险型决策中重点学习了决策树法;不确定型决策主要介绍了悲观法、乐观法、机会均等法和最大最小后悔值法。

6.影响决策的几大因素,包括时间、环境、过去的决策、决策者对风险的态度和组织文化等。

📖 实用管理学小原理

滚雪球效应

一个小小的雪球,一旦获得了起始的动力,就会越滚越大。小雪球在滚动初期,还需要借助外力推动,但是当雪球足够大的时候,就可以依靠自身的惯性持续向前滚动。随着雪球不断滚动,雪球的体积也会越来越大,速度越来越快。这种现象,就是我们所说的滚雪球效应。

阿里巴巴1990年创业时,注册资金仅有50万元人民币,到2018年,其市值已达到1185万亿。淘宝、支付宝无人不知。阿里巴巴最初从事电子商务,客户数量寥寥无几,后来建立了淘宝平台,通过为商户提供网络平台聚集人气、扩大规模,最终发展成了一个大型上市企业。马云这样来解释他的"滚雪球"理念:"阿里巴巴是水泥,把大量的中小企业粘在一起,就具备了和大企业抗衡的实力。"

"股神"巴菲特说:"人生如同滚雪球,重要的是找到很湿的雪和很长的坡。"

启示:要不断努力积累自己的"势能",在这个过程中,我们要找到合适的发展环境,还要做好长期努力的准备,一点一点改变,最终实现量变和质变。

目标检测

参考答案

一、选择题

1.越是组织的高层管理者,所做的决策越倾向于( )的决策。

A.战略性、非程序化、确定型　　　　B.战术化、非程序化、风险型

C.战略性、非程序化、风险型　　　　D.战略性、非程序化、确定型

2.从决策的主体来看，可以把决策分为（　　）。

A.集体决策和个人决策　　　　B.程序化决策和非程序化决策

C.战略决策和战术决策　　　　D.确定型决策和非确定型决策

3.决策者的个性对（　　）决策影响最大。

A.风险型　　　　B.确定型

C.不确定型　　　　D.程序化

4.通过创造一种畅所欲言、自由思考的氛围，诱发创造性思维的共振，产生更多创造性思维的集体决策方法是（　　）。

A.德尔菲法　　　　B.头脑风暴法

C.决策树法　　　　D.机会均等法

5.风险型决策中，存在两种及以上的备选方案，每个方案都有几种不同的结果，每种状态发生的（　　）大小是可以估计的。

A.概率　　　　B.优点

C.缺点　　　　D.后果

二、简答题

1.德尔菲法与头脑风暴法有什么区别？

2.决策的影响因素有哪些？

三、计算题

某厂准备扩大生产规模对原有生产设备进行更新，现在有以下三种方案可选：

A方案：更新生产设备，进行员工培训，需投入300万元；如果销量好，产品利润是1600万元，中等是900万元，销量差获利100万元。

B方案：聘请技术专家，更新生产设备，一次性投入500万元；销量好的情况下利润预计达2200万元，中等达到1500万元，差的时候可能亏损500万元。

C方案：更新生产设备，投入100万元；如果销量好，利润可达800万元，中等为500万元，差为80万元。

根据预测，产品销量好的概率是0.5，中等的概率是0.3，销量差的概率是0.2。

请问：应该选择哪种方案？请画出决策树。

第五章 计 划

凡事预则立，不预则废。

——西汉·戴圣《礼记·中庸》

学习目标

1. 掌握计划编制的原则和程序。
2. 熟悉计划的概念及地位。
3. 了解计划的类型；计划编制的影响因素。

案例导读

冷冻厂的困境

小王是一家食品厂的新任厂长，该厂专门生产一种甜点。这种甜点的销售量连续三年稳步递增。但是，今年的销售情况发生了转变，1~8月销量累计比去年同期下降了15%，相应地，生产量也比计划下降了13%。员工也开始出现懈怠，缺勤率增加了22%，迟到早退现象也有所增加。小王判断可能是管理出现了问题，但他不太确定发生这些问题的原因，于是就聘请了一位企业诊断专家来帮忙。

经过调研，专家认为食品厂的主要问题是生产经营计划的制订有问题。企业制订生产计划应该遵循以销定产的原则，而食品厂是以产定销。没有预先对市场进行调研，制订的生产计划不符合市场需求。并且，食品厂的管理制度不健全，小王不能很好地履行计划职能，所以企业陷于困境。要解决目前企业面临的困境，作为厂长的小王应该充分学习和理解计划职能，在此基础上才能确定适合本企业的经营目标。

思考： 计划对企业有什么重要作用？

第一节 计划概述

一、计划职能

（一）计划的定义

计划有广义和狭义之分。广义的计划是指制订计划、执行计划和检查计划的执行情况等三个阶段的工作过程。而狭义的计划只指制订计划。

本章主要涉及计划的狭义含义，计划职能可从以下几方面理解。

1.计划的前提是分析与预测 组织在制订计划前要开展调研，收集充足的信息，在对现有信息进行全面分析和对未来情况做出预测的基础上制订计划。

2.计划是对未来活动的具体谋划和安排 就是预先决定做什么、为什么要做、确定何时做、何地做、谁去做以及如何做，即通常所说的"5W2H1E"。具体内容如下。

（1）What——做什么？即明确计划的目的、内容。

（2）Why——为什么要做？即明确计划的原因及前景。

（3）When——何时做？即规定计划中各项工作的起始时间和完成时间。

（4）Where——何地做？即规定计划的实施地点。

（5）Who——谁去做？即规定由哪些部门和人员负责实施计划。

（6）How——如何做？即规定实现计划的手段和措施。

（7）How much——计划的预算。

（8）Effect——预测计划实施的结果、效果。

一份详细的计划应该包括上述8个方面的内容。通过这8项内容，管理者可以明确任务、工作步骤、存在的约束条件、采取的措施以及最后要完成的目标等。

（二）计划工作的基本特征

1.目的性 计划是有目的性的活动，计划的目的是促使组织目标的实现。计划工作的一个主要方面就是确立目标，并进行科学的规划去实现目标。

📖 **案例拓展** -

找对目标

一位父亲带着三个儿子到沙漠中打猎。他们打猎的目标是野骆驼。到了目的地，父亲问大儿子："你看到了什么？"大儿子回答："我看到了猎枪、骆驼，还有一望无际的沙漠。"父亲摇摇头说："不对。"父亲又问老二。老二回答说："我看见了爸爸、大哥、弟弟、猎枪，还有沙漠。"父亲又摇摇头说："不对。"接着，这位父亲又问老三。老三回答："我只看到了骆驼。"父亲高兴地说："你答对了。"

思考：这个故事对你有什么启示？

2.普遍性 计划工作的核心是决策，不管是哪个层次的管理者，不管是企业管理活动中的大事还是小事，在活动开展之前，管理者都要进行谋划和安排。即各级主管人员的工作中始终存在着决策问题，因而计划工作是各级主管人员的一个基本职能，具有普遍性。

3.适应性 在制订计划时，因为环境是变幻莫测的，所以对管理目标的实现产生影响的因素多。在制订计划时，管理者不可能把所有的影响因素都考虑得面面俱到，所以要留有充分的余地，使计划能够适应变化着的客观环境。

4.经济性 计划工作要讲究效率，要考虑投入与产出之间的比例。编制计划的目的之一就是实现以小的投入获得大的产出。计划的效率不仅体现在有形物质上，还包括满意度这类无形的评价标准。

（三）计划的意义

计划对组织的经营管理活动起着直接的指导作用，一个计划对组织的工作可以起积极作用，也可能起消极作用。计划的意义主要表现在以下几个方面。

1.计划有利于减少工作中的失误 通过计划过程，可以预计未来可能的变化，从而制订适应变化的最佳方案，减少工作中的失误。

2.计划有利于明确工作目标 计划制订的目标为各级员工指明了组织发展方向，可以使人们的行动对准既定目标。

3.计划有利于提高经济效益 计划为下属提供了明确的工作目标及实现目标的最佳途径，提高了工作效率和效益。

4.计划有利于控制工作 计划工作为组织活动制订目标、指标、步骤、进度和预期成果，是控制活动的标准和依据。

二、计划的类型

由于人类活动具有复杂性与多元性，计划的种类也变得十分复杂和多样。计划可按不同的标准进行分类。

1.按计划的时间分类 可以把计划分为长期计划、中期计划和短期计划。

（1）长期计划 一般来说，人们习惯把5年以上的计划称为长期计划。长期计划主要解决的问题：组织长远目标和发展方向，以及如何达到组织长远目标。长期计划描绘了组织在较长时期内的发展蓝图。

（2）中期计划 指1年以上、5年以内的计划。中期计划来源于长期计划，但是比长期计划更具体、详细，可以起到协调长期计划和短期计划的作用。

（3）短期计划 指不超过1年的计划。短期计划一般规定组织各部门在一个较短时间内从事的活动和达到的目标等，可以为组织成员近期工作提供依据。短期计划一般更加详细和具体，直接指导各项工作的开展。

2.按计划的对象分类 可以把计划分为综合性计划和专业性计划。

（1）综合性计划 一般对组织业务各个方面做全面的规划和安排，关系到组织多个目标和方面的内容。一般长期计划和中期计划覆盖面比较广泛，具有综合性。短期计划也有综合性计划，例如企业年度生产经营计划综合性也比较强。

（2）专业性计划 指对某个专业领域或某种职能的工作所做的计划。一般是综合性计划某方面内容的分解和落实。例如，企业的生产计划、销售计划等都只涉及企业活动的某一方面。专业性计划与综合性计划的关系是局部与整体的关系。专业性计划必须与企业总体目标保持一致。

3.按计划内容的详细程度分类 可以把计划分为指导性计划和具体性计划。

（1）指导性计划 相对比较笼统，一般是企业高层制订的，只规定一些指导性目标、方向、方针、政策等，通常用于战略计划或中长期计划。

（2）具体性计划 一般由基层管理人员制订，通常具有明确的目标和措施，操作性强。具体性计划一般适用于专业性计划，例如某项业务的开发计划或某个产品的营销计划。

计划根据不同的划分标准还有很多种分类。主要分类见表5-1。

表 5-1 计划的类型

分类标准	类型
时间长短	长期计划、中期计划、短期计划
职能空间	业务计划、财务计划、人事计划
计划的对象	综合性计划、专业性计划
明确程度	具体性计划、指导性计划
程序化程度	程序性计划、非程序性计划
表现形式	使命、目标、战略、政策、程序、规则、方案、预算

第二节　计划的编制

一、计划编制的原则

1.系统原则　在编制计划的过程中，要全面考虑组织内外部的需要，从整体出发对组织内部要素及其结构进行分析，在统筹规划、全面安排的基础上，为组织未来的发展制订适应的目标，并选择实现目标的满意方案。

2.重点原则　在资源有限的条件下，组织要实现的目标却有多个。因此，必须在计划过程中对目标进行排序，分清主次，保证影响全局的主要目标能够实现。

3.发展原则　计划的制订一定要能与时俱进，使计划适应新的发展、新的形势。

4.创新原则　要求针对任务、目标及对未来情况进行分析，创造性地提出新思路、新方法、新措施。

5.弹性原则　制订计划必须有一定弹性，留有余地，减少不确定因素的影响，从而保证计划目标的实现。

二、计划编制的程序

计划职能是管理的最基本职能。由于管理的环境是动态的，管理活动也是一个发展变化的过程，计划作为行动之前的安排，必须是一种连续不断的循环。这种循环要依据一定的程序开展。该程序的内容依次包含以下环节。

（一）识别机会

分析环境是在实际的计划工作开始之前就着手进行的，是对将来可能出现的机会加以估计，并在清楚、全面地了解这些机会的基础上进行初步的探讨。严格来讲，评估机会并不是计划过程的一个组成部分，却是计划工作的真正起点。在评估机会的基础上，通过确定可行性目标的内、外部环境是启动计划工作的前奏。

（二）确定目标

计划工作的第一步是在评估机会的基础上为组织及其所属下级单位确定计划工作的目标，即组织在一定时期内所要达到的效果。

计划目标是企业预定的、在计划期内生产经营活动的结果，它应在分析企业外部和内部情况的基础上确定。各种情况与计划目标具体内容的关系是错综复杂的，往往某种情况对计划目标中的一个或几个具体内容有利，而对另一个或几个具体内容不利；也可能某个情况对某个具体内容适用，却受到另一种情况的限制。因此，对各种情况都要进行全面的分析和衡量，权衡利弊得失，避免顾此失彼，然后再确定计划目标。通常，计划目标有以下4类。

1. 贡献目标　即对社会贡献的大小，可用产品品种、质量、数量以及上缴税金和利润等表示。

2. 市场目标　企业生产经营活动有无活力，要看它占有市场的深度和广度，即市场面和市场占有份额的大小。企业的市场目标一般是通过扩大市场范围和提高市场占有率来增加销售额。

3. 发展目标　企业为了对社会做出更大贡献，为企业和职工谋求更多的利益，必须不断发展自己。为了实现这一目标，企业可以通过改造和更新设备，扩大再生产，也可以通过联合的办法来发展壮大。

4. 利益目标　是企业生产经营活动的内在动力，不仅关系到企业职工利益，也关系到企业自身发展。因此，企业应争取扩大经济效益，增加盈利，提高盈利水平。

（三）拟订可行方案

拟订可行性行动计划要求拟订尽可能多的计划。可供选择的行动计划数量越多，对被选计划的相对满意程度就越高，行动就越有效。因此，在可行的行动计划拟订阶段，要发扬民主，广泛发动群众，充分利用组织内外的专家献计献策，产生尽可能多的行动计划。企业应拟订各种实现计划目标的方案，以便寻求最佳计划方案。

拟订各种可行的计划方案，一方面要借鉴过去的成功或失败经验；另一方面要依赖创新。因为企业内、外部情况发展变化迅速，昨天的方案不一定适应今天的要求，所以计划方案还必须创新。

（四）进行方案可行性评估

根据企业内、外部条件和对计划目标进行研究，分析各个方案的优缺点，注意每个方案的制约因素和隐患，进行全局考虑。全局考虑要注意以下几点。

（1）认真考查每一个计划的制约因素和隐患。

（2）要用总体的效益观点来衡量计划。

（3）既要考虑到每一计划的量化因素（有形的、可以用数量表示的因素），又要考虑非量化因素（不能用数量表示的因素）。

（4）要动态考查计划的效果。不仅要考虑计划执行可能带来的利益，还要考虑计划执行可能带来的损失，特别要注意那些潜在的、间接的损失。

（五）选择最优方案

这是编制计划的一个重要环节，因为它关系到计划目标的实现，企业的经济效益甚至是经营的成败。要充分比较各个方案的优缺点，从众多可行性方案中选择出最优方案。

选择方案的标准，主要是看哪一个方案最接近许可的条件和计划目标的要求，而且风险最小。在比较各方案的时候，如果必须考虑的条件不多且比较肯定，就比较容易选出最优方案。数学方法可以用来帮助管理者确定最优方案。如果需要考虑的因素较多，而其中又包括一系列不确定的因素，方案之间的比较就比较困难，这时就主要依靠决策人员的经验、实验和研究分析进行比较。

（六）制订派生计划

派生计划是为了支持主计划实现而由各个职能部门和下属单位制订的计划。例如，一家公司年初制订了"当年销售额比上年增长15%"的销售计划，这一计划的实现需要生产计划、促销计划等的辅助。再比如，当一家公司决定开拓一项新的业务时，这个决策需要制订很多派生计划来支持，如雇佣和培训各种人员的计划、筹集资金计划、广告计划等。

（七）编制预算

在决策和确定计划后，最后一步就是把计划转变成预算。编制数字化预算，一方面是为了计划的指标体系更加明确，另一方面是企业更易于对计划执行进行控制。定性的计划执行起来往往会比较困难，在可比性、可控性和奖惩方面难以把握，而定量的计划则具有清楚的指标，易于把控，具有较强的约束性。

📖 知识链接 --

中国的五年规划

五年规划，全称为"国民经济和社会发展五年规划纲要"。从1953年开始，我国已经编制实施14个五年规划，对我国经济快速发展发挥了卓有成效的作用。我国五年规划的制定有严格的程序。以"十四五"规划为例，自2019年2月国家发展改革委员会向国务院递交一份有关开展"十四五"规划编制工作的请示报告开始，历时3年，经历了3个阶段。

第一阶段：形成"十四五"规划的基本思路。

这个阶段经历了全面调研、前期研究和确定思路3个步骤。在"十三五"规划中期评估的基础上，国家发展改革委员会围绕"十四五"时期的发展环境、主要目标、任务组织开展了200多项重大课题的研究，形成了大概300份研究报告，再加上实地调研，形成了"十四五"规划的基本思路。

第二阶段：搭建框架。

2020年4月—10月，国家发展改革委员会开展"十三五"规划的总结评估，并组织各地区各部门提出希望纳入"十四五"规划纲要的一些目标指标、重大工程项目政策等，结合各方面的意见及要求，编制"十四五"经济和社会发展规划纲要。

第三阶段：起草"十四五"规划纲要草案及审议通过。

经过对"十四五"经济和社会发展规划草案进行论证，形成规划草案，提交党中央、国务院审议，最终提交给第十三届全国人大四次会议审查。审议通过后，正式发布。

在"十四五"规划编制过程中，从中央到地方的各个政府部门、有关单位及知名高校、高端智库、专家学者、企业家和大量一线工作者通过各种方式积极参与献言献策，突出体现了规划立足新发展阶段、贯彻新发展理念、构建新发展格局、推动高质量发展的要求。

三、计划编制的方法

（一）滚动计划法

滚动计划法（rolling wave planning）是一种动态编制计划的方法。滚动计划的基本思路是根据计划执行的情况和环境的变化，定期调整计划，并逐级向前推移，以保证计划的连贯性。滚动计划一般会一次性编制几个计划周，将短期计划和中、长期计划有机地结合起来，采用近细远粗的方法编制，即计划期近的编制得详细，计划期远的编制得粗略。

1.具体做法 在已编制出的计划的基础上，每经过一个滚动期（一段固定的时期，如一年或一个季度），根据已发生变化的环境条件和计划的实际执行情况，对原计划进行调整。每次调整时，保持原计划期限不变，但将计划期按顺序向前推进一个滚动期。比如，在计划期的第一阶段结束时，根据该阶段计划的执行情况和内、外环境的变化情况，对原计划进行修订，并将计划向前滚动第二个阶段，以后根据同样的原则逐期滚动。

采用滚动计划法能够根据组织环境的变化及时调整和修正组织计划，体现了计划的动态适应性。滚动计划还可以把中长期计划与短期年度计划紧密衔接起来，既保证计划的动态适应性，又能保证计划总的方向不变。

滚动计划法既可用于编制长期计划，也可用于编制年度、季度计划和月度作业计划。不同计划的滚动期不一样，一般长期计划按年滚动，年度计划按季滚动，月度计划按旬滚动等。

2.优缺点

（1）使计划更加符合实际 由于人们无法对将来的变化做出准确估计，因此计划往往不够准确，计划期越长，计划越不准确，而滚动计划定期对计划进行调整和补充，提高了计划的准确性和质量。

（2）使计划具有连贯性　短期计划、中期计划和长期计划通过滚动计划可以相互衔接，保证了计划的连贯性。

（3）增加了计划的弹性　滚动计划的动态调整使计划更富有弹性，提高了组织在剧烈变化的环境中的应变能力。

但是滚动计划法也有缺点。其主要缺点是编制计划的工作量太大。但是随着计算机在计划工作中的广泛应用和辅助计算功能的加强，这一问题已得到较好解决，滚动计划的优点得到了突出。

📖 案例拓展

M公司的滚动计划

M公司是中国南方一家知名国企，原有的计划管理水平低下，粗放型管理特征显著，计划管理与公司实际运营情况长期脱节。为实现企业计划的制订与执行的良性互动，在管理咨询顾问的指导下，M公司开始采用滚动计划管理。

首先，M公司以全面协同量化指标为基础，将公司的年度计划分解为四个季度计划，并充分运用动态管理方法对企业计划偏离的情况进行调整。

所谓动态管理，就是公司在年度计划执行过程中要定期对计划进行三次调整：第一季度的计划执行完毕后，立即对该季度计划执行情况与原计划进行对比和分析，同时对企业近期内、外环境的变化情况进行研究、判断。然后根据分析结果相应调整后面三个季度的计划和全年计划。第二季度的计划执行完毕后，用同样的程序对第三、第四季度和全年计划进行相应调整。然后继续依次类推到第三、四季度。

其次，M公司各季度计划根据近细远粗、依次滚动的原则进行制订。也就是说，公司年初制订的四个季度的计划根据时间远近由详细到简略：第一季度的计划要非常详细而且做到完全量化，执行者只要拿到计划文本就可以一一遵照执行；第二季度的计划比较详细，量化内容至少要达到50%；第三季度计划的量化内容只需达到20%左右；第四季度的计划则只做到定性即可，无须量化。在计划具体执行过程中对各季度计划进行定期滚动管理——第一季度的计划执行完毕后，将第二季度的计划滚动到原来第一计划的位置，按原来第一季度计划的标准达到百分之百的量化水平；第三季度的计划随之滚动到第二季度计划原来的位置并进行相应的量化和细化；后面依次类推到第四季度计划。本年度四个季度的计划全部执行完毕后，下个年度计划的周期随之开始，如此周而复始，不断循环。

最后，M公司建立了与年度计划紧密对接的三年期的跨年度计划管理模式。跨年度计划的执行与季度滚动计划的程序相同。

思考：M公司制订的滚动计划对企业发展有什么好处？

（二）网络计划法

网络计划法又称为统筹法，是以网络图反映、表达计划安排，并据此选择最优工作方案，组织协调和控制生产（项目）的进度（时间）和费用（成本），使其达到预定目标，获得最佳经济效益的一种优化决策方法。

1.箭线式网络图的组成　网络图（network planning）是一种图解模型，形状如同网络，由箭线（作业）、结点（事项）和路线3个因素组成。

（1）箭线（→）　每一条箭线代表一项活动（要消耗资源），箭尾表示活动的开始，箭头表示活动的结束。通常在箭线的上方写上活动的名称或代号，下方写上完成这项活动需要花费的时间。

为了说明一项活动的开始必须在另外一些活动结束后才能进行，即为了表明活动之间的逻辑关系，有时需用虚箭线（--）来表示。虚箭线不占用时间，也不消耗资源。

在网络计划法中，把进行某一道工序（活动）前必须完成的工序（活动）称为紧前工序，一道工序（活动）结束后紧接着进行的工序（活动）为紧后工序。例如，"产品设计"为"工艺准备"的紧前工序，"工艺准备"为"产品设计"的紧后工序。

（2）结点　代表事项。事项，是指某项作业的开始或结束，它不消耗任何资源，在网络图中用O表示，是两条或两条以上箭线的交结点。网络图中第一个事项称为网络的始点事项，表示一项计划或工程的开始；最后一个事项称为网络的终点事项，表示一项计划或工程的完成；介于始点与终点之间的事项叫作中间事项，它既表示前一项作业的完成，又表示后一项作业的开始。为了便于识别、检查和计算，在网络图中往往对事件进行编号，编号应标在10以内，由小到大，可为连续或间断的数字。

（3）路线　是指自网络始点开始，顺着箭线的方向，经过一系列连续不断的作业和事件直至网络终点的通道。一条路线上的总长度（路长）等于各项作业的时间之和。

在一个网络图中有很多条路线，其中总长度最长的路线称为"关键路线"（critical path），关键路线上的各事项为关键事项，关键事项的周期等于整个工程的总工期。有时一个网络图中的关键路线不止一条，可能有若干条路线长度相等。除关键路线外，其他的路线统称为非关键路线。关键路线并不是一成不变的，在一定的条件下，关键路线与非关键路线可以相互转化。例如，当采取一定的技术措施，缩短了关键路线上的作业时间，就有可能使关键路线发生转移，即原来的关键路线变成非关键路线，与此同时，原来的非关键路线变成关键路线。

2.绘制网络图的规则

（1）网络图是单向图，不能出现回路。箭线方向一律指向右边，箭线没有量的含义。

（2）一个网络图只能有一个始点事项、一个终点事项。

（3）一条箭线的首尾必须有结点，箭头结点号大于箭尾结点号，编号可以非连续，从左到右，从上到下。

（4）相邻两个结点只允许画一条箭线（只允许表示一项活动），当由于活动之间的关系需要在两结点之间画多条箭线时，应增设结点，并利用虚线来表示活动之间的相互关系。

3.绘制网络图的步骤

（1）分解任务　把整个计划分成若干个具体工序，确定每个工序的时间，然后在此基础上分析并明确各个工序所需时间的相互关系。

（2）绘制网络图　根据各个工序的相互关系及绘制网络图的规则，绘制出包括所有工序的网络图。

（3）计算网络图中各路线所需的时长，找出关键路线。

举例：根据表5-2绘制网络图，如图5-1所示。

表5-2　工序表

工序	A	B	C	D	E	F	G	H
紧后工序	C	D	E, F	E, F	G	H	–	–
作业时间	3	2	2	5	2	1	3	2

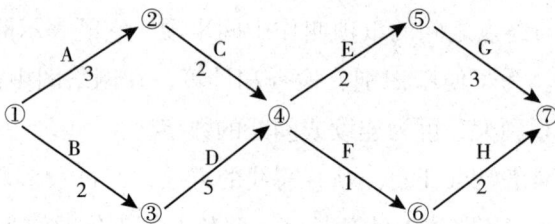

图5-1　网络图

（三）投入产出分析法

投入产出分析法的主要根据是各部门经济活动的投入与产出的数量关系。在企业生产中，投入就是把人力、物力投入生产的过程，这其中的消耗就是生产性消费。产出就是生产出一定数量和种类的产品。

投入产出分析法是一种综合计划方法。编制方法：首先根据某一年企业实际的统计资料算出各部门之间的比例，然后计算各部门之间的消耗系数（生产一个单位某种产品对投入的消耗量，各消耗系数合计起来就是完全消耗系数），并根据以上数据建立投入产出模型，最后根据投入产出模型进行计划。

投入产出分析法的特点：反映了各部门的技术经济结构，可以合理安排各种比例关系；在编制计划过程中，可以通过建立各种统计指标的关系，使统计资料系统化；比较直观、易于理解，而且适用范围广，不仅可用于企业的计划安排，还可以用于部门、地区和国家等宏观层次的计划制定。

小　结

1.计划就是在分析和预测的前提下，对组织未来所从事的活动事先进行的谋划和安排，即通过一定的科学方法，为决策目标的实现做出具体的安排；就是预先决定做什么、为什么要做、确定何时做、何地做、谁去做以及如何做等，即通常所说的"5W2H1E"。

2.计划工作的基本特征：目的性、普遍性、适应性、经济性。

3.计划的种类：按期限划分，计划可分为短期计划、中期计划和长期计划；按层次划分，计划可分为战略计划、战术计划和作业计划；按对象划分，计划可分为综合计划、局部计划和项目计划。

4.编制计划应考虑的因素：时间因素和成本因素。

5.编制计划的程序：①识别机会；②确定目标；③拟订可行方案；④进行方案可行性评估；⑤选择最优方案；⑥制订派生计划；⑦制订预算。

6.滚动计划法是一种一次性编制几个计划周期，将短期计划、中期计划和长期计划有机地结合起来，采用近细远粗的方法编制，即计划期近的计划编制得详细，计划期远的计划编制得粗略，根据计划的执行情况和环境的变化情况修订未来计划期的计划，使计划期不断向前滚动的计划方法。滚动计划法使计划更加符合实际，使短期计划、中期计划和长期计划相互衔接，大大增加了计划的弹性。

7.网络计划技术法又称统筹法。它是以网络图反映、表达计划安排，据此选择最优工作方案，组织协调和控制生产（项目）的进度（时间）和费用（成本），使其达到预定目标，获得最佳经济效益的一种优化决策方法。

📖 **实用管理学小原理** -

不值得定律

不值得定律最直观的表述：不值得做的事情，就不值得做好。这个定律虽简单，但重要性却时时被人们忽视遗忘。不值得定律反映人们的一种心理，一个人如果从事的是一份自认为不值得做的工作，往往会保持冷嘲热讽、敷衍了事的态度，不仅成功率低，而且即使成功，也不觉得有多大的成就感。因此，对个人来说，应在多种可供选择的奋斗目标及价值观中挑选一种，然后为之奋斗。选择你所爱的，爱你所选择的，才可能激发我们的斗志，也可以心安理得。而对一个企业或组织来说，则要很好地分析员工的性格特性，合理分配工作，如让成就欲较强的职工单独或牵头完成具有一定风险和难度的工作，并在其完成时，给予及时的肯定和赞扬；让依附欲较强的职工，更多地参加到某个团体协同工作；让权力欲较强的职工，担任与之能力相适应的主管。同时要加强员工对企业目标的认同感，让员工感觉到自己所做的工作是值得的，这样才能激发职工的热情。

目标检测

参考答案

一、选择题

1.下列关于计划的说法错误的是（　　）。

 A.计划的前提是制订目标   B.计划是对未来活动的具体谋划

 C.狭义的计划是指制订计划   D.计划的具体内容包括"5W2H1E"

 E.计划表现出管理者在创新方面的能力

2.计划工作的基本特征不包括（　　）。

 A.目的性   B.普遍性

 C.适应性   D.动态性

 E.经济性

3.下列不属于编制计划程序的是（　　）。

 A.识别机会   B.进行预测

 C.确定目标   D.制订派生计划

 E.编制预算

4.滚动计划法的优点有（　　）。

 A.使计划更加符合实际   B.可以根据实际变化及时进行调节

 C.大大增加了计划的弹性   D.编制计划的工作量不大

 E.更容易实施

二、简答题

1.简述计划的意义。

2.简述计划编制的原则。

3.简述计划编制的程序。

第六章 组 织

人们在一起可以做出单独一个人所不能做出的事业；智慧+双手+力量结合在一起，几乎是万能的。

——美国《韦氏字典》编纂人、教育家韦伯斯特

学习目标

1.掌握组织的概念；组织设计的内容；常见组织结构形式的优缺点；组织变革的过程。

2.了解组织的特征；组织设计的影响因素及设计原则；机械式组织与有机式组织。

案例导读

作坊到公司的组织变化

艾玛是一位陶器制作者，她在自己家的地下室开了一个陶器工作坊。陶器的制作包括揉泥、拉坯、修形、上釉、焙烧等一系列过程。一开始，艾玛一人就可以完成全部工作，但随着顾客不断增多，她一个人做陶器开始忙不过来了。于是，艾玛雇了一个助手——对制陶非常感兴趣的玛丽小姐来帮忙。这样一来，两个人之间就需要进行分工合作。由于顾客们只想购买"艾玛制作的陶器"，所以玛丽只负责揉泥和准备彩釉两道工序，艾玛负责其余工序。虽然两个人合作需要协调，但在这间只有两个人的小作坊里，简单的交流就能解决问题。

艾玛和玛丽两个人合作非常默契。但是，她们的陶器太受欢迎了，很快，订单就增加到两个人也忙不过来了。为了提高效率，艾玛决定这次去当地的陶艺学校招收专门学习陶器制作的毕业生。新来的3位陶艺专业学生上手很快，虽然工作坊的人数从2个增加到5个，但是大家合作也非常顺畅，基本不存在什么沟通协调问题。

随着业务量不断拓展，后来又有2名新员工加入。这时候，问题出现了：有一次，玛

丽不小心打碎了5个陶罐；又有一次，艾玛打开烧窑发现花盆彩釉上错了颜色……艾玛发现，在她这个7个人的小型陶器工作坊里，仅靠简单随意的交流已经无法保证大家的工作能够协调一致。而且，她自己作为"公司"的总裁，必须花更多的时间经营客户，她已经无暇兼顾产品的生产。于是，她指定玛丽担任经理，专门负责监督和协调其他5位技术人员的工作。

随着公司规模继续扩大，又陆续建立了4条生产线，分别生产陶罐、烟灰缸、花盆、陶瓷动物等不同的产品。每条生产线上都有专人负责不同的生产工序。为了明确每个岗位的职责，公司制定了一套操作标准指南，用于培训新员工和监督所有员工的工作。此时，艾玛的陶器公司已经不再接受个人定制和小额订单，而只接受大批量订单了。

艾玛很有经营天赋，公司继续发展壮大。后来，公司根据业务发展需要成立了消费品部、建材产品部和工业产品部三大部门。艾玛早就不亲自制作陶器了，她现在的主要工作是按季度检查各部门的业绩，发现问题就马上采取相应措施，从而实现各部门间的协调。

思考： 艾玛是如何在不同发展阶段组织管理她的陶器作坊（公司）的？

- -

第一节　组织概述

一、组织的概念

巴纳德认为世界上最小的组织是由两个人构成的集合。当两个或两个以上的人开始合作，互相协调彼此间的行为时，组织就形成了。在"艾玛陶器大厦"组织的创建过程中，最初的组织是由两个人构成，并且出现了简单的分工，此时组织的结构非常简单。随着组织规模扩大，人员增多，以及任务复杂性提高，开始出现更细化的分工方式，以及更多层级的管理者，这一过程体现的就是管理的组织功能。

在管理学中，"组织"一词可以有动态和静态两个方面的含义：作为动词，组织可以指管理的基本职能之一，或者一种管理过程，是为了更高效地实现共同目标或一定的任务，合理地配置人力、物力、财力等组织资源的过程；作为名词，组织是指为了实现共同目标而相互协作，以一定形式构建起来的有机整体。例如学校、医院、企业、各种党政机关和社会团体等都是组织。

管理学对组织的定义：在群体基础上形成的，由一定的目标、任务和形式组建起来的一个社会结构单元，或者由一个个人、群体、群体内部关系构成的复杂系统。

对于组织的内涵，可以从以下几个方面进行理解。

（1）组织是一个分工合作的群体。

（2）组织因为某种目标而存在。

（3）组织是有边界的，使自己区别于别的组织。

（4）组织具有社会性。

二、组织的特征

组织作为一种因某种目标而存在的一种社会结构单元，并不是由一群人随机组合形成的一个一盘散沙的群体。它具有以下几个特征。

1.共同的目标　组织的一个显著特征就是有共同的目标。虽然组织内每一个成员都是独特的，其行为方式、思考模式、价值观等各有不同，但大家的行为目标是一致的，就是共同实现组织的目标。但由于个体之间存在差异，组织成员对组织目标的理解可能存在偏差，所以需要管理者对组织成员进行一定的教育和引导，使其个人目标融入组织的共同目标中，利用个人的知识和技能为组织目标服务。

2.保持一定的权责结构　权责是指组织中各层管理者在承担一定责任的同时被授予了相应的权力。这种权责结构表现为组织结构层次清晰、任务承担者明确，且拥有对等的权力。权责明确使得组织内信息沟通流畅，任务与命令下达准确、高效，组织效率提高。

3.内部规范　任何组织的正常运行都需要有一套明确的规章制度、工作流程等，指导组织成员该做什么以及如何做。尤其是在大型组织内，由于人员数量庞大，组织结构复杂，使组织内部的信息沟通变得极其复杂，为了保证组织的高效运行，组织成员必须严格遵守规范。

三、组织的类型

（一）按法学分类

1.国家　由领土、人口和主权三个要素构成。国家主权是国家的核心要素。

2.国际组织　是由两个以上的国家或地区，为了共同的政治、经济、文化利益，通过协议或条约建立的组织。

3.法人组织　是依法具有民事权利和民事行为能力，能够独立享受民事权利和履行民事义务的组织。

4.非法人组织　是不具备法人资格的社会组织。这些组织没有经过依法登记，或者没有独立的财产或经费，或不能独立承担民事责任。例如，群众自发结成的组织、机关内设单位、企事业下属单位等。

（二）按心理需求分类

1.正式组织 是依据确定的目标和任务组建起来的组织。比如，学校、企业、党政机关等。正式组织的特点：边界清晰、成员明确、目标明确、有清晰的分工和责任制度等。

2.非正式组织 是基于兴趣、情感或利益等自发形成的组织。比如，因为共同喜好聚集起来的牌友、广场舞团，同所学校毕业的校友会等。非正式组织的特点：组织没有明确的目标、成员不固定、分工和责任都不明确等。

需要注意的是，在正式组织中存在着各种非正式组织，他们可能对正式组织目标的实现起积极作用，也可能是消极作用。管理者应善加利用非正式组织的积极作用，使其为组织目标服务。

第二节　组织设计

管理是对活动的计划、组织、协调和控制的过程，管理者在确定组织战略目标并制订好相应计划之后，需要通过符合一定要求的组织来执行相应的任务，从而达到既定的组织管理目标，因此组织设计是管理活动中一项非常重要的内容。

组织是由最少两个人构成的集合。由个体劳动者或手工业者组成的作坊式组织，由于规模较小的原因，劳动者可以自行安排组织活动，因此不需要进行组织设计。然而，随着组织规模的扩大，人员数量增长，活动分工更加复杂，管理者由于精力和能力所限，无法做到直接管理组织内的所有人员、所有活动，因此必须通过组织设计来明确分工，并通过区分工作类型和相互关系来确定有效的组织结构。

早期的组织设计是基于劳动分工的。有观点认为，工作效率与分工程度成正比，即分工程度越高，工作效率相应也越高。在组织外部环境相对稳定的情况下，根据任务的复杂性和难易程度将工作进行分解，然后授权给适当数量的管理者来分别管理具体工作，能够促使组织任务顺利完成。然而，随着外部环境日趋复杂，简单封闭的组织模式经常会导致组织灵活性降低，无法应对环境的变化，这就需要用系统的、动态的观点来设计组织。在这种开放式的系统中，组织要不断与外部进行资源和信息交换，并不断调整组织内部各种关系，进而使组织能够保持较高的灵活性和适应性。

总体来说，组织设计的目标是通过设计合理的组织架构，并整合内部各种分工关系，来达到提高组织灵活性和适应性的目的。组织设计时要考虑对组织系统的整体设计，既要考虑管理目标对管理活动横向分工的影响，又要考虑纵向分工的影响，在此基础上通过部门化的形式完成组织框架的设计与整合。

一、组织设计的任务

组织设计的基本任务：设计清晰的组织结构，规划不同部门的权限和职能，明确组织中的职能职权，包括参谋职权和直线职权的活动范围，以及编制职务说明书。

组织设计包含静态的组织结构设计和动态的组织运行制度设计两个方面。

（一）组织结构设计

组织结构设计是组织设计中的基础性工作。所谓组织结构设计，是对组织整体目标的分解工作和对组织框架的整体设计工作，是将任务、流程、权力和责任进行组合协调的过程。组织结构既可以自上而下，也可以自下而上进行设计。在创建组织时，可以根据组织的战略目标、工作任务以及内外环境，自上而下地设计组织运行所需的职务、职责及部门。此外，还可以分析组织内部已有资源，在组织目标逐级分解的基础上进行自下而上的设计。

一个完整的组织结构设计至少应包含以下几个方面。

1.职能设计 为了完成组织目标，需要将总目标进行逐级分解，明晰需要哪些活动来完成既定任务，并且明确对应的职位、职务的种类和数量，分析、确定相应职务的任职资格，以及各类管理人员应具备的条件、所拥有的权限和应承担的责任等。一个组织应根据其战略目标设计各项职能，如果有些职能不合理，则需根据目标进行适当的调整。

2.部门设计 在职能设计中，会出现许多类似、交叉甚至重叠的职能和职务，因此，需要根据职能的相似性、职务间的联系和区别、关系的紧密性等将不同的职位划分到不同的部门，这个过程就是部门设计。虽说一些通用的原则和规律适用于部门设计，但并没有统一的标准来指导部门的划分。不同的组织可以根据其活动特点、环境和条件、组织规模等进行不同的设计。随着环境的变化，同一组织在不同时期、不同目标的指导下，还可以不断进行动态调整。

3.层级设计 部门设计完成后，要想各部门之间有效协同运作，需要对他们之间的关系进行设计，既包括部门间的纵向层级设计，又包括部门间的横向关系设计，这就是组织的层级设计。进行层级设计，首先要对组织的资源（人力、物力、财力）情况和各种职务、部门进行分析，必要时做出适当调整，以确定合适的管理幅度，并据此划分组织纵向管理层次，从而保证各层级间责权关系明确，保证整个组织能够高效有序地运行。

（二）组织运行制度设计

组织设计的基础是组织结构设计，而组织运行制度的设计则是为组织的正常运行提供必需的制度和人员保障，是为了保障组织高效有序运行而做出的有关制度和人员方面的安排。其内容主要包含沟通系统设计、管理规范设计和激励机制设计3个方面。

1.沟通系统设计 为了保证信息在组织内得到准确、有效的传递，需要在组织内部建立沟通系统。这个系统包括纵向沟通和横向沟通，纵向沟通又可分为上行沟通和下行沟通。具体包括：明确各类管理事务的决策者、执行者，以及对应的工作流程；确立各部门间的横向沟通与协调机制；确立信息反馈机制，以便管理者及时了解决策的执行情况，进行有效控制。

2.管理规范设计　管理规范是指组织内的各种规章制度，包括组织内的各种管理条例、章程、制度、工作标准、工作方法等。设计管理规范的目的是保证组织内部各层级、部门和岗位能够按照统一的标准和要求进行活动，以规范的形式明确决策和任务的执行主体以及工作流程，使得组织活动依章有序进行，提高活动的有效性，实现管理的科学性。

3.激励机制设计　激励设计包括激励制度和惩罚制度设计两个方面。激励机制设计的直接目的是调动组织内人员的积极性，为实现组织目标服务。激励制度可以包含物质层面的薪酬奖励、实物奖励、股权、期权等各种福利，也包含精神层面的荣誉表彰、晋升等。有效的激励制度不仅可以调动组织成员的积极性，还能在一定程度上预防不正当、不规范行为，使组织成员的个人目标与组织目标达到一致。惩罚制度是对组织成员工作失误或未能按规执行时的一种处理方式，例如通报批评、处分、扣除奖金、降薪、降职乃至解除劳动合同等。

二、组织设计的影响因素

为了应对瞬息万变的环境和难以预测的环境变化，需要引入权变的组织设计观。所谓权变，指在进行组织设计时将其看成一个开放的、与外部环境紧密相连的系统，以动态思维来创建和设计组织。通常认为影响组织设计的因素有战略、环境、技术、组织规模与发展阶段。

（一）战略

战略是决定和影响组织性质及运行方向的总目标，以及实现总目标的方法和路径。为了实现这一目标，组织可以选择不同的战略。例如，以经济效益为目标的企业，既可以选择生产低成本的产品，以价格优势获得更多的消费者；也可以选择生产高精尖产品，以质量优势赢得高端消费者的青睐。在同类产品中，既可以选择生产多种不同规格、型号的产品来满足不同的消费需求；也可以选择生产特定规格和型号的产品来满足某类消费者的特殊需求。在产品销售中，面对难以竞争的对手时，既可以选择提升技术、开发新产品来获得竞争优势；也可以选择转移市场方向来躲避危机。

组织的战略发展一般分为4个阶段：数量扩大阶段、地区开拓阶段、纵向联合开拓阶段和产品多样化阶段。战略发展阶段和类型会对组织设计产生影响，因此，每个阶段应有不同的组织结构类型。

1.**数量扩大阶段** 组织建立之初，规模较小，可能只有一个单独的工厂；组织活动也比较单一，可能只有制造或销售等功能。在这个阶段，组织结构也比较简单，只需要少量职能部门和职位就能正常运转。此时组织面临的主要问题是如何扩大规模。

2.**地区开拓阶段** 当生产规模扩大，组织开始向其他地区拓展业务时，为了解决随之带来的协调、专业化和标准化等问题，组织开始建立不同的职能部门，即新的组织结构，对不同地区的业务活动进行协调整合。

3.**纵向联合开拓阶段** 组织在某一行业长期发展之后，会不断地拓展其业务范围，即向其他领域拓展，如百货商店可能从只销售服装、生活日用品等拓展到家具、电器等多种类产品。随着组织业务范围扩大，就要求建立与此阶段相适应的组织结构。

4.**产品多样化阶段** 随着市场需求的改变和竞争者增多带来压力的加大，组织面临着新的竞争环境，已有产品或服务占据的主要市场开始出现衰退。为了应对随之而来的发展问题，组织必须更好地利用已有设备、人员和技术等资源开发新产品或新服务，进而逐渐形成产品多样化的局面。同时，组织必须重新考虑部门划分、资源分配、职能协调等问题，组织结构因而也要随之改变。

研究发现，许多成功的企业，其组织结构与其战略是相对应的。在单一行业、单一领域发展的企业，往往倾向于采用集权的职能制结构；而实施多元化经营的企业，则更倾向于采用分权事业部结构。为了适应不断变化的发展战略，组织需要适时地进行结构变革，以保持其自适应性。

（二）环境

对组织产生影响的环境因素可以分为两类：一般环境和特定环境。

1.**一般环境** 指对组织管理目标或活动产生间接影响的环境条件，比如经济、政治、社会和文化、技术等社会环境条件。这些条件对组织管理实践会产生影响，组织不能忽视。例如，企业在拓展业务区域时，必须考虑当地经济、政治、社会和文化等的差异性，因此可以设立对应的部门来研究新业务区域所面临的环境，处理相应的问题。

2.**特定环境** 对组织产生直接影响，与组织活动直接相关，包括政府、客户、竞争对手、供应商、合作方等。对于每个组织来说，其面对的特定环境都是不同的，因此不同类型的组织与特定环境间的关联程度也是不同的。例如，专门从事产品销售、流通的企业往往需要设置专门的部门甚至呼叫中心来处理售后、投诉等事宜；而只从事产品生产的企业面对的客户数量较少，并不需要设立这样的机构。此外，特定环境还会随着一般环境的变化而变化，两者具有相关性。

环境复杂性影响了组织部门和岗位的设置。外部环境复杂性的提高带来了超越组织原有职能的新问题，传统的解决办法就是增设必要的岗位和职能部门。这些岗位和职能部门主要围绕核心能力而设立，目的就是促进组织资源和环境间进行更好的交流和平衡。随着外部环境的复杂化和竞争的加剧，如何获得有效信息变得越来越重要，必要时，组织还需要能够跨越组织边界来获得外部专家或信息情报部门的建议，以使决策者能够及时做出有效应对，减少外部环境对组织的冲击。

环境不确定性影响了组织结构的设计。英国学者伯恩斯和斯托克研究发现外部环境和组织内部结构存在关联。即当组织处于相对稳定的外部环境中，多采用机械式的层级结构，因为组织需要通过制定明确的规章制度、工作程序和权力层级来提高运行效率，这种情况下，组织规范化、集权化程度较高。当组织处于不稳定的外部环境中，则倾向于采用有机式结构，因为组织需要更加关注适应性，尽可能做到权力下放、信息共享，从而能够对环境的变化迅速做出反应，此时，组织规范化、集权化程度降低。

（三）技术

技术是把原材料等资源输入转化为产品或服务等产出的机械力和智力工具。所有组织都需要通过技术将输入转换成产出，技术变化改变的不仅仅是生产工艺和生产流程，还有人与人之间的沟通和协作，所以，组织设计需要因技术的变化而改变。

英国学者伍德沃德（Joan Woodward）曾经收集了100家企业的数据来分析不同类型的企业是否在管理幅度、集权化、正规化等结构特征方面存在差异。她根据制造业技术的复杂程度将技术划分为3类：单件小批量生产技术、大批量生产技术和流程生产技术。小批量单一生产技术适用于如定制服装、大型发电机组、精密设备仪器等单件或小批量生产的产品；大批量生产技术适用于成衣、家电、汽车及其他标准化产品，可以通过专业化流水线实现规模经济效益；流程生产技术是最复杂的一类技术，适用于化工厂、发电厂、炼油厂等连续不断的生产。伍德沃德将不同生产技术与组织结构进行比较发现，技术类型和组织结构之间存在着明显的相关性，比较结果见表6-1。

表 6-1　组织结构特征与技术类型的关系

组织结构特征	技术类型		
	单件小批量生产技术	大批量生产技术	流程生产技术
纵向管理层级	3	4	6
高层管理人员的管理幅度	4	7	10
基层管理人员的管理幅度	23	48	15
管理人员与一般人员比例	1：23	1：16	1：8
技术人员比例	高	低	高
规范化程度	低	高	低
集权化程度	低	高	低
复杂化程度	低	高	低
总体结构	有机	机械	有机

由表格可以看出，采用不同生产技术的组织在纵向管理层级、管理幅度、管理人员与一般人员比例等多方面存在着差异。从单件小批量生产技术到流程生产技术，技术复杂性提高，组织结构的复杂程度也相应提高，纵向管理层级增多，高层管理人员的管理幅度和管理人员与一般人员的比例都有所提高。而基层管理人员的管理幅度则是在采用大批量生产技术时最高，单件小批量生产技术时较高，流程生产技术最低。

大批量生产组织通过提高规范化管理程度，可以有效提高管理效率，而集权化和规范化的管理对于小批量生产和流程生产没有明显效果。

这三类技术都有其对应的特定结构形式，单件生产和流程生产的企业采用有机式组织结构更有效，大批量生产的企业则更适合机械式组织结构。然而，随着计算机和信息技术的发展，制造业技术的发展实现了质的飞跃，伍德沃德所述的大批量生产企业无法实施定制生产的传统格局也发生了变化。

（四）组织规模

当组织业务范围不断扩大、组织人员数量不断增加、管理层级越来越多、专业化程度不断提高时，组织的复杂性也越来越高，组织内部的协调管理必然也越来越复杂。因此，组织规模的大小是影响组织设计的一个重要因素。大规模组织与小规模组织在结构上的差异主要有以下几点。

1.规范化程度不同　规范化程度是指组织通过工作程序、规章制度来引导员工行为的程度。这里所说的工作程序和规章制度既包含指导员工该做什么、怎么做以及不该做什么，以文字形式确定下来的各种规章、条例；也包含以非文字形式或无形存在的传统惯例、组织文化、伦理等。一个组织的规模越大，其规范化程度就越高；相反，小规模组织可以凭借管理者的个人能力来对组织进行控制，因而其组织结构就比较松散、富有活力，其规范化程度也就比较低。

2.集权化程度不同　集权化程度指的是决策权在组织层级中的集中或分散程度。一般来说，小规模组织需要决策的事务比较少，高层管理者对组织的控制权较大，因而集权化程度就高。由具有控制权的高层管理者做出决策的大规模组织的集权化程度同样也很高。但在实际管理中，为了对日趋复杂的环境变化做出快速响应，组织规模越大就越需要进行分权化管理，通常以授权的形式将决策权分配给不同层级的管理者们。在分权程度较高的组织中，更多地是由低层管理者做出决策，有利于减轻高层管理者的负担，也有利于快速响应环境的变化。

3.复杂化程度不同　复杂化程度指的是组织内部结构的分化程度。一般来说，大规模组织的结构具有更高的复杂性。在规模扩大的过程中，组织通常会建立新的部门应对由此带来的新问题。同时，随着部门规模的扩大和人员的增多，管理者对本部门的控制力会不断降低，在一定控制幅度下的管理层级越来越多，结果就造成部门结构越来越复杂臃肿的格局。这都会造成管理成本的增加和管理效率的降低。

4.人员结构比例不同 帕金森定律揭示了一个有趣的现象：在快速发展的组织中，管理人员比一般员工的增长速度要快得多，而在组织进入衰退时，管理人员比一般员工的减少速度要慢得多，所以说，管理人员最先被聘用却最后被解雇。也有观点认为，当组织规模扩大时，一般员工的比例上升而管理人员的比例下降。无论怎样，组织规模影响着人员结构，而管理人员和一般员工间的结构比应当是均衡的。

📖 知识链接

帕金森定律

帕金森定律（Parkinson's Law）是官僚主义或官僚主义现象的一种别称，被称为20世纪西方文化三大发现之一。也被称为"官场病""组织麻痹病"或者"大企业病"，这一概念源于英国著名历史学家诺斯古德·帕金森1958年出版的《帕金森定律》一书的标题。

帕金森在书中阐述了机构人员膨胀的原因及后果：一个不称职的官员，可能有三条出路：第一是申请退职，把位子让给能干的人；第二是让一位能干的人来协助自己工作；第三是任用两个水平比自己更低的人当助手。这第一条路是万万走不得的，因为那样会丧失许多权力；第二条路也不能走，因为那个能干的人会成为自己的对手；看来只有第三条路最适宜，因为两个平庸的助手不会对自己的权利构成威胁。于是，两个平庸的助手分担了他的工作，他自己则高高在上发号施令。两个助手既然无能，他们就上行下效，再为自己找两个更加无能的助手。如此类推，就形成了一个机构臃肿、人浮于事、相互扯皮、效率低下的领导体系。

帕金森由此得出结论：在行政管理中，行政机构会像金字塔一样不断增多，行政人员会不断膨胀，每个人都很忙，但组织效率越来越低下。这条定律又被称为"金字塔上升"现象。

（五）发展阶段

关于组织发展阶段的划分，不同学者有不同的划分方法。葛瑞纳最早提出了企业成长经历"诞生、成长和衰退"的过程，奎因和卡梅隆将组织生命周期划分为创业、集合、规范化、精细4个阶段。虽然不同学者的划分方法略有差异，但都形成了一个共识：组织具有生命发展周期，每个阶段的特征不同，面临的风险也不同，需要组织调整战略和组织结构来适应不同阶段的发展需求。

下面以组织发展的5个阶段——生成、成长、成熟、衰退和再生来说明不同阶段对组织设计的不同要求。

1.生成阶段　也叫作创业阶段。此时，组织规模较小，通常采用比较简单、机械的结构形式，决策主要由以创始人为代表的高层管理者做出，组织内部信息沟通主要是非正式的，对内部协调要求较低。组织成长的动力来源于创始人或者团队的创造性，组织活动复杂化程度较低，管理规范性较低，集权化程度较高，因而管理者面临的管理压力更高，需要管理者具有通才，一旦决策失误，组织可能陷入不可挽回的危机。

2.成长阶段　这一阶段，组织发展速度较快，成长的关键取决于决策的方向。组织内部出现更多的职能部门，原有的机械式组织结构已不能满足发展的需求，开始向有机式组织结构转变。开始授予中层、基层管理者更多的决策权，组织规范性也逐步提高。但同时容易出现部门间沟通不畅、争权夺利的现象，因此需要提高部门间的协调性。

3.成熟阶段　组织进入成熟阶段后，成长的动力来源于授权。随着组织结构的日趋完善，逐步呈现规范化的特征：职能逐步健全，层级关系更加明确，内部沟通越来越正式，规章制度愈加完善。但同时，组织高层管理者不仅要通过授权调动各个部门或层级的积极性，也不能失去对全局的控制。

4.衰退阶段　成熟的组织往往规模巨大，并且官僚化严重，主要表现：形式主义，过分强调程序和规范的重要性；组织运行效率低，改革难度大；沟通不畅，决策迟缓；组织结构过于复杂，人浮于事。如果不能进行有效改革，组织就会很快进入衰退期。这时，组织成长的动力来源于协调，管理者可能会通过跨部门组建团队来提高效率。

5.再生阶段　进入衰退期的组织为了继续生存下去，往往会不断进行变革。例如进行再集权推进改革、改进流程、对过细的分工进行再整合、调整业务范围或方向、调整组织结构以适应环境的变化、加强与外部组织的合作等。这一时期，组织成长的动力来源于合作，但面临着人才枯竭的风险。

三、组织设计的原则

为了使设计的组织结构符合组织运行目标，组织设计应遵循一些原则。这些原则都是在长期管理实践中的经验积累，现在已经成为管理者进行组织设计必须重视的要素。

1.目标一致原则　本质上讲，组织结构是实现组织目标的一种工具，所以组织设计是以组织目标的实现为引领的，职能设置、部门分工与协调都要服务于组织目标，这就是目标一致原则。目标一致原则可以有两层含义：一方面指组织目标的一致性，即在进行组织设计前应先有一套明确的、统一的目标体系，组织内各部门、各成员的目标与组织的总体目标保持一致；另一方面是统一指挥原则，即在上下级之间形成明确的指挥链，确保信息传递的准确性，明确各级人员的职权、职责以及联系方式。

2. 分工与协作原则　分工是根据专业化程度和工作效率的要求，将组织任务进行细化分解，并分配给不同层次、不同部门的个人，明确每个组织成员的工作内容、工作范围及其工作方法的过程。组织活动的复杂性决定了任何人都不可能同时具备实现组织目标的所有条件，每个组织成员仅能在其掌握有限知识和技能的特定领域中相对高效地从事组织活动。专业化分工的目的就是将个人的特点与组织活动的要求结合起来，把每个组织成员都安排在合适的岗位，从而提高组织的整体效率。

专业化分工有利于工作简单化和缩短培训时间，但同时也带来了消极影响：①长时间从事单一、重复性工作，容易使组织成员产生单调乏味的感觉；②内部人员流动性的降低限制了组织应对环境变化的灵活性；③组织内部容易产生对立和冲突。为了克服由此带来的弊端，组织应该重视分工之后的协调，所以，分工与协作原则就是指在专业化分工的基础上，对组织内不同部门间与人员间的关系进行协调，保证组织的顺利运行和整体目标的实现。

3. 有效管理幅度原则　管理幅度也称管理跨度、管理宽度或控制幅度，指一名管理者直接有效领导下属人员的数目。管理幅度不是越宽越好，应控制在一定的限度，这样的管理才是有效的。管理者受个人精力、知识、经验等因素的限制，通常不能直接领导组织所有的活动。如果管理幅度过宽，超出管理者能力范围，则会容易造成组织管理的混乱；而管理幅度过窄，易造成资源的浪费。

有效管理幅度会受到人员素质、职务性质、职能机构的健全度、沟通工具以及技术等因素的影响，所以它并不存在一个确定值。对于一定规模的组织，其管理幅度与组织层级成反比例关系。即管理幅度越大，同等规模组织的组织层级越少；反之，组织层级则越多。所以，在进行组织设计时，既要防止管理幅度过大，保证管理者对下属工作能够进行有效的指挥和监督，又要避免管理幅度过小，结果使组织层级增多，最终使管理成本升高、管理效率降低。

4. 权责对等原则　是指组织中的各层级管理者要完成其承担的各项任务需要被授予相应的权力，同时也应承担相应的责任。

组织中的每个职位与权力存在确定的对应关系，岗位职务说明书清晰界定了每个职位所需承担的工作内容，因而，该职位的管理者也具备了相应的权力。如果有职位但没权力，或者权力范围小于应承担的责任，那么决策、组织、领导、控制等管理职能也就无法实现，任务无法完成，组织目标也无法达成。权责对等也意味着权力范围不能超过该岗位的职责范围，当权力大于责任时，虽也能完成任务，但会导致权力的滥用。所以，权责对等原则要求权力与责任相对应，避免有责无权或有权无责的现象出现。

5. 柔性经济原则　要求组织设计需要保持一定的灵活性，能够根据环境变化对内部机构或人员做出适当的调整，合理安排人员结构和工作流程，合理设计管理层级和管理幅度，提升组织的管理效率。

一方面，组织设计要兼具稳定性与适应性，稳定的组织结构是组织正常运行的基本保障，但当外部环境发生变化时，组织需要做出适应性调整，以减弱变革对组织产生的震荡和冲击；另一方面，组织结构设计要合理，做到组织机构既精简又高效，各项工作有序开展，整体效率提高。

组织的柔性与经济性是相互作用的。一个柔性的组织必然是精干的，是符合经济性原则的；一个经济性的组织又必须具备一定的柔性，从而降低变革的管理成本。

第三节 组织结构

一、组织结构的概念

组织结构又称责权结构，是组织中正式确定的，为实现组织目标而对组织内的全体成员在管理工作上进行分工协作的结构体系。一方面，组织结构体现了组织成员的内部职能分工，即对组织目标进行工作任务分解后的职能分配；另一方面，组织结构是一种纵向分层的结构体系，层级的多少受组织规模大小和管理幅度的影响。

组织结构一般可用组织结构图以直观的方式体现组织中不同职位、不同层级间的关系，明确组织成员间的分工协作关系，反映组织内部的职、责、权关系。

二、机械式组织与有机式组织

组织结构可以分为机械式组织和有机式组织两类，这两类是一系列组织类型中的两个极端，在现实环境中，大多数组织类型则介于两者之间。

1.**机械式组织** 是一种相对稳定的、僵硬的组织结构形式。

机械式组织具有职能高度专门化、职务与权限僵化、信息集中于高层的特点；组织中缺少横向的信息沟通，命令自上而下进行垂直传递；强调成员对组织的忠诚度和对上级的服从；强调已有知识，墨守成规，对外部知识持排斥态度。

机械式组织适用的条件：环境相对稳定；任务明确且持久，决策可以程序化；技术相对统一而稳定；按照常规活动，效率是主要目标；企业规模相对较大等。

2.**有机式组织** 是一种松散灵活，能不断适应外部变化的组织结构形式。

有机式组织中，管理任务按照专业化原则进行细分，组织成员基于其知识和经验承担一定的责任，分工并非高度标准化，每个成员可以身兼多职；信息由成员共享，分散在组织的各层级中，横向和纵向的沟通渠道畅通，实现了信息的有效传播；更加强调组织成员对工作和技术的忠诚度；以更开放、积极的态度吸收外部经验和知识，使其为实现组织目标服务。

有机式组织适用的条件：环境不确定性高；任务种类多且变化多，无法进行程序化决策；技术复杂多变；非常规活动多，对创新性要求高；组织规模较小等。

📖 案例拓展

无边界组织

无边界组织是指横向、纵向或对外边界不受预先设定的结构所限定或定义的一种组织设计。无边界组织是相对于有边界组织而言的。有边界组织为了保证组织的稳定与秩序而保留边界。无边界组织也需要稳定，但它不是要完全否定企业组织必要的控制手段，只是相对比较灵活，没有那么僵化。

受生物学的启发，无边界组织认为组织与生物有机体类似，虽然具有各种隔膜使其具有固定的外形或界限，但并不妨碍营养物质和能量畅通无阻地穿过。无边界组织的原理认为，信息、资源、构想、能量也应该快速顺畅地穿越组织的边界，使整个组织融为一体。在无边界原理中，组织各部分的职能和边界仍然存在，但位高权重的领导、具有特殊职能技术的员工和承上启下的中层管理人员能够贯通组织内部各个单位的边界，可以自由沟通、交流，实现最佳的合作。

杰克·韦尔奇是美国通用电气公司的第八任CEO。他接手通用电气后的一大业绩就是把通用公司改造成一个无边界组织。韦尔奇号召通用电气的30个大类部门突破边界，大胆与其他组织合作。

杰克·韦尔奇掌管通用电气时，公司的经营状况并不差，但杰克·韦尔奇敏锐地看到通用电气存在各种问题：许多业务部门行业竞争力不强，机构臃肿，管理层级过多，组织灵活性低等。僵化的官僚机制也令人头痛。于是杰克·韦尔奇提出了"无边界"的理念，开始进行大刀阔斧的改造。他设计的无边界公司蓝图：消除各职能部门间的障碍，信息可以在工程、生产、营销等部门之间自由流通，完全透明；对"国内""国外"业务一视同仁；供应商和用户在合作中不分彼此，没有界限；公司没有种族和性别歧视；团队利益高于个人利益。

经过多年改革，无边界成了通用电气公司组织结构的核心理念和独特的价值观，这也使这家百年老企业保持了充沛的活力，通过不断创新取得了惊人的成就。

思考：无边界组织属于机械式组织还是有机式组织？

三、组织结构的类型与形式

（一）组织结构类型

组织结构类型包括职能结构、层次结构、部门结构和职权结构。

1.职能结构　指为实现组织目标所需的各项业务工作及其比例和关系。例如一家企业可以含有研发、生产、经营、管理、后勤等多种业务职能。

2.层次结构　是组织的纵向结构，指管理层次的构成和管理者所管理的人数。例如公司机构的纵向层次通常可分为：董事会—总经理—各职能部门—基层部门。基层部门下面又可设多个班组。

3.部门结构　是组织的横向结构，指不同管理或业务部门的构成。例如，一家企业可以设置人事部、技术部、生产部、营销部、财务部等不同职能部门。

4.职权结构　指各层次、各部门在权利和责任方面的分工及相互关系。例如，技术部负责新产品的研发；生产部负责产品的生产；营销部负责产品的销售；各职能部门和不同层次之间的协作关系、监督与被监督关系等。

（二）常见组织结构形式

不同的组织结构形式是基于管理目的而设置的不同模式，可以是横向设计，也可以是纵向设计。横向结构的设计是为了划分不同部门的分工，建立它们之间的分工协作关系；纵向结构的设计则是为了划分不同的层次，建立上下之间的领导与被领导关系。利用机构、职位、职责、职权及其之间的关系，可以实现纵横交错，建立不同制度类型组织结构的目的。

1.直线制　是最早出现的最简单的组织结构形式，产生于早期的小手工作坊，在早期军队和小规模生产工厂中比较多见。直线制组织结构的特点是不设职能机构，组织中实行从上到下的垂直管理，一个下级部门只受一个上级的领导，各层级负责人对其所属下级全权负责（图6-1）。

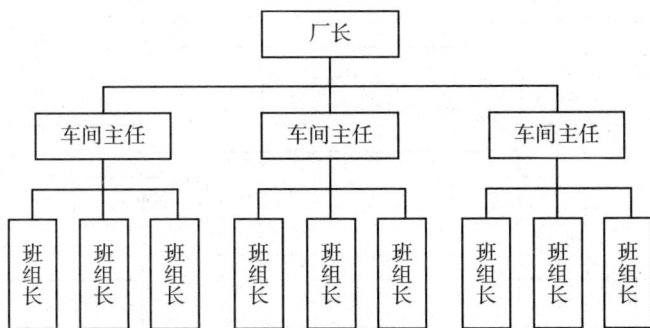

图 6-1　直线制组织结构

（1）直线制组织结构的优点

1）权责关系明确：组织内部责任明确，上下级之间垂直联系，每个层级管理者的职责和权利都非常明晰。

2）组织结构简单：组织内不设复杂的职能部门，根据管理幅度就可以确定组织所需的管理层级，所以管理成本就比较低。

3）权力集中，指挥统一：因为上下级之间仅存在垂直领导关系，容易维持组织内纪律与秩序的稳定，做到行动统一。

（2）直线制组织结构的缺点

1）专业化程度低：因为直线制组织内部实行垂直领导，所以各层级的管理者需要承担相应部门的所有工作，缺少专业分工。

2）管理者负担过重：各层级管理者要负责本部门内所有事务，所以对管理者能力要求特别高，有时甚至会出现管理者难以胜任其职责的情况。

3）缺乏部门间沟通：组织内信息沟通主要存在于垂直方向，缺少横向部门间的交流，因此信息传递不畅。

由于这些缺点导致直线制组织结构仅适用于规模较小、技术简单的组织，初创期的企业比较倾向于选择此类结构。但是，随着组织规模的扩大，人员数量的增加，任务分工的复杂化，这种组织结构无法再满足组织发展的需求了。

2.职能制 是基于直线制组织发展起来的，是以专业职能作为基础划分出不同部门，各职能部门在本部门业务范围内可向下级下达命令，弥补了直线制组织专业化程度低、管理者负担重的缺点。在这种结构之下，各职能机构获得一定的管理职责和权力的授权，有利于充分发挥专业管理职能，可以减轻管理人员的压力（图6-2）。

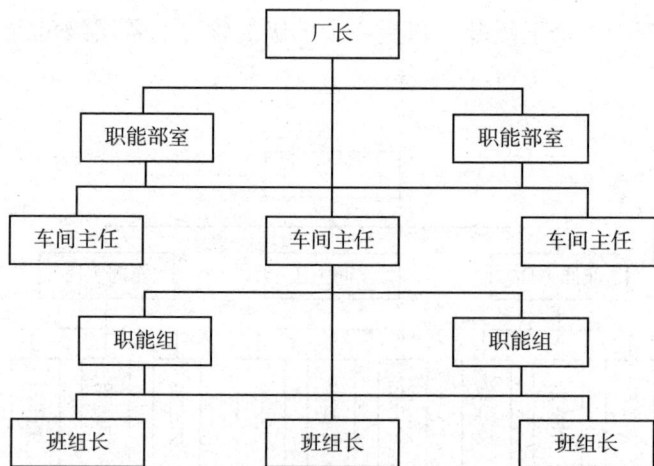

图6-2 职能制组织结构

（1）职能制组织结构的优点

1）专业化程度高：职能部门的设置有利于发挥专家的作用，能够提高专业化程度，实现较细的管理分工。

2）管理者负担减轻：各职能机构可以充分发挥其专业管理能力，多角度为管理者提供建议，使管理者能够将精力集中于最重要的决策工作。

3）降低管理成本：职能制组织将重复性的设备和职能人员进行了合并，有利于提高资源利用率从而降低成本。

（2）职能制组织结构的缺点

1）部门间协调性降低：职能制组织结构违背了统一指挥原则，各部门执着于自身利益，部门间缺乏协调，容易产生冲突，增加了组织整体的统筹难度，影响整体目标的实现。

2）职责不清：各级部门都同时受直线领导部门和职能部门的双重指挥，容易出现政出多门、职责不清、管理混乱的情况。

3）不利于通才的培养：由于高度专业化的职能划分，各部门管理人员只需要对其负责的领域做到精通即可，不利于培养通才型管理人员。

职能制组织形式多适用于中小型、产品品种单一的企业。

3.直线-职能制　直线制、职能制组织结构各自存在着先天缺陷，因而很难应用于实际的组织设计中。将直线制与职能制组织结构的特点相结合，扬长避短而建立起来的组织结构就是直线-职能制组织，也叫作直线参谋制组织（图6-3）。

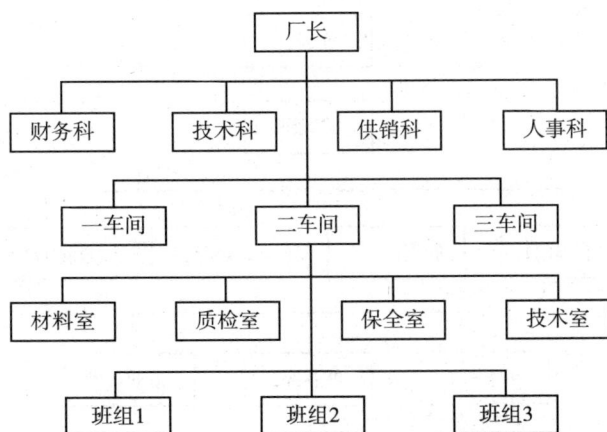

图 6-3　直线 – 职能制组织结构

具体方法：在直线制结构基础上，在各层级中设置对应的职能部门。即既有纵向的直线指挥系统，又有横向的职能管理系统。

（1）直线–职能制组织结构的优点

1）既实现了组织的统一指挥，又加强了专业化管理。

2）减轻了管理者的压力：因为增加了职能部门，所以不再要求管理者对所有事务都做到精通，所以其管理压力显著降低。

（2）直线–职能制组织结构的缺点

1）决策效率降低，管理成本上升：由于组织内部门增多，管理层级和管理人员增加，信息沟通效率降低，管理成本上升。

2）部门间的协调难度增大：直线管理部门与职能部门的目标不一致，所以部门间容易产生冲突，协调难度增大。

3）组织灵活性降低：直线–职能制组织结构缺乏弹性，对环境变化的应变能力降低。

4）下属缺乏自主性：由于管理人员数量增多，容易出现高度集权现象，所以下属人员的自主性降低。

直线–职能制组织结构多适用于规模中等、产品种类不多、内外部环境变化不大的中小型企业。

4.事业部制　是组织按照产品或类别、地区、客户以及流程等不同的业务单位分别设立多个独立的事业部，实行组织统一管理、事业部独立经营的一种分权制组织形式。其特点是"集中决策，分散经营"。各事业部都具有独立的市场、自负盈亏、独立经营，而总部只保留部分职能，如人事任命、预算控制、监督等职能（图6-4）。

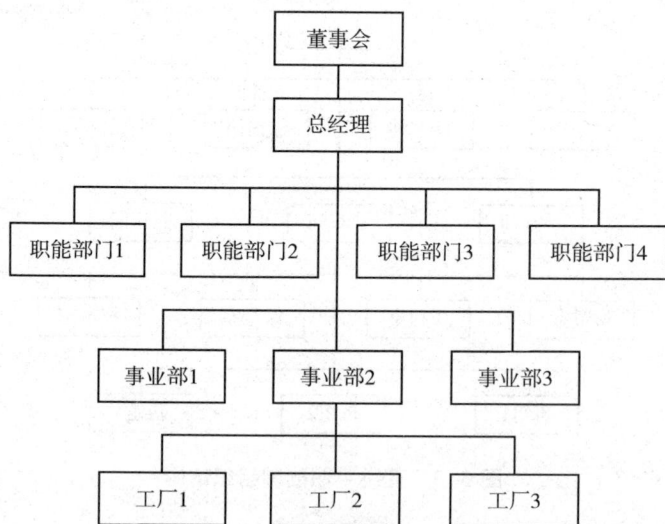

图6-4　事业部制组织结构

（1）事业部制组织结构的优点

1）减轻管理者负担：高层领导者可以摆脱日常事务的负担，将精力集中于长远的战略规划。

2）提高组织灵活性：事业部进行独立运营，更能发挥经营管理的积极性，提高组织对环境变化的应变能力。

3）有利于通才的培养：各事业部独立运营，自负盈亏，所以要求各事业部的管理者有较强的管理能力，有利于组织培养通才型高级管理人员。

（2）事业部制组织结构的缺点

1）管理成本上升：不同事业部内存在重复职能机构，所以管理人员增加，造成管理成本上升。

2）协调难度增加：由于事业部实行独立核算，高度分权导致了各事业部只考虑自身利益，相互间的协调度降低，甚至影响组织总体战略目标的实现。

事业部制主要适用于规模较大、产品或服务多样化的现代化大企业。

📖 **案例拓展** ---

Y集团组织结构

为了应对不断变化的外部市场环境，Y集团在市场竞争中逐渐转变思路，建立了事业部制的组织结构。

Y集团共有5个事业部：药品事业部、健康产品事业部、原生药材事业部、海外市场事业部和透皮事业部。各个事业部独立运营，具有自己的职能部门，形成集团的多个利润中心。例如，上海透皮事业部具有采购、生产、销售等一套完整的职能，其余4个事业部则主要发挥销售职能，产品的研发则集中在总部，这样可以降低研发和管理成本。

同时，为了调动各事业部的积极性，集团总部只保留资金分配、重要人事任免与考核和战略方针等重大问题的决策权。各事业部具有很高的自主权，可自行决定产品的设计、营销和销售策略等。在人事管理方面，事业部自行进行招聘、人员培训和考核，集团总部只负责合同管理、岗位说明书、流程管理等大方向的控制。

思考： Y集团的组织结构属于什么类型？有什么特点？

----

5. 矩阵制 引进项目管理的形式，目的是加强不同职能制组织间的协调性，由纵、横两套管理系统叠加在一起组成。垂直领导系统按照职能进行划分，横向领导关系按照产品或项目划分，职能部门化和产品部门化交叠在一起，形成了一个矩阵（图6-5）。

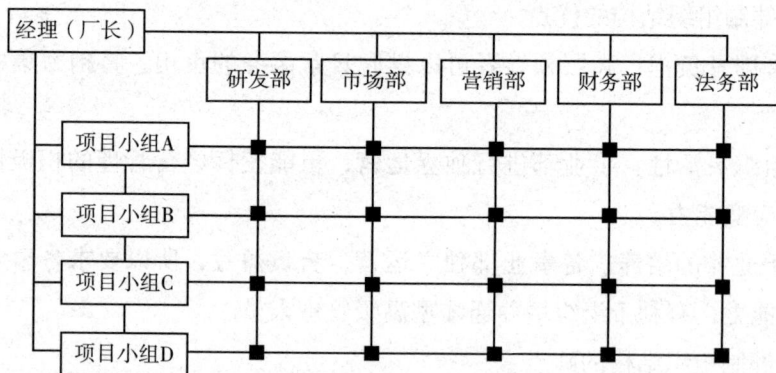

图 6-5 矩阵制组织结构

（1）矩阵制组织结构的优点

1）机动性强：以项目小组的形式呈现，项目组成员来自不同的部门，机动性强，加强了不同部门间的配合。

2）目标统一，利于创新：各项目组目标明确、统一，人员结构合理，有利于发挥专业人员的综合优势，通过异质组合实现创新。

3）信息沟通顺畅：同一小组成员分别受到项目组长和原职能部门的双层管理，使信息传递更加顺畅。

（2）矩阵制组织结构的缺点

1）多头指挥：因为双重领导，容易出现责任不清晰的问题，使下属无所适从，从而影响项目组目标的实现。

2）稳定性差：由于项目组成员是临时抽调，其归属感不强，组织稳定性差。

3）责权不对等：组织关系较复杂，对项目组负责人要求较高，其责任大于权力，责权不对等，容易消减负责人的积极性。

矩阵制组织结构多适用于临时性、多部门合作任务较多的企业，尤其是以研发与实验为主的企业。

📖 **案例拓展** -

矩阵结构案例

F集团是一家在电力和自动化技术领域处于全球领先地位的国际化公司，产品涉及运输机械、自动化工程设备、发电、输电、配电等多个领域，业务遍布100多个国家，员工超过十万人。

为了使企业结构更好地适应集团战略发展需要，F公司采用了典型的矩阵式结构设计：

公司把遍布全球的业务分为过程自动化与工程集团、电子设备集团、运输集团、环境装置集团、金融服装集团和发电、输电、配电三个电力集团等八大集团，由全球经理人管理；每个国家或地区内部业务由一百多名经理负责；公司员工受所在国家或地区的经理和具有专业技术的全球经理人双重指挥。为了使命令保持一致，这两条指挥链上的经理之间必须具备良好的协调与配合。

思考：请画出F集团的组织结构图，并分析这种组织结构具有什么优势。

- -

第四节　组织变革

任何组织都有一个确定的目标，并且会为了实现这个目标设计相应的组织结构，做出合理的资源分配等，但在组织追逐目标的过程中，会不断出现新的变化，所以，组织需要不断进行变革以实现其目标。组织变革就是组织根据内外环境的改变，自发地对组织的管理理念、工作方式、组织结构、组织文化等各要素进行调整、完善的过程。

一、组织变革的类型

按照工作对象的不同，组织变革主要有3种类型：人员导向型变革、组织导向型变革与任务和技术导向型变革。

1.人员导向型变革　是指改变组织成员的认知、态度、行为、期望和技能。人是组织变革中最重要的因素，是组织变革的基础，人既可以推动变革，也可以阻碍变革。变革的主要任务是实现组织成员间权力和利益等方面的再分配。要想实现这种再分配，组织需要注重员工的参与度，重视改善人际关系以及提高沟通质量。

2.组织导向型变革　包括改变组织结构、管理层次、管理幅度、目标体系、责权体系等。例如，合并不同部门的职责，撤销某些组织层级，增加某位管理者管辖的员工数量，向员工授予更高的决策权等。

管理者的任务是对组织模式的设计、工作计划的制订、权力的授予等做出一系列的决策。现实中，如果固化组织结构设计，则会使其对环境的适应性降低，所以往往需要管理者根据实际情况做出灵活改变。

3.任务和技术导向型变革　包括对组织工作流程与方法的再设计、修正和组合，引进新工艺、新方法。例如更换机器设备、引进新技术、提高机械化和自动化程度等。

随着科技的不断发展、行业竞争的加剧，管理者要注重充分利用先进信息革命成果进行技术改造，同时还要对不同部门或不同层级进行任务重组，如丰富工作内容、扩大工作范围和轮换工作岗位等。

丰富工作内容是给员工从事更复杂工作的机会，提高其对自身工作的决策和控制权。扩大工作范围是为了消除专业分工造成的工作内容单调的问题，从而提高工作效率。轮换工作岗位是让员工在某一岗位上长时间工作后进行其他类型的工作，目的与扩大工作范围相似。

二、组织变革过程与程序

（一）组织变革过程

为了达到预期目的，使组织变革顺利进行，需对组织变革过程有一个全面系统的认识。组织变革一般包含解冻、变革、再冻结3个过程。

1.解冻　是变革前的心理准备阶段。因为任何一项改变都或多或少会面临来自组织及其成员一定程度的抵抗，因此，解冻阶段就是在组织内部大力宣传变革的必要性与可行性，让每个团体和每个成员都能感受到变革的迫切性，转变态度，从心理上接受变革。这一阶段的核心任务是发现变革动力，营造变革氛围。可以通过积极引导、教育和沟通、利用政治手段等多种方法削减变革阻力，激励员工积极参与到变革中来。

2.变革　该阶段的任务就是按照制定好的变革方案开展具体的变革活动，实现组织既定的变革目标。在变革过程中，组织要能将员工的积极性转化成具体的变革行动，并且不断强化，将组织的变革目标变成全体员工的变革目标。这一阶段的核心任务是设计组织变革的干预措施，领导、管理组织变革，并完成过渡状态的转化。

3.再冻结　是变革后的强化阶段，通过加强和支持手段，使变革成果固定下来，成为组织的新模式和新规范。这一阶段的核心任务是评估变革成果并将其制度化。由于人的价值观念、思维习惯、行为模式等都是在长期社会生活中固化形成的，并非简单的一次变革就能改变的，因此，为了避免变革发生后，个人和组织行为习惯又退回到原有模式中，组织还应采取有效措施强化和巩固新的行为方式和组织形态。

（二）组织变革程序

组织变革程序可以分成以下4个步骤。

1.诊断组织现状，发现变革征兆　第一步就是对组织现有状况进行全面的诊断。通过有针对性的资料收集，对组织的工作流程、决策系统、职能系统和内在关系等进行系统的诊断。组织不仅要从外部环境发现变革因素，更要从内部找出需要变革的原因，并确定需要改革的具体部门和人员。

2.分析变革因素，制定变革方案　完成组织诊断任务后，接着要对变革因素进行具体分析，例如职能设置的合理性，组织的集权与分权程度，员工对改革的态度，业务流程是否顺畅，各层级或部门间关系是否融洽等。在此基础上，应制定多个可行方案以供选择。

3.选择正确方案，实施变革计划　改革方案制定好之后，组织需要选择正确的实施方案，制定详细的变革计划并贯彻落实。在确定实施方案时，组织需要考虑变革的难度和深度、影响程度、变革的速度以及组织员工的接受度和参与度等因素，有计划地逐步开展变革。计划实施过程中，如果出现偏差，则应有备用的计划及时纠偏。

4.评价变革效果，及时进行反馈　组织变革是一个复杂的转换过程，影响因素众多，再完美的计划也可能存在漏洞，不能保证变革取得理想的结果。所以，完成变革之后，管理者应该对变革的结果及时进行总结和评价，反馈变革的效果。对于变革效果不理想的改革措施，要有合理的分析和评价，以及改进意见。

小　结

1.组织都具有以下特征：具有共同的目标，保持一定的权责结构，有一套明确的规章制度和工作流程。组织内存在正式组织和非正式组织两种形式，我们要善于利用非正式组织为正式组织服务。

2.组织设计的基本任务：设计清晰的组织结构，规划不同部门的权限和职能，明确组织中职能职权，包括参谋职权和直线职权的活动范围，以及编制职务说明书。组织设计包含静态的组织结构设计和动态的组织运行制度设计两个方面。组织设计受到战略、环境、技术、组织规模与组织发展阶段的影响。组织设计应遵循目标一致、分工与协作、有效管理幅度、权责对等和柔性经济5个原则。

3.组织结构又称责权结构，可以分为机械式组织和有机式组织两类，在现实环境中，大多数组织类型则介于两者之间。组织结构类型包括职能结构、层次结构、部门结构和职权结构。常见的组织结构形式有直线制、职能制、直线-职能制、事业部制、矩阵制。不同组织形式各有优缺点，组织应根据自身发展需要选择合适的组织结构形式。

4.组织变革就是组织根据内外环境的改变，自发地对组织的管理理念、工作方式、组织结构、组织文化等各要素进行调整、完善的过程。按照工作对象的不同，组织变革主要有3种类型：人员导向型变革、组织导向型变革、任务和技术导向型变革。组织变革一般包含解冻、变革、再冻结3个过程。

📖 **实用管理学小原理** -

阿米巴原理

阿米巴（Amoeba）在拉丁语中指单个原生体，它们的形态不固定，所以又称为变形虫。

阿米巴原理是指，把整个公司分割成许多个小型组织，每个小型组织都作为一个独立的利润中心，按照类似小企业、小商店的方式独立经营。这些小型组织跟阿米巴变形虫一样，根据市场发展形势不断调整经营战略。

阿米巴原理通常遵循3个基本原则：①所有的小型组织拥有共同的志向和目标；②工序要单纯，一道工序就是一个"阿米巴"；③人数尽量少，但要做到最合理的配置，而且规模大小、组合可以随时调整。

阿米巴原理是被称为"经营之神"的稻盛和夫总结出来的。稻盛和夫早年创办日本京瓷株式会社时，一个人既要负责研发，又负责营销。后来公司发展到100多人，他感到自己一个人责任繁多，分身乏术。于是，他把公司细分成若干"阿米巴"型小组织，并委以重任，从而培养出许多具有经营管理意识的领导者。后来，企业更大了，稻盛和夫运用阿米巴原理，提高了管理水平，更好地调动了员工积极性，使京瓷成功克服了大企业的官僚化、人浮于事、效率低下等问题。

目标检测

参考答案

一、选择题

1.为实现共同目标而一起工作的群体称为（　　）。

    A.管理   B.决策

    C.管理人员   D.组织

2.企业组织中，一些有共同情感和共同兴趣爱好的人组成的小团体被称作（　　）。

    A.非正式组织   B.正式组织

    C.协作组织   D.兴趣组织

3.在组织规模一定的情况下，管理幅度与管理层次的关系是（　　）。

    A.反比关系   B.正比关系

    C.层级关系   D.上下级关系

4.以下不属于组织特征的是（　　）。

    A.有共同的目标   B.保持一定的权责结构

    C.有明确的内部规范   D.有确定不变的组织文化

5.以下表述正确的是（　　）。

    A.所有组织都有明确的边界

    B.机械式组织灵活性更高

C.人员和技术的变化都可能导致组织变革

D.组织设计仅受组织内部环境影响，不受外部环境影响

二、简答题

1.组织设计的原则是什么？

2.常见的组织结构有哪些形式？各种形式有什么优缺点？

3.简述组织变革的程序。

第七章 控制

有效的管理者应该始终督促他人，以保证应该采取的行动事实上已经在进行，保证他人应该达到的目标事实上已经达到。

——美国著名管理学教授斯蒂芬·罗宾斯

学习目标

1.掌握控制的本质和重要性。

2.熟悉控制过程的三个步骤。

3.了解控制的过程要点；多种控制的方法及其各自的优缺点和适用范围。

案例导读

摇滚乐队与巧克力豆

范·海伦乐队（Van Halen band）在20世纪80年代初是一支著名摇滚乐团，经常要到各地举行巡回演出。乐队每次与当地主办方签订巡演合同时，都会在合同里加上这样一条要求：后台化妆间必须摆放一碗纯棕色的M&M巧克力豆，如果没有做到，演唱就会取消，而且主办方要全额赔偿乐队。乍听起来，这就是在耍大牌。实际上，M&M每一包都是随机分装各种颜色的巧克力豆进去，根本没有"纯棕色"版本的巧克力豆出售。当然也可以找M&M公司定制，但是一碗巧克力豆的成本就会变得极高。那就剩下一种方法，就是主办方要专门找人把棕色的巧克力豆挑出来。这条"无理要求"一经报道就引发了广泛争议。

为什么乐队要坚持这样一项条款呢？据当时设置此条款的乐队主唱大卫·李·罗斯称：乐队并非对棕色巧克力豆有偏见，这只是乐队对巡回演出质量控制所设置的一个"检查点"。

范·海伦乐队的舞台风格非常华丽，演唱会要求有大型舞台、震撼的音效、炫目的灯光。为达到这些效果，需要布置大量的设备和仪器，主办方要提供足够的空间、相应的承重能力和供电能力才行。为了避免出现舞台事故，乐队会在合同里对每个布置细节详细说明，并且对所有设备逐一反复调试。这么多细节要求写出来，合同厚度堪比一本书。但是乐队不可能按合同去逐条检查。要如何确定主办方当真有按合同条款要求去安排呢？答案就在这碗棕色 M&M 巧克力豆里。罗斯认为，如果主办方连准备 M&M 巧克力豆这样的小事都做不到，他们的准备工作一定会有很多漏洞和问题。为了排除隐患，确保演出顺利，乐队就需要花大力逐项仔细核查。对于乐队来说，这个工作量实在太大了。

思考：学习本章的内容，谈谈这个案例体现了什么控制方法。

第一节　控制概述

控制是为了保证组织计划与实际作业动态适应的管理职能，是管理过程不可分割的一部分，是各级管理人员的一项重要工作内容。

一、控制的含义

为了有效实现组织目标，管理者们会制订相应的计划、跟进事件发生的进度。但计划并不等于现实发展，事情发展并不一定就按照预先设想的方向前进，行动也并不一定都按计划执行。俗话说："计划赶不上变化。"目标能否得以实现，控制很重要。

在管理学中，控制（controlling）是指管理者为了达到一定的组织目标，运用一定的控制机制和控制手段，对管理对象进行监督、比较和纠正的过程。

根据以上定义，控制活动必须具备3个条件。

1.要有明确的目标　控制的评价标准就是计划。

2.管理人员要清楚员工的业绩表现　控制职能需要信息沟通网络作为支撑，以便控制者能不断收集信息，快速判断员工的实际工作进展。

3.控制对象具有多种行动可能性　如果行动方向和结果是唯一、确定的，就无须控制。

二、控制的作用与意义

📖 **案例拓展** ------------------------------------

案例1　达美乐视频直播事件

2009年，全球最大的披萨公司——美国达美乐的两个员工在上班时间开启视频直播。他们在视频中把披萨饼皮当手帕甩飞出去，还用这些弄脏的饼皮制作餐品出售。视频一经播出，迅速引发了关注和热议。大家纷纷质疑达美乐公司的食品质量安全和员工管理。事件继续发酵，影响从网络蔓延到现实，达美乐披萨的人气严重受挫，公司股价跌至历史新低。

案例2 8折优惠变成2折促销

某水果直销网店举办了一场网上大型促销活动。但是后台在设置折扣信息时，把原定20%的折扣设置成了80%，原本8折优惠的商品变成了2折。促销当日0点开售后，店铺订单量直线上升，被迅速抢下20万单，导致店铺瞬间亏损了几百万。而且店铺因存在低价倾销嫌疑受到网络销售平台的处罚，被罚没了保证金，损失惨重，最终导致店铺关闭。

案例3 地名印刷错误的代价

湖北省某食品集团出品的"洪湖野莲汁"在外包装盒上把产地标注成了"江西省抚顺市"，其实大家都知道，抚顺市在辽宁省。这个错误被消费者发现和曝光后，尽管公司反复声明由于工作人员对印刷样品审核把关疏漏造成了包装盒印刷错误，产品本身质量不存在任何问题，但仍然接到大量消费者投诉和退换货要求，最终只得下架并召回了涉事产品，该事件对公司声誉也造成了很大的影响。

思考：以上公司为什么会出现纰漏导致声誉或财产受损呢？

美国管理学家亨利·西斯克（H.L.Sisk）指出："如果计划从来不需要修改，而且是在一个全能的领导人的指导之下，由一个完全均衡的组织来完美无缺地执行，那就没有控制的必要了。"然而，这只是一种理想的状态，根本不可能成为企业管理的现实。

无论计划制订得如何周密，由于各种各样的主观、客观原因，人们在执行计划中总是会出现与计划不一致的现象。如果不加控制，原先的计划就会逐渐偏离正轨，整个组织的行动就会像脱缰的野马一样失去控制，谁也不知道最终会产生什么样的结果。

为了实现组织的既定目标，在管理的过程中，控制职能就要对组织内部的管理活动及工作成效进行衡量和纠正，以确保按时按量完成工作计划。控制与管理的计划、组织和领导等职能是紧密联系的，只有有效发挥控制职能，组织成员的行为才会得到合理引导，计划才有可能得到有效实施，组织才可以良性运行。没有控制，再好的计划和决策也是要落空的。

第二节 控制的类型

按照不同的分类标准，控制可以分为很多种类型。按进程来分，可以分为事前控制、事中控制和事后控制；按职能来区分，可以分为战略控制、财务控制、文化控制和营销控制。

一、按控制进程分类

按照控制的进程不同，管理者分别可以在工作开始前、工作正在进行中以及工作完成后实施控制，分别称为事前控制、事中控制和事后控制。

（一）事前控制——预防可能出现的问题

事前控制（feed-forward control），又称前馈控制或预先控制，是指组织在工作活动正式开始前进行管理控制活动。就是对工作的筹备情况和过程中可能产生的偏差进行预估计，制定并采取相应的防范措施，将可能的偏差消除于产生之前。

这是一种最理想的控制。其面向的是未来，强调防患于未然。例如，为全球大型跨国连锁餐厅麦当劳（McDonald's）供应薯条的辛普劳食品公司，在中国各地设厂培育高品质的土豆品种，就为了可以在中国国内种植出符合麦当劳标准的土豆品种，保证麦当劳一进入中国市场，就能为其提供标准的薯条制品，确保不管是在美国纽约，还是中国北京，薯条都能保持一样的品质。

类似的例子还有很多。比如，机场对飞机起降必经的沥青道面会进行预防性保养。也就是说，不管跑道的沥青道面是否已经出现损坏痕迹，都会定期通过现代化检测技术对其进行强制养护，及时消除沥青道面带来的潜在危险。尽管沥青道面进行预防性保养的价格昂贵，且大多时候的检查都不会出现太大问题。但是这种做法能够延缓道面的使用寿命，维持道面体系良好，极大可能地避免由跑道沥青道面产生的飞机意外事故，确保飞行安全。这些都属于前馈控制。

事前控制的优点表现在控制管理工作的前置。也就是在工作开始之前，已经进行相应的管理行动，以预防为主要手段，避免差错已铸成的事后无能为力，或是需要花费高额成本去弥补的弊端。另外，事前控制是在工作开始之前进行检查，对照计划和要求进行控制，主要的对象是工作条件的质和量，并不针对具体人员，不易造成面对面的冲突，员工的接受程度高，有利于控制工作的开展。

但是，事前控制需要的信息量大，而且要及时和准确。管理人员需充分了解相关控制因素和理解计划工作所带来的的影响，还要注意避免各种不相关和意外因素的干扰。从现实看，要做到这样的信息收集和分析并不容易。因此，组织还需要运用其他方式进行控制。

（二）事中控制——问题发生时予以纠正

事中控制（concurrent control），也称为同步控制或现场控制。顾名思义，就是在某项工作进行的过程中所实施的控制。通过管理者和员工面对面的现实对碰，管理者可以迅速及时处理意外发生的状况，纠正工作中发生的偏差，实现监督和指导两项职能。事中控制通常在工作现场进行，管理者亲临现场，按照组织预先设定的标准检查正在进行的工作，若发现问题，予以及时处理，以避免更大差错的出现，保证组织目标的实现。有经验的管理者也会根据自己以往的经验，针对工作中出现的问题，指导工作人员及时改进。

但是，事中控制也存在有弊端。

（1）事中控制应用范围较窄，并不是所有工作的计量和成果衡量都能进行现场控制。比如，科研实验工作或是药物临床试验工作等创新性工作在早期实验过程中的失败概率会比成功概率大得多。对于这类工作而言，充分试错比追求成功或纠错更重要，事中控制应用较难。

（2）事中控制很大程度上会受到管理者自身的时间、精力和业务水平的制约，其个人工作作风和领导方式也会对控制效果产生很大影响。有很多管理者想尽可能把控工作的每一个进度以保证完成预定目标。其中一个例子就是美国市值最高的芯片厂商英伟达（NVIDIA）公司的创始人兼首席执行官黄仁勋。他在公司没有固定的办公室，经常在公司办公大楼里游走，在各个楼层的会议室办公，就是为了便于监控各个项目的进度。但这种做法只是少数，大多数的管理者都不可能每时每刻对工作进行现场控制，他们更倾向于选择关键项目或是重要项目的关键点使用这种控制方式。

（3）事中控制的过程中存在大量面对面交流和即时反馈，有问题要立即提出、迅速想办法解决。这个过程容易在控制者与被控制者之间形成对立情绪，挫伤被控制者的工作积极性。

随着5G时代的来临，得益于通讯工具和网络技术的迅速发展，实时信息的传播和共享正在逐渐打破空间和时间的限制，事中控制的应用也在不断增加和深化。

（三）事后控制——问题发生后予以纠正

事后控制（feedback control），又称为反馈控制，是指在问题出现或项目完成后进行的控制。在财务领域，这是一种最佳控制类型，也是很多公司最常用的控制类型。

一般来讲，事后控制机制依赖于反馈，重点分析、研究对象一般集中在工作或行为结果上。这样可以有效帮助企业降低生产成本，提高市场竞争力。管理者通过对项目既定成效进行测量，然后与初期设置的目标或预期完成的效果进行比较和分析，可以检查成效，发现差错。通过总结经验、讨论对策和采取相应弥补措施，可以促成改进，降低管理风险，防止类似问题再度发生。

例如，对于安全生产事故，政府部门除了严格按照规章制度依法查处，后续也会定期进行案例警示教育，督促企业改善安全生产条件，建立、完善应急救援体系，落实演练制度，尽量杜绝类似事故的发生。

公司还可以采取评优评先的制度，对优秀员工进行表彰奖励，对落后员工进行鞭策，有效增强对公司员工的激励，优化人员结构。

但是，事后控制主要是以计划实施后的数据为主要依据，当偏差数据收集完成时，往往问题已经出现，损失已经产生，无法改变已存在的既往事实，只能亡羊补牢。如果问题特别严重，甚至可能影响公司的存续状况。

📖 **案例拓展** --

扁鹊三兄弟

扁鹊是春秋战国时期的名医，被尊为我国古代医学的祖师。扁鹊还有两个哥哥，大哥名飞石，二哥叫仲秋。

有一次，魏文王问扁鹊："据我所知，你们兄弟三人都懂医术。你们之中谁的医术最好呢？"扁鹊回答说："大哥最好，二哥次之，我最差。"

文王再问："可是为什么你最有名呢？"

扁鹊回答："我大哥经常在病情发作之前就给人进行治疗。由于当时病情并没有显现，就算治好了，病人也不知道他已经提前帮人家铲除了病因，所以人们并不觉得他有什么了不起。因此大哥的名气不大，只有我们家里人才知道。二哥治病，经常在病情刚刚发作之时。由于病症不明显，一般病人以为那只是轻微的小毛病，也没觉得他特别厉害，所以他只在我们村有点名气。而我，则是在人家病情很严重的时候去给治疗。一般人看到我又是敷药，又是在病人经脉上施针放血，把病人抢救过来，就以为我的医术非常高明，因此我的名气也就传开了。"

扁鹊的大哥治病属于"事前控制"，能够帮人们防患于未然。在现代企业中，这种具有敏锐洞察力和战略眼光的人一般会被聘为战略规划、项目投资专家。

扁鹊的二哥治病属于"事中控制"，可以在疾病初发时及时阻止病情恶化，帮助病人免受重大疾病的折磨。在现代企业中，这种管理者能够及时清除企业发展中遇到的问题，既节约了成本，又使企业免于巨大的经济损失和错失商业机会。

扁鹊治病属于"事后控制"，能够扶大厦于将倾，挽狂澜于既倒。在现代企业中，这是一种临危受命型的关键人物，通常被称为咨询专家。当企业发生重大危机、陷入破产边缘、濒临退市时，高明的咨询专家往往能够将企业重新盘活，从奄奄一息或者休克的状态中抢救过来，实现浴火重生。

一般来说，事后控制不如事中控制，事中控制不如事前控制。但是大多数管理者都不具备见微知著的能力，经常是等到出现重大问题时才急于补救。并不是所有的咨询专家都能像扁鹊一样具有高超的"医术"，也不是所有的危机都能得到安全化解。等到问题发展到不可收拾的地步才亡羊补牢，通常为时已晚。

思考：如何综合利用以上三种控制方法提高控制效果？

二、按职能分类

（一）战略控制

战略控制是指将预定的战略目标与实际执行效果对比，通过检测偏差程度、评价是否符合预期目标要求，发现问题并及时采取措施以实现企业战略目标的动态调节过程。

战略控制是企业经营管理的重要环节，能保证企业战略有效实施。对企业经营战略实施情况的控制能力与效率高低是战略决策的一个重要制约因素，它决定了企业战略行为能力的大小。企业战略控制能力越强，控制效率越高，管理者的战略决策就可以越大胆。如果战略控制能力不高、掌控度低，为求稳妥，管理者的战略决策一般比较保守。

通过实施战略控制，可以为战略决策提供重要的反馈信息和评价，有利于提高战略决策的适应性和水平。

（二）财务控制

企业经营的根本目标是盈利。企业要生存和发展，在投入和产出之间必须实现平衡，而财务控制有助于实现这种平衡。为了实现业务利益最大化，管理者需要从财务着手进行控制管理，对企业的资金投入、收益过程和结果进行比较，优化资源配置效率。

管理者一般通过查看财务报表和财务分析报告，辅以一系列的指标数据计算，来衡量企业运营状况。传统的财务控制指标是一系列的比率分析。管理者可以利用各种比率发现公司财务报表中隐含的深层次问题。一般来说，管理者会采取以下4类比率进行衡量分析。

1. 流动比率（current ratio） 是流动资产对流动负债的比率，用来衡量企业流动资产在短期债务到期以前，可以变为现金用于偿还负债的能力。其中的"流动"是以"一年或者超过一年的一个营业周期"为时间进行衡量，对于企业的经营而言，可以理解为"短期"。流动比率越高，说明企业资产的变现能力越强，短期偿债能力也就越强；反之则弱。大多数企业一般把流动比率控制在2∶1以上，也就是流动资产的总额是流动负债总额的两倍。这样，即使有50%的流动资产短期内不能变现，也能保证有充足的资金全部偿还流动负债。但是，流动比率并不是统一、固定的，不同的行业因经营情况的差异而不同。比如，酿酒行业因产品生产和销售都用时较长，资产变现能力相对弱，流动比率一般会高于2∶1。零售行业具有货运流转较快、资产变现能力较强的特点，流动比率则会低于2∶1。

2. 杠杆比率（leverage Ratio） 即企业长期偿还财务能力的比率，代表的是企业的资本结构。主要通过比较资产、负债和所有者权益的关系，反映公司履行债务的能力。这里所说的"长期"是相较于流动比率当中的"短期"而言，指"超过一年的一个营业周期"。比较典型的代表是资产负债率，也就是负债和资产的比率，直接反映在总资产中通过借债来筹资的比例有多大。对债权人来说，他们最关心的是贷给企业的款项的安全程度。他们会希望债务比例越低越好，这样企业的债务偿还才会有保证。如果企业举债过高，则意味着企业的风险将主要由债权人负担。对债权人和企业经营者来说压力和风险都增加。经营者在决策的时候容易畏首畏尾、担心出错。但是，如果举债过低，单靠公司的原始资金或盈利周转，很难承担大型项目，公司发展会比较缓慢。国际上通常认为，资产负债率不高于60%比较恰当。

3. 活动性比率（activity ratio） 用以衡量公司运用资产的效率程度。以存货周转率为例，这项数据可以体现公司某一时间段内库存货物周转的次数，也就是生产出来的产品一般会在仓库里待多久才能售出。周转率大，表明产品不会在仓库囤积很久，表明销售情况好。因此，在物料保质期及资金允许的条件下，可以适当增加生产量以赚取更多的利益。反之，则要适当减产或是打折出售产品以减少库存，避免产品在仓库囤积过久，影响资金周转和产品质量。

4. 利润比率（profitability ratio） 主要指衡量企业盈利能力的一系列利润指标。比如销售利润率，是指企业利润与销售额之间的比率。它以销售收入为基础，分析企业获利能力，即每元销售收入所获得的利润。销售利润率越高，表明销售的获利水平也越高。如果比率过低，则表明企业未能创造出足够多的营业收入或者没有成功地控制成本导致利润太低。

（三）文化控制

文化是人类在长期的社会实践过程中所创造、形成和获得的物质、精神财富，是一种社会历史的积淀。它体现在风土人情、生活方式、文学艺术、行为规范、风俗习俗、思维方式、价值观念等。

文化控制是通过共享价值观、对未来的共同愿景、工作中共同的行为标准等与企业文化相关的因素对组织中的个人和群体施以控制。通过文化控制，公司给每位员工在无形中传递了某种价值标准：什么是公司赞许和提倡的，什么是公司反对和打击的。由此实现员工从被动管理到自我管理的演进。文化控制的关键措施是加强企业文化建设。企业文化的约束是软性的，可以通过系统化机制向员工不断渗透和内化，不容易引起员工的反感和抵触，具有高度的控制力和持久力。优秀的企业会在发展过程中沉淀和积累许多优秀的精神和传统，这些无形的精神财富会影响一代又一代的企业员工，引导他们为企业的共同愿景不断奋斗。

📖 **案例拓展** -

W公司的"狼性"文化

W公司创立于1987年，有20万左右员工，业务遍及170多个国家和地区，服务全球30

多亿人口，是世界领先的信息与通信基础设施和智能终端供应商。W公司的企业文化非常崇尚"狼"，认为企业和员工应该具备"狼性"。

W公司主要创始人曾这样解释W公司的"狼性文化"：发展中的企业应该像一只饥饿的野狼，要吸收狼的三个特点：一是嗅觉非常敏锐。公司应该对市场、客户需求和新技术具有高度敏感性，能迅速察觉客户的需求，预知行业和科技的未来发展方向。二是不屈不挠的进攻精神。作为员工，在工作过程中难免遇到挫折、误会甚至失败的打击，但这些并不是退缩的理由。遇到困难，不要轻易要求调岗或者改变目标，应该迎难而上，拼出一条成功之路。三是要有团队意识。每个人都要主动融入团队、融入公司，从大局着想，全公司上下为同一个愿景努力拼搏。

通过深植W公司企业文化，W公司的企业理念和价值体系深入每位员工的头脑，融入个人的行事作风，成为全体华为人共同遵守和奉行的基本信条和行为准则。

思考： 你认为W公司"狼性文化"对华为的发展发挥了什么作用？

（四）营销控制

营销控制是根据企业预先制订的一定时期内的营销计划，检查、衡量计划执行情况，并根据偏差调整营销活动、营销计划，以确保营销目标的完成。

营销控制不仅是对企业营销过程的结果进行控制，还必须对企业营销过程本身进行控制，这是对结果控制的重要保证。因此，管理者必须依靠控制系统对计划目标的执行情况进行监控，及时发现并纠正偏差，以避免给企业造成不可挽回的损失。

营销控制主要包括年度计划控制、盈利控制、效率控制和战略控制。

1.年度计划控制　是指在本年度内采取相关控制措施进行调整和纠正，检查市场营销活动的结果是否达到了年度计划中所制定的销售、利润以及其他目标。常用的方法有销售分析、市场份额分析、营销费用–销售额分析、财务分析和顾客满意度追踪等5种。

2.盈利控制　是指从产品、地区、顾客群、分销渠道和订单规模等方面，分析企业运用各种营销渠道的实际获利能力，从而帮助管理者决定哪些产品或者营销活动应该扩大、收缩或取消。

3.效率控制　是指分析企业特定产品、销售市场盈利不高的原因，是否存在更有效的方法提高广告、人员推销、促销和分销等工作的效率。

4.战略控制　是指更高层次的市场营销控制，企业应该定期对进入市场的总体方式进行重新分析，评价企业的战略、计划是否与市场营销环境相适应，是否有效地抓住了市场机会。

第三节 控制的原理

控制的目的是保证企业活动符合计划的要求，以有效实现预定目标。因此，控制要遵照如下原则。

1.反映计划要求原则 控制是依据预先制订的计划进行的，控制的任务就是保证计划能发挥预期作用。因此控制系统应明确、全面、完整地反映计划。

每一项计划中对不同类型的工作都有不同要求。因此，在设计控制系统、运用控制技术之前，必须依据计划。控制和计划既有联系，又有区别。首先，计划是进行控制的依据和标准；其次，控制又是实现计划的保证。例如，预算是计划的一种，是数字化的计划，它可以使企业对预期的资金流动、开支和收入等进行数据上的预估和整理；同时，预算也是一种控制方法，管理者可以根据预算来确定控制的标准，并以此检查计划的执行情况。

2.组织适宜性原则 是指控制工作需要反映组织机构中的岗位职责。组织机构越是明确、全面和完整，越有利于纠正偏离计划的误差。

控制工作主要是对计划的实施活动进行衡量和评价，若其中出现偏差，需及时进行纠偏以确保计划的实现。而计划通常是由人来执行的，执行者除了要及时发现工作中发生的偏离计划的情况，还需要知道发生偏差和采取纠正措施的责任人有哪些，这样才能有效提升控制的效率。组织机构作为明确组织成员权责的主要工具，负责提供计划的实施以及计划执行中的纠正偏差的主要责任人员名单。因此，在拟订控制系统和方法的时候必须要考虑组织结构。

3.控制关键点原则 是指为了让控制工作更加有效，管理者应当尽可能选择计划的关键点作为控制标准，处理好主要矛盾和次要矛盾的关系。

控制工作的对象是整个组织的活动，而且在控制过程中，组织所面临的内外环境是不断发展且复杂多变的，影响组织绩效的因素也是多种多样的。由于管理者的精力有限，要达到对组织所有活动进行全面而具体的控制是不现实的。有效的控制方法是能够以最低的费用或代价来探查和阐明组织活动中出现的偏差及其原因，而不是随时注意组织活动中的所有细节。因此，控制工作应该选择那些影响计划成败的关键点作为控制点，突出控制工作的重点对象，以此来监控和纠正重要偏差。

4.例外情况原则 是指管理者应当注意一些重要的例外偏差，也就是超出一般情况的极好或极坏的极端情况，从而实现高效控制。仅仅立足于寻找例外情况是不够的，管理者还需要寻找关键问题上的例外情况。某些方面微小的偏离可能比其他方面较大的偏离情况影响更大。例如，办公室的人工费用比预算高出5%的情况可能会引起管理者的高度关注，但比预算高出20%的邮资费用在管理者看来却无足轻重。

因此，在实际工作中，例外情况原则必须与控制关键点原则相结合。控制关键点原则强调控制必须去注意重要的观察点，而例外情况原则却强调观察在观察点上所发生的偏差的大小。

5.控制趋势原理 控制全局的主管人员应着重注意现状所预示的趋势，而不是现状本身。

管理控制中需要根据收到的信息反馈和测量数据分析出存在哪些偏差，往往在时间上存在滞后性。对于管理者来说，关注、控制变化的趋势比仅仅改善现状更重要。

趋势是多种复杂因素综合作用的结果，是在一段较长的时期内逐渐形成的，会对管理成效起到长期的影响作用。趋势往往容易被现象所掩盖，它不易被觉察，也不易控制和扭转。当趋势可以被明显地描绘成一条曲线，或是某种数学模型时，其实为时已晚，这时再想要进行控制，就会变得非常艰难，还可能需要花费非常大的成本和力气。控制工作的关键就在于从现状中揭示倾向，特别是在趋势初显苗头时就进行控制，从小问题开始着手解决，更容易及时止损，让工作回到正规。

第四节　控制过程与控制方法

一、控制过程

一般来说，控制的过程主要包括3个基本环节：确立标准、衡量成效、纠正偏差。

（一）确立标准

管理中会出现许多主观因素。但是，对于员工工作的评价、项目进展的衡量、产品质量的判断、公司发展的预估等不能仅凭管理者的主观认知来决定。若仅凭主观进行管理控制，准确性可能会受到个人主观判断的影响而降低。客观标准是不依赖于主观而独立存在的，其性质和规律不随主观意志而改变，相比主观感觉可以更有效地进行控制工作。

标准是一种用来检查和衡量工作的可重复使用的参考规范，也可以说是衡量事物的一个准则。在控制过程的3个基本环节中，标准处于最基础的地位。没有标准，就没办法判断事情是否正在按计划进行，没办法量度是否出现了偏差。衡量成效、纠正偏差都需要把标准作为客观依据。客观标准应该是可以定量的，例如员工的薪资待遇、岗位的学历要求，或产品交货的日期等。客观的标准也可以是定性的，例如举办新员工入职培训，旨在减少新员工适应岗位的时间，使新员工融入企业文化，增强新员工对公司的信赖感，降低员工流失率。不管是定性还是定量的标准，都是可以用来测量衡定和考核的。

一般来说，企业建立标准的方法主要分为3种：①利用资料统计建立标准；②根据管理者的经验和判断建立预估标准；③在客观的数据分析的基础上确定标准。常见的确定标准的方法有以下几种。

1.统计分析法 可以由公司根据自身历史资料，如过去拟定的标准和计量规范、其他同行的资料来确定。此方法对历史数据的完整性和准确性要求较高，需要以企业实际为基础，通过综合分析行业平均水平、深入研究竞争对手的情况，来有效提高资料的科学性和准确性。需要注意的是，行业披露的资料往往存在一定的片面性，本公司历史资料反映的是过去的情况，两者都存在一定程度上的时间滞后性，完全依据这些资料制定的标准可能会低于同行业的先进水平。

2.经验分析法 根据管理者及工作人员的工作经验和主观判断来确定标准。这种方法的优点是简单便捷，但过分依赖个人经验、判断和评估，受主观因素影响较大，缺乏客观数据资料和技术支撑，准确性较差。

3.工程数据法 参照准确的技术参数和实际测量的数据对工作状况进行客观的定量分析。此方法的工作量比较大，也比较复杂，但是能极大限度地减少主观因素的影响，科学性和准确性较高。

（二）衡量成效

控制标准制定后，就要采集实际工作的数据，把实际工作成效和预定标准进行比较、检查和衡量，根据相关数据对实际工作成效做出评估。如果没有精确的数据评估，就很难了解和掌握真实的工作情况，也不可能实现有效的控制。为了及时、高效、准确地反映偏差的信息，管理者应该对检验标准、衡量频度、结果反馈等方面做出合理安排。

1.控制标准 是为了衡量实际成效而预先制定的。随着时间推移，客观环境和人们的认识水平、理解水平不断提高，预先制定的标准不一定能继续适用。在实际检验过程中，控制人员需要取得控制对象的相关信息，把实际工作情况和预设的标准进行比较，并根据数据对实际工作成效做出评估，适时地修正偏差。这个过程也是对标准的客观性和有效性进行的检验。

2.衡量频度 就是指衡量工作成效的次数或频率，也就是确定间隔多长时间对成果进行一次衡量。衡量频度可以是每小时一次、每天一次、每周一次，也可以月、季度或者年度为单位。衡量频度可以是按照固定频率定期进行衡量，也可以是不定期的突击检查。具体采用的频度和方式可以根据工作项目和衡量要求等因素来确定。

按照有效控制的要求，衡量频度要适中。如果频繁对控制对象或要素进行衡量，衡量工作可能就会失去其意义，还会给公司增加额外的控制费用，而且会使项目有关人员疲于应付检查，难以专心投入工作，并引起员工产生反感和不被信任的感觉，影响员工的士气。如果衡量和检查的次数过少，则有可能造成项目人员组织松散，缺乏监管力度，不能及时发现和纠正工作中出现的重大偏差，会使问题积少成多，影响组织目标和计划的完成。类似的例子就是学校的考试。学校一般会通过考试来检验学生对知识的掌握程度，但是不能每一节课都考或者每天一考，这样会给学生造成很大的心理压力，反而影响学生的学习。所以，学校一般会以期中和期末进行阶段划分，以阶段考试考查学生的学习成效，敦促学生学习，也为老师提供客观的教学反馈，有助于师生双方共同改进。

3.结果反馈 是工作方案实施后应进行的控制程序。负责检查的工作人员通过数据分析发现实际工作与预期成效之间存在偏差时，应当及时告知管理者，便于其迅速采取有效的纠正措施。结果反馈为纠正偏差提供依据，有利于进一步完善工作方案。

在大多数企业，负责控制的管理人员和负责衡量工作成效的人员并不是同一批人。有的企业会设立相应的制度，安排专人或专门机构从事原始信息收集工作。有的企业为了慎重起见还会聘任第三方专职检测人员进行此项工作。因此，建立畅通、有效的信息反馈网络，管理和完善信息系统，有助于管理者和检查者之间进行有机协调，提高信息质量。

反映实际工作情况的信息可以适时、连贯地传递给相应的管理者。管理者在得知相关信息后可以与预定标准进行比较，及时发现问题并相应调整计划，以提高企业决策效率。这个信息反馈网络还可以扩充应用到与控制对象有关的部门和个人身上。使他们可以利用反馈的信息进行分析判断，及时了解自身的工作状况是否符合公司制定的标准，以及出现了哪些偏差，促使他们及时改进。

（三）纠正偏差

在实际操作过程中，公司可以借助一定的科学技术、方法手段等，依据客观标准对工作成效进行衡量，以发现计划执行中出现的偏差。为了目标最终实现，就需要分析偏差产生的原因，制定并实施必要的纠正措施，让工作回到"正轨"。

需要注意的是，并不是所有的偏差都需要纠正。有些偏差的出现可能是由于计划或标准在制定之时存在的错估，或者是实际执行工作中出现了严重问题。也有些偏差则可能是由于一些偶发的、暂时性、区域空间限制等意外因素造成的，并不一定会对活动的最终结果产生重大影响。甚至某些偏差是在可接受范围内，并不影响最终目标的达成，可以忽略。

在纠正偏差的过程中需要注意以下方面。

1.确定允许偏差的范围 受技术和工具仪器发展水平的限制，在真正的生产、衡量测度的过程中，存在无法精准到极限值的情况。那么，在规定的标准化情况下，允许出现的误差就称为允许偏差范围。而根据与标准的偏差程度，偏差范围可以有正负之分。通常，在允许范围内的偏差比较微小，不会影响达成计划的进度和目标的实现。

📖 **案例拓展** -

　　王女士在某网购平台买了一箱纯牛奶，每瓶纯牛奶的包装盒上都有"净含量250ml"的标注。王女士在收到货后随机拿了三瓶分别倒入容器中进行测量，发现三瓶牛奶的净含量分别是245ml、247ml和246.6ml。王女士认为该品牌的纯牛奶短斤少两、欺骗消费者，并将此事投诉到当地市场监管部门，要求平台全额退款。

　　平台却认为该品牌纯牛奶的净含量是合格的，并没有违反国家有关规定，拒绝了王女士的要求。平台提出，根据国家质量监督检验检疫总局在《定量包装商品计量监督管理办法》中的规定："允许短缺量是指单件定量包装商品的标注净含量与其实际含量之差的最大允许量值（或者数量）。"根据规定，标注净含量为200~300ml的产品允许存在9ml上下的差异。王女士取样的三瓶纯牛奶的短缺量在允许的偏差范围内，均未超出国家规定的标准。因此品牌并未构成王女士声称的"短斤少两、欺骗消费者"的违规行为。

　　思考：你认为国家质量监督检验检疫总局关于短缺量的规定合理吗？

- -

　　2.找出偏差产生的原因　偏差的产生可能是由不同的原因造成的。比如：大部分员工都没能完成关键绩效指标（KPI）的考核，可能不是由于员工在偷懒，而是考核指标水平定得太高；企业产品销售量下降，可能是由于产品质量的口碑差，也有可能是定价不合理，甚至有可能是市场需求已达到饱和状态；企业年终利润减少，可能是因为日常运作的成本增加，也可能是企业扩大规模后员工人数上升导致人力资源成本增加，也有可能是产品销售额下降等。对于这些情况，企业首先要改变的是工作衡量标准。

　　负责控制的管理者应该认识到，当外界环境发生变化后，如果不能对预先制订的计划和行动准则进行及时调整，即使企业内部活动组织得非常完善，企业也不可能实现预定目标。例如，如果消费者的需求偏好转移，无论企业生产的产品质量有多高，功能有多完善，生产成本、价格有多低廉，仍然可能面临找不到销路的情况，产品和运营都不会给企业带来期望利润。

　　3.实施恰当的纠正手段　针对偏差产生的各种原因，为了能达成既定目标，公司需要制订改进方案，确定恰当的纠正手段。

　　"根基不牢，地动山摇。"如果一开始设定的标准并不科学——过低或者过高，那么偏差必然会出现。在这种情形下，需要纠正的就是标准。例如，某新能源汽车公司预设的新车月销售量为10000台，上市初期库存有30000台。产品推出后受到了市场和消费者的追捧，借着油价飞涨、环保理念的推广以及国家对新能源汽车的补贴，新车在上市开售半个月后就售罄。可见公司对市场的预期还不够充分，原来设置的目标太低，标准需要提高。

当公司意识到标准设置有误时，就需要结合实际情况，尽快对标准进行根本性调整。

如果经过一系列的数据收集和分析，最终发现事先设定计划和标准没有问题，偏差的出现是因工作施行方法造成的，管理者就应该及时采取措施来纠正行动。

纠正偏差可能涉及公司管理的各个方面，如经营策略、公司内部组织结构、领导方式、员工培训和成长机制、项目人员调配等。例如，如果偏差是因为员工个人能力不足或工作积极性不高造成的，公司就需要加强对员工的教育培训，使他们具备与岗位匹配的技术和能力；或者对有关人员进行岗位调整；也可以通过改进管理者的领导方式、提高领导艺术来进行纠正。

不管是哪种纠偏方案，都需要充分考虑前期过程中已消耗的资源、行动造成的损失、追加投入和解决偏差效果的性价比，以及客观环境的未来发展趋向。要对各种可行方案进行比较，从中选出最优方案。

执行纠正手段的时候，还要注意消除人们对相关纠正措施的疑虑。任何纠正偏差的措施都会在不同程度上涉及组织的结构、关系和活动的调整，可能会引起某些组织成员的利益变化。不同的组织成员会因此对措施持有不同的态度，特别是纠偏措施涉及对原先决策和活动进行重大调整时，非常容易引起原有成员的抵触情绪。反对原先决策、谋求新措施的人会夸大原来决策的失误，模糊其中的合理成分，争取把原有的政策全部推倒重来。原先决策的制订者和支持者会对纠偏措施持怀疑和反对的态度，因此会公开或在暗地里反对纠正偏差措施的实施。执行原先决策、从事具体活动的基层工作人员则会对自己参与的活动结果怀有感情，想要保护自己的劳动成果；也会担心决策调整会使自己失去原有工作机会，影响自己的既得利益，因而会极力抵制任何重要的纠偏措施。因此，控制人员要充分考虑到组织成员对纠偏措施的不同态度，注意消除执行者的疑虑，争取更多人的理解、赞同和支持，以避免在纠偏方案实施过程中出现过多的人为障碍。

📖 **知识链接** --

目标管理与预算管理

目标管理和预算管理是现在比较热门的两种管理方法。它们本质上其实都是一种控制方法或手段。

目标管理是在泰勒的科学管理和行为科学理论基础上形成的一套管理制度。1954年，德鲁克在《管理的实践》一书中首先提出了"目标管理和自我控制"的主张。他认为"企业的目的和任务，必须转化为目标"，企业的各级主管必须通过这些目标对下级进行领导，以此实现企业的总目标。

目标管理的基本方法是企业最高领导层根据组织面临的形势和社会需要，制定一定时期内经营活动所需达到的总目标,然后层层落实,要求下属各部门从主管至每名员工根据总目标,分别制定部门或个人目标及保证措施,从而形成一个目标体系,并把目标完成情况作为部门或个人考核的依据。

预算是用数字编制未来某一个时期的计划。一个预算就是一种定量计划,用来帮助企业协调和控制一定时期内资源的获得、配置和使用。预算管理是企业为确保预算资金规范运行而进行的一系列组织、调节、控制、监督活动的总称。

预算管理的作用是企业在战略目标指导下,对未来经营活动和相应财务结果进行预测和筹划,并通过对执行过程的监控,将实际完成情况与预算目标不断对照和分析,从而及时改善和调整经营活动,以实现企业战略目标。预算管理作为一种非常重要的管理方式与管理机制,是现代企业制度的重要组成部分。

二、控制方法

控制的方法一般可分为预算控制和非预算控制。

📖 **案例拓展** -

一条水渠折射的管理智慧

春秋时期,楚国的令尹孙叔敖在苟陂县一带主持修建了一条水渠。水渠建成后,灌溉了沿岸万顷农田,使苟陂县一带成为楚国粮食生产的重要产区。孙叔敖因此广受百姓称赞。

可是后来,有农民看到水渠旱季水位下降后堤岸边出现了空地,就把庄稼种到堤岸边上,甚至堤坝内。等到雨季来临,水渠里的水位重新上涨,这些农民为了保住自家庄稼不被淹,就偷偷在堤坝上挖开口子放水。后来这样干的农民越来越多,渠坝损毁越来越严重,经常因决口导致水灾,"水利"变成了"水害"。

对这种情形,历代苟陂县的官员都无可奈何。只能在每年渠水暴涨成灾时调动军队去修筑堤坝,堵塞漏洞。而一到旱季,农民们又偷偷在堤坝上种庄稼。水渠反复修、反复漏。

到了宋代,李若谷出任苟陂县知县时,经过研究,出台了一项规定:今后凡是水渠决口,不再调动军队修堤,只抽调沿渠百姓,让他们自己把决口的堤坝修好。布告贴出以后,沿堤百姓都害怕被抓去修堤坝,再也没人为了保住自家偷种的庄稼而擅自开渠放水了。后来,在堤岸边种庄稼的百姓也越来越少,"水害"又重新变回到了"水利",这个千年难题终于得到解决。

思考: 这个故事给你带来什么启示?

- -

（一）预算控制

预算是指企业基于对内外环境的分析，在科学的生产经营预测和决策基础上，对企业未来一定时期内的收入、支出、现金流的计划和规划。

预算虽然大多以财务数字形式来表示，但是其中包含的内容不仅仅是对金额的预测，还涉及如何处理好所有的变量，协助一定时期内的资源有效获取、配置和使用。

预算作为一种最基本的控制工具被各领域的管理者广泛使用。预算对企业的收入与支出都有规定，管理者可以根据预算来检查和监督各部门活动，以保证组织经营目标的实现，并使费用支出受到严格有效的约束。

作为一种控制手段，预算控制是通过编制和执行预算来进行的。实际上，编制预算就是控制过程的第一步——拟定标准。预算使管理工作的标准数量化，从而令工作具有可考核性，有利于评定工作成效，找出偏差（控制工作的第二步），据此采取纠正措施，消除偏差（控制工作的第三步）。

预算控制的具体操作可以分为零基预算和增量预算。

1.零基预算 又称零底预算，起源于1952年美国人维恩·刘易斯在他的一篇文章《预算编制理论新解》中提出的一个预算编制中的新论点：在编制预算的时候，以零点为基础，不考虑以往会计期间所发生的项目费用类型和数额，一切从现在的实际出发。这种方法可以有效排除过去消极因素的影响，不受现行费用和开支水平的限制，灵活应对内外环境的变化，把各项生产经营业务视为从头开始的新工作加以安排。可以客观考虑企业获取收益、发生开支和实现利润的可能性，并据以制定预算。这种方法有助于节约开支，提高资金的使用效果。但由于缺乏过去的经验和参照，零基预算的编制工作量大、耗时长，企业也有可能会忽视以前学习到的经验教训。

2.增量预算 又称"定基预算法"，是指以上一年度的经营数据为基础，结合预算期业务量水平以及对影响成本的有关因素的变动预测情况，调整原有费用项目及预算额，以编制出新的预算。

使用增量预算需要基于以下两个前提：现有的业务活动是企业所必需的；原有的各项开支是合理的。增量预算的编制有大量参考数据，因此编制的工作量不大，但容易受到原有费用项目的影响，不容易控制那些原来存在、但现在不必要产生的费用，不利于有效节约成本费用，可能造成预算冗余。而且容易出现不加分析地保留或接受原有的成本费用项目的情况，形成不必要开支的合理化，造成预算上的浪费。费用项目也容易固化，不利于调动各部门的积极性。

（二）非预算控制

非预算控制的方法主要包括视察、报告和审计。

1.**视察** 算得上是一种最古老、最直接的控制方法。它的基本作用就是管理者亲自到工作现场获取第一手的信息，通过对组织活动进行直接的巡视、查看，管理者可以了解组织系统运行状况，衡量下属的工作业绩，发现偏差并立即予以纠正，还可以从与员工的交谈中了解他们的情绪和士气等情况。

亲自视察作为获取信息的手段一般比较耗费时间。而且从个人接触中所获得的第一手信息的价值，还会受到观察者的感知技能和理解能力的限制。尽管如此，亲自视察有利于拉近管理者与被管理者之间的距离，证实从其他来源所获得信息的真实性，这些优势是其他控制方法所不能替代的。

即使拥有现代管理信息系统，可以通过网络提供的实时信息做出各种分析，但仍然不能取代主管人员的亲身感受、亲自了解。管理者在视察中与员工面对面地交往还能传达相互之间的关心，建立双方的理解和信任。

不过，视察也有可能带来一定的消极作用。员工可能会曲解或误解上级的来访，将其看作对他们工作的一种干涉和不信任，因而产生抵触心理。

2.**报告** 是指管理者通过搜集、阅读各种企业运行情况分析报告，了解项目进展和公司运营情况，以控制组织的正常运行。报告也是一种控制手段。

控制报告的主要目的是提供一种可用作纠偏措施依据的信息。这种报告的资料和数据来源应该是客观的、公正的、适时的、经济的，能够如实反映组织当前的情况和发展趋势。报告应尽量简明扼要，同时还要突出有重要价值的关键问题，并遵循组织的宗旨、目标和方针，提出改善和纠正的措施。

3.**审计** 是根据预定的审计目标和既定的环境条件，按照一定的依据审查、监督被审计单位的经济运行状态，并通过调整偏差和排除干扰，使被审计单位的经济活动运行在预定范围内朝预期的方向发展，以实现提高被审计单位经济效益的目的。

企业要提高经济效益，离不开有效的控制管理。企业应该根据资本运动和经营活动的客观规律进行科学计划、组织、调节、控制、指导和监督。根据审查主体不同，审计可分为外部审计和内部审计。

（1）外部审计 一般是由独立于企业之外的社会第三方审计机构对企业的财务状况和经营状况开展审查，并对外出具具备公信力的外部审计报告。企业接受外部审计的目的在于向资本市场呈现自己真实可靠的数据，其实质上是对企业内部虚假、欺骗行为进行系统的检查。由于外部审计与被审计单位不存在依附关系，因此外部审计可以确保审计工作的独立性和公正性。

（2）内部审计 是指由企业内部机构或人员，对其内部控制的有效性、财务信息的真实性和完整性以及经营活动的效率和效果等开展的评价活动，俗称"内审"。

内部审计的主要工作方向是确保企业运营项目合法合规，结果主要面向公司内部管理层。内部审计不仅要注重数据的真实性，更要关注企业对项目实行监督和制约，降低企业风险，提高经营的效率与效益。因此，内审工作的重点基本上会围绕公司管理的需求进行，审计工作一定程度上缺乏独立性和自主性。

总体来说，外部审计和内部审计的目标是一致的，两者均是审计监督体系的有机组成部分。内部审计具有预防性、经常性和针对性，对外部审计起着辅助和补充作用，是外部审计的基础；而外部审计的独立性、客观性和专业性，又对内部审计起到支持和指导的作用。

三、有效控制

📖 **案例拓展** -

办公室的电子监控

你认为在工作中你有隐私权吗？你觉得管理者可以掌握你工作中的哪些信息呢？

A公司的老板某天突击检查，发现有员工迟到、早退、打游戏、上班时间睡觉，甚至偷溜出去买菜。为了加强对员工的监管，老板在公司所有办公区域和电脑上都安装了电子监控系统，除了可以监控员工在办公室的活动，还可以监视员工在电脑上查阅和存储的文件以及浏览的网页记录，实现了全面无死角监控。

监控系统安装后，公司的管理确实取得了一些成效：员工在办公室的一举一动都无所遁形，电脑的上网记录、软件使用、工作痕迹都被记录在案，违反规定的行为会自动触发系统警报并即时上报到HR和老板的账号；上班时间刷手机、"摸鱼"的一一受到警告，公司办公风气焕然一新。即使身处异地，老板也能通过网络实时监控公司情况。看到大家上班时间都在整整齐齐、勤勤恳恳地干活，老板非常高兴。

但是，员工们并不高兴，甚至很排斥监控系统。有的员工认为，电子监控系统破坏了老板和员工之间的信任：监控就像一把悬在头上的利剑，老板不相信员工认真干活，员工害怕被误会，还担心泄露隐私。也有员工抱怨：从走进公司的那一刻起，就有一种被人监视的感觉，言谈举止都很不自在，平日里一些如抖腿、挠痒痒等小动作都不敢做了，工作也变得畏首畏尾，"多做多错，不如不做"，工作效率反而大不如前。

思考： 1.电子监控系统有什么优缺点？

2.管理者是否有权监管员工的工作细节？

3.你认为安装电子监控系统是一种有效控制手段吗？

- -

管理者需要制定恰当的政策来控制不合理的行为，以确保员工完成工作既有效率又有成效。有效控制应具有下述特征。

1.适时性　企业在面对日常经营活动中产生的偏差时，需要及时采取有效的纠正措施，避免偏差扩大，或尽可能减少偏差带来的不利影响进一步扩散。这就要求管理者及时掌握偏差产生及严重程度的信息。必须预防反映偏差的信息严重滞后的情况，以免偏差对企业已经造成不可挽回的损失或不利影响。

2.适度性　任何组织都不可能对每一个部门、每一个环节的每一个人在每一个时刻的工作情况进行全面控制。过度的控制会使员工产生压迫感和不愉快的情绪，从而抑制组织成员的工作积极性，影响工作效率。但是如果缺乏控制，则可能导致组织活动的混乱。真正有效的控制，应该既能满足对组织活动进行监督和检查的需要，又能防止与组织成员发生强烈的冲突。

适度的控制是要求企业在建立控制系统或相关制度时，借助合适的分析方法或例外原则等工具，从影响企业经营成果的关键环节和关键因素着手，在相关环节上设立预警系统或关键控制点，确定控制的范围和频度，进行重点控制。

3.客观性　客观的控制源于对企业经营活动状况及其变化的客观了解和评价。这些对组织绩效状况进行的评价、建立的标准及采取的措施都要符合组织的实际。控制过程中采用的检查、测量技术与手段必须能正确地反映企业经营在时空上的变化程度与分布状况，否则管理者对企业实际工作容易因缺乏正确的认识而陷入主观的误区当中。因此，有效的控制要用客观的标准、态度和准确的检测手段，克服管理中的主观成分。企业还必须定期检查过去规定的标准和计量规范，使之符合现时的要求。

4.灵活性　企业面临的内外环境处于不断变化之中，发生突发性、不可抗力危机的可能性随时存在。变化可能会让原来的计划与现实背道而驰，若仍旧沿用过往的控制系统可能就失去了控制的意义。因此，有效的控制系统本身应当具有足够的灵活性以适应各种不同的变化。当条件改变时，控制系统应及时随之改变，持续发挥作用，否则控制就会失败。

小　结

1.控制的含义　对组织内部的管理活动及其效果进行衡量和矫正，以确保组织的目标以及为此而拟定的计划得以实现。

2.控制的类型　按进程来分，可以分为事前控制、事中控制和事后控制；按职能来区分，可以分为战略控制、财务控制、文化控制和营销控制。

3.控制过程的三个步骤　确立标准，衡量成效，纠正偏差。

4.控制的方法　一般可分为预算控制和非预算控制。预算控制的两种方式为零基预算和增量预算。非预算控制主要有视察、报告和审计。

5.有效控制的特征　适时、适度、客观、灵活。

📖 **实用管理学小原理** ---

木桶原理

木桶原理讲的是由多块木板围成的一个圆形木桶的盛水量由最短的那块木板的长度决定。

这种现象在我们日常生活中随处可见。例如，你有一台电脑，虽然配置了先进的操作系统、显示器和内存，但是鼠标和键盘严重老化，电脑的操作性能因此受到影响，在使用电脑时的体验感也会大大降低。

把这个理论延伸到企业经营管理中，一个企业的绩效往往由其管理短板决定。因为企业内部的管理是相互促进、相互制约的，如果某个部门成为薄弱环节，必将影响其他部门。因此，企业要经常检查自己，寻找、确定阻碍企业发展的短板，然后"死磕"短板，寻求突破。

其实，木桶原理不但对企业管理具有启示作用，对我们的工作、学习和生活也非常有用。我们应该全面认识自己，主动找到自己的短板，然后针对短板，寻找学习、改进的办法。

▶▶ 目标检测

参考答案

一、选择题

1.控制的主要目的是（　　）。

　　A.提高企业的整体素质　　　　　　B.改善组织的外部环境

　　C.确保组织目标的实现　　　　　　D.保证组织不出现偏差

2.关于控制标准，下述说法不正确的是（　　）。

　　A.建立标准有利于组织目标的实现　　B.建立的标准应该是通过努力后可以实现的

　　C.建立的标准应该有一定的弹性　　　D.建立的标准应该代表目前最高水平

3.控制的过程包括（　　）基本环节的工作。

　　A.确立标准、衡量成效和纠正偏差　　B.确立标准、偏差信息和纠正标准

　　C.收集信息、确立标准和衡量成效　　D.确立标准、衡量成效和信息反馈

4.按职能来区分，控制的类型不包括（　　）。

　A.战略控制　　　　　　　　　B.财务控制

　C.文化控制　　　　　　　　　D.产量控制

5.根据与标准的偏差程度上下，偏差范围可以有（　　）之分。

　A.大小　　　　　　　　　　　B.正负

　C.左右　　　　　　　　　　　D.正确与错误

二、案例思考题

"石油大王"与1滴焊料

你是否能留意过40滴水珠和39滴水珠汇聚在一起，差别有多大，多一滴少一滴会产生多大影响？

洛克菲勒是美孚石油公司的创始人，也是美国第一个拥有十亿美元资产的超级富豪，被称为"石油大王"。洛克菲勒出身贫穷，他深知做生意需要精打细算：只有节约成本，才能增加产值利润。

当时，美孚石油公司的一家工厂用一种金属油罐来分装供出口销售的石油。按照生产指引，密封每个油罐需要用40滴焊料。有一次，老板洛克菲勒到该工厂巡视。经过仔细观察，洛克菲勒突然跟工人说："你们有没有试过用38滴焊料来密封油罐？"收到了老板的指令，工人们当场开始试验。实验结果显示38滴不可行，有些油罐会因为密封不严而漏油。工人们接着用39滴焊料实验，结果发现油罐密封得很好，不会漏油。也就是说，只用39滴焊料滴封油罐完全可行！于是，洛克菲勒当即决定，把焊料的工作指引从40滴减少到39滴。虽然说1滴焊料听起来微不足道，但是工厂每天封闭的油罐数量不少，积少成多，每个油罐减少1滴焊料的生产成本，积累起来节省的成本可是相当客观。

一滴焊料虽小，却蕴藏着"大管理"。

思考：1.洛克菲勒找到的控制点是什么？

2.关键控制点的标准有哪些？

第八章　领　导

一位最佳领导者，是一位知人善任者，而且在下属甘心从事其职守时，领导要有自我约束力量，而不插手干涉他们。

——美国第32任总统西奥多·罗斯福

学习目标

1.掌握常见的五种人性假设理论。

2.熟悉领导者的类型；杰出领导的个性特点和领导的艺术。

3.了解领导的含义、本质和基本理论理；常见的各种领导方式的特点和领导行为理论。

案例导读

三种领导风格

A公司是德国一家大型汽车配件生产企业。最近，该公司对三个重要部门领导进行了一次有关领导类型的调查。三位领导者对个人的领导工作分别持不同的观点。

生产部负责人大卫：大卫在工作中总是反复强调对生产过程和产量进行控制的必要性，他认为下属必须透彻理解上级的指示并及时进行反馈。一般情况下，他只是大致规定下属的工作方针、任务内容和最后完成期限，并不过多干涉下级的工作。对于工作中出现的问题，他一般会放手让下级有关负责人全权负责；比较重大的问题，则会交给几个能力较强的下属管理人员跟进。大卫认为只有这样才能与下属之间更好地合作，避免重复工作。

大卫认为领导应该与下属保持一定的距离，不能过分亲密，"亲密无间"可能会减少下属对上级的敬畏之心，有可能让他们在工作中疏忽懈怠。他不主张公开批评或表扬下属，因为他认为每个人都有自知之明，领导的批评或表扬会影响员工的自我评价。

大卫认为自己在管理中最头疼的问题是下级不愿意接受任务或者承担责任。虽然工作中机会很多，但他们主动提高个人能力的意愿并不强。

大卫对自己当前所在部门的前任领导的工作能力评价不高，但对自己目前的工作表示满意。

业务部负责人麦克：麦克认为管理者应该尊重每个员工的权利，要注意满足员工的需要。他对员工的工作表示肯定时，经常使用的方法是为员工准备一些温馨的小礼物，比如送员工两张艺术展览的入场券，让他们带家人一起去参观艺术展。他觉得这种方式对于员工及其家人的意义要大于入场券本身的价值。

麦克每天都要到工厂巡视，并跟员工交谈。他希望以一种友好的方式与员工相处和沟通。他特别体谅员工的工作压力，虽然对本部门的生产效率并不太满意，但他认为自己的下属对企业非常忠诚，而且工作积极性很高。

营销部主管托马斯：托马斯认为自己面临的最大问题是本部门与其他部门的职责分工不明，上级经常把归其他部门负责的工作分配过来。但是托马斯并没有对上级领导的安排提出异议。因为他担心自己这样做会让其他部门反感，认为他在推卸责任。虽然那些部门领导平常表现得与自己关系很好，如同朋友，但托马斯并不认为关系好就要替他们多干活。过去，托马斯在任务分工的会议上经常因为上级领导把其他部门应该负责的工作分给自己部门而感到窘迫，现在他虽然心里仍然觉得不平，但是看到其他部门领导好像对这种情况根本不当一回事儿，他也变得麻木了。

托马斯认为领导者应该强调纪律的重要性，对员工的管理要松紧有度，要给员工适当的自主权。如果领导者总是拿考核来给员工施加压力，会引发很多问题。

托马斯最苦恼的还是上级对他的工作范围和职责认识不清、分工不明确，他希望如果有机会，上级领导能听一听他的意见。

思考： 1.以上三位领导者对自己领导工作的看法对你有什么启示？

2.你觉得谁的做法更合理或者你更喜欢谁的领导风格？

第一节　领导概述

一、领导的含义

从管理学意义上来讲，领导的定义可以如下概括：领导是指管理者依靠其影响力，通过激励、沟通、指挥等手段，带领被领导者或追随者，去实现组织目标的活动过程。其基本含义可以从以下几个方面理解。

（1）领导包含领导者和被领导者两个方面。领导者是指能够影响他人并拥有管理职位权力、承担领导职责、开展领导工作的人。领导者一定要有领导的对象，如果没有被领导对象，领导者将变成"光杆司令"，领导工作就失去意义，领导职能也就不复存在。在领导过程中，理想状态下，下属都甘愿追随领导者并接受领导者的指导。

（2）领导是一种活动，是引导人们的行为过程，是领导者带领、引导和鼓舞下属去完成工作、实现目标的过程，是管理的一项重要职能。

（3）领导的基础是领导者的影响力。领导者拥有影响被领导者的能力或力量，它既包括由组织赋予的职位权力，也包括领导者个人所具有的影响力。一个领导者如果一味地行使职权而忽视社会和情绪因素的影响力，就会使被领导者产生逃避或抵触行为。当一个领导者的权力不能使下属跟随领导者时，领导工作是无效的。

（4）领导施加影响力的方式或手段主要有激励、沟通和指挥。

1）激励：管理者激发下属产生动机，并推动其行为的过程。激励的具体形式包括能满足人的需要，特别是心理需要的种种手段。激励具有自觉自愿性、间接性和作用持久性等特点。激励是管理者调动下属积极性，增强群体凝聚力的基本手段。

2）沟通：管理者为有效开展工作而交换信息、交流感情、协调关系的过程。具体形式包括信息的传输、交换与反馈，人际交往与关系融通，说服与促进态度（行为）的改变等。这是管理者保证管理系统有效运转，提高整体效应的经常性手段。

3）指挥：管理者凭借权力，直接命令或指导下属行事的行为。指挥的形式有部署、命令、指示、要求、指导、帮助等。指挥具有强制性、权威性、统一性等特点。指挥是管理者最经常使用的领导手段，其前提和条件是权力。

（5）领导的目的是实现组织的目标。不能为了领导而领导，不能为了体现领导的权威而领导。领导的根本目的在于影响下属为实现组织的目标而努力。

二、领导和管理的联系与区别

1.联系　从行为方式看，两者都是一种在组织内部通过影响、协调他人的活动，实现组织目标的过程。从权力的构成看，两者也都是组织层级岗位设置的结果。

2.区别　从本质上看，管理是建立在合法的、有报酬的和强制性权力基础上的对下属的命令行为。而领导则可以建立在合法的、有报酬的和强制性权力基础上，也可以建立在个人影响力和专长权以及模范作用的基础上，且两者所担负的工作内容不同。具体区别见表8-1。

表 8–1 管理和领导的区别

比较项目	管理	领导
从职能上看	管理的范围大	领导行为属于管理的范围
从岗位上看	管理者未必是领导者	领导者必定是管理者
制订计划	为达成目标，制订出详细的步骤和计划进度，进行资源分配	展现未来的前景与目标，指明达到远景目标的战略
组织和人员配备思路	组建所需组织结构及配备人员，规定权责关系，制订具体政策和规程，建立一系列的制度监督下属的工作状况	重在指导他人。同协作者沟通，指明方向、路线。帮助人们更好地理解目标、战略及实现目标后的效益。引导人们根据需要组建工作组、建立合作伙伴关系
执行	在执行中强调采用控制的方式来解决问题。通过具体的、详细的计划监督进程和结果	一般采取鼓动和激励的方式。在思想上动员和鼓励人们克服工作中的障碍与困难，推动各项工作顺利开展
效果	一般只能发挥组织成员的现有能力	可充分挖掘组织成员的潜在能力

三、领导的实质

领导实质上是一种对他人的影响力，即领导者对下属及组织行为的影响力，这种影响力能改变或推动下属及组织的心理与行动，为实现组织目标服务。这种影响力可以称为领导力量或者领导者影响力，领导者对下属及组织施加影响力的过程就是领导的过程。领导者对下属及组织的影响力来自两方面：①权力（又称为制度权力）影响力；②非权力（又称为个人权力）影响力。

（一）权力影响力

1. 分类 包括法定的权力、强制的权力、奖励的权力。它由组织正式授予管理者并受组织规章的保护。这种权力与特定的个人没有必然的联系，它只同职务相联系。权力是管理者实施领导的基本条件，没有这种权力，管理者就难以有效地影响下属，实施真正的领导。关于权力影响力的理解包括以下几个方面。

（1）法定的权力来自上级的任命。组织正式授予领导者一定的职位，从而使领导者占据权势地位和支配地位，使其有权对下属发号施令。这种支配权，是管理者的地位或在权力阶层中的角色所赋予的。

（2）强制的权力是和惩罚权相联系的迫使他人服从的力量。某些情况下，领导者是依赖强制的权力与权威施加影响的，对于一些心怀不满的下属来说，他们不会心悦诚服地服从领导者的指示，这时领导者就运用惩罚权迫使其服从，这种权力的基础是下属的惧怕。这种权力对那些认识到不服从命令就会受到惩罚或承担不良后果的下属的影响力是最大的。

（3）奖励的权力是在下属完成一定的任务时给予相应的奖励，以鼓励下属的积极性。奖励包括物质奖励，如奖金等，也包括精神的奖励，如晋升、评优等。依照交换原则，领导者通过提供心理或经济上的奖酬来换取下属的遵从。

2.影响因素

（1）传统观念　几千年的社会生活，使人们对领导者形成心理观念，由此产生了对领导者的服从感。由于这种传统观念从小就影响着每一个人的思想，从而增强了领导者言行的影响力。

（2）职位因素　由于领导者凭借被授予的指挥他人开展具体活动的权力，可以左右被领导者的行为、处境，甚至前途命运，从而使被领导者对其产生敬畏感。领导者的职位越高，权力越大，下属对他的敬畏感就越强，领导者的影响力也越大。

（3）资历　一个人的资历与经历是历史性的东西，它反映了一个人过去的情况。一般而言，人们对资历较深的领导者，心目中比较尊敬，其言行也容易对人们产生影响。

权力是通过正式的渠道发挥作用的。当领导者担任管理职务时，由传统心理、职位、资历构成的权力的影响力会随之产生，当领导者失去管理职位时，这种影响力将大大削弱甚至消失。

（二）非权力影响力

1.分类　包括专长影响力和品质影响力。

（1）专长影响力　是指领导者具有各种专门知识和特殊技能或学识渊博而获得同事及下属的尊重和佩服，进而在工作中显示出的举足轻重的影响力。这种影响力的影响范围通常是狭窄的，仅仅限于领导者的专长范围之内。

（2）品质影响力　是指由于领导者的优良作风、思想水平、品德修养等在组织成员中树立的威望。这种影响力是建立在下属对领导者认可的基础之上的，它通常与具有超凡魅力或名声卓著的领导者相联系。

2.影响因素

（1）品格　主要包括领导者的道德、品行、人格等，优秀的品格会给领导者带来巨大的影响力。因为品格是一个人的本质表现。具有良好品格的领导者能使人产生敬爱感，并能吸引他人，被他人模仿。下属常常希望自己能像领导者一样。

（2）才能　领导者的才能是决定其影响力大小的主要因素之一。才能通过实践体现，主要反映在工作成果上。一个有才能的领导者，会给事业带来成功，从而使人们对他产生敬佩感，使人们自觉地接受其影响。

（3）知识　一个人的才干是与知识紧密地联系在一起的。知识水平的高低主要表现在对自身和客观世界的认识程度。知识本身就是一种力量。知识丰富的领导者，容易取得人们的信任，并由此产生信赖感和依赖感。

（4）感情　是人的一种心理现象，它是人们对客观事物好恶倾向的内在反映。人与人之间建立了良好的感情关系，便能产生亲切感；相互的感情越深，彼此的影响力也越大。因此，一个领导者平时待人和蔼可亲，关心体贴下属，与群众的关系融洽，他的影响力往往就较大。

由品格、才干、知识、感情因素构成的非权力影响力，是由领导者自身的素质与行为造就的。在领导者从事管理工作时，能增强领导者的影响力。在不担任管理职务时，仍会对人们产生较大的影响。

领导工作有效性的核心内容就是领导者影响力的大小及其有效程度。管理者要实施有效的领导，最关键的就是要增强其对下属及组织的影响力。提高影响力的机制与途径，一般有3种常见手段，即激励、沟通、指挥，这些将会在本章以后内容具体谈到。

四、领导职能的作用

1.带领组织成员共同实现组织目标　领导工作的一个重要作用就在于引导组织中的全体人员有效地理解和领会组织目标，协调组织成员的关系和活动，使组织成员充满信心、步调一致地朝着共同的目标前进。

2.发挥指挥作用　在组织活动中，需要有高瞻远瞩、运筹帷幄的领导者帮助组织成员认清所处的环境和形势，指明组织活动的目标和达到目标的途径。领导者通过激励、沟通、指挥、指导活动，推动组织成员最大限度地实现组织的目标。在整个活动中，要求领导者作为带头人来引导组织成员前进，鼓舞人们去奋力实现组织的目标。只有这样，才能真正发挥指挥的作用。

3.有利于调动组织成员的积极性　从事社会活动的人是具有不同的需求、欲望和态度的。人的身上蕴藏着任何一个组织所需要的生产力。领导可以诱发这一力量，通过领导工作调动组织成员的积极性、主动性和创造性，使其以高昂的士气自觉、自动地为组织做出贡献。

4.有利于推动个人目标与组织目标趋于统一　人们的个人目标有很多，并且也不统一，有的为了获得高收入，有的是为名望，有的是为工作的挑战性，有的是为得到上级领导的认可与肯定，还有的为了实现自我价值等，不一而足。一旦他们加入某个组织工作时，就会想方设法去努力实现自己的个人目标。但是，个人目标与组织目标不一定会一致，长此以往，将不利于组织目标的实现。通过领导工作，可以去帮助员工认识个人对组织、对社会所承担的义务，让他们理解到人与组织的密切关系，进而使他们主动地放弃一些不切实际的个人要求，自觉服从于组织目标。领导者也要创造一种环境，在实现组织目标的同时，在条件允许的范围内，满足个人的需求，使人们对组织产生自然的信赖和依赖感，从而为加速实现组织目标而做出努力。

五、领导者的类型

按照不同的标准可对领导类型进行不同的划分。

1.按权力控制程度划分 可分为集权型领导、分权型领导和均权型领导。

（1）集权型领导 工作任务、方针、政策及方法，都由领导者决定，然后布置给下属执行。

（2）分权型领导 领导者只决定目标、政策、任务的方向，对下属在完成任务各个阶段上的日常活动和方法不加干预。领导者只问效果，不问过程与细节。

（3）均权型领导 领导者与工作人员的职责权限明确划分。工作人员在职权范围内有自主权。这种方式主张分工负责、分层负责以提高工作效率，更好地达成目标。

2.按领导重心所向划分 可分为"以事为中心"的领导、"以人为中心"的领导、"人事并重式"的领导。

（1）"以事为中心"的领导 倾向于以工作为中心，强调工作效率，以最经济的手段取得最大工作成果，以工作的数量与质量及达成目标的程度作为评价成绩的指标。

（2）"以人为中心"的领导 认为只有下属是愉快的、愿意工作的，才会产生最高的效率、最好的效果。因此，领导者尊重下属的人格，不滥施惩罚，注重积极的鼓励和奖赏，发挥下属的主动性和积极性，改善工作环境，给予下属合理的物质待遇，使其保持身心健康和精神愉快。

（3）"人事并重式"的领导 认为既要重视人，也要重视工作，两者不可偏废。既要充分发挥下属的主观能动性，也要改善工作条件，使下属既有饱满的工作热情，又有主动负责的精神。领导者一般对工作要求严格，认为按时保质保量地完成工作计划，才能创造出最佳成果。

3.按领导者的态度划分 可分为体谅型领导、严厉型领导。

（1）体谅型领导 领导者对下属十分体谅，关心其生活，注意与下属建立互相依赖、互相支持的友好关系，注意赞赏下属的工作成绩，提高其工作水平。

（2）严厉型领导 领导者对下属要求十分严厉，重组织、轻个人，要求下属牺牲个人利益服从组织利益，明确每个人的责任，执行严格的纪律，重视监督和考核。

4.按决策权方式划分 可分为专断型领导、民主型领导、自由型领导。

（1）专断型领导 领导者把决策权集于一人手中，这种领导方式可以说是以行政权威推行工作，下属无权参与，没有自主权，完全处于被动的地位。专断性领导重视利用行政手段和严格的规章制度，缺乏灵活弹性。对于工作中出现的失误或问题，多归罪下级。对下级的奖惩缺乏客观标准，只是按个人好恶决定。

（2）民主型领导 是一种将权力集中在集体，重大决策和政策均由集体成员参与讨论决定，共同执行的领导方式。领导者同下属互相尊重，彼此信任。领导者喜欢通过交谈、会议等方式同下属交流思想，商讨决策，注意按职授权，注重使下属能自主发挥应有的才能。奖惩有客观标准，不以个人好恶行事。

（3）自由型领导　是一种自由放任、各行其是、各自为政的领导方式。这种领导者一般对工作关心不多，任其自然，所以又称放任型领导方式。领导者有意分散领导权，给下属以极大的自由度。

📖 **案例拓展** -

一位激进的领导

塞姆勒是巴西某企业的CEO，被许多人称为"激进主义者"。因为塞姆勒打破了领导和管理的所有传统"规则"，彻底采用"参与式管理"模式。

"参与式管理"的基础是"放手让员工充分利用创造力和才智，让他们自主参与工作相关的重要决策，包括部门领导的任免"。按照塞姆勒的说法，他的方法有利于组织的繁荣发展，不但有用，而且非常有用。他认为自己的管理哲学很简单：像对待成年人那样对待员工，员工也会像成年人那样做出反应。

塞姆勒一点都不像常规的管理者或者领导。他的企业没有组织蓝图，没有长期计划，没有公司价值观的表述，没有员工着装要求，也没有印发的规章、制度和政策手册。公司共有3000名员工，他们可以自由决定自己的上班时间和薪酬水平，可以决定谁做他们的主管，还可以监督、考察主管的表现。员工还能参与决定公司高层领导的任免，可以参与公司重大战略决策的投票表决。公司每个人都有投票表决权，包括塞姆勒。即使身为公司老板，他也只能占一票，跟普通员工一样。

在他的工厂里，没有管理者给员工分派任务。员工自己决定每天的工作内容。他们可以决定那一天是开动磨床还是叉车，这取决于工作需要。负责生产的内托说："工人清楚企业的目标，他们会利用常识决定自己应当做什么来达到这些目标。"

塞姆勒之所以采用这种激进领导的方式，是因为他认为这是组织在动荡的时局下提高灵活性和适应能力，获得生存和发展的唯一方法。他也坚信，这个方法能使企业在巴西动荡的政治和经济环境中生存下去。这个国家的政治和经济态势从一个极端走向另一个极端，数不清的银行和公司难以适应纷纷倒闭，塞姆勒的企业不但生存了下来，而且得到了发展壮大。塞姆勒说："如果你查看我们公司的发展数据，你会看到，我们的年增长率连续14年达到27.5%。"他将此归功于公司的灵活性，最重要的是员工的灵活性。

思考：你认为塞姆勒的管理方式有什么优点？其他企业可以借鉴吗？

- -

第二节　领导理论

一、人性假设理论

从各种领导者的类型可以看到：对人性的基本看法，从根本上影响着领导者的领导方式，所以对人性问题的研究，几乎是伴随着领导科学的产生和发展进行的。

19世纪末以来，随着管理科学的长足发展，先后出现了多种人性假设理论：以泰勒为代表的"经济人"假设；以梅奥为代表的"社会人"假设等。下面我们对管理学的人性假设理论逐一做介绍。

（一）"工具人"假设

1. "工具人"假设的内容　"工具人"的人性假设产生于管理学尚未正式形成的时期。"工具人"人性假设，严格地讲，还未形成系统的人性理论，它只是在当时绝大多数管理者思想中普遍存在的一种观念。"工具人"假设认为，人在生产活动中所起的作用和机器的作用没有多大区别，管理的任务就是迫使工人像机器一样工作。因而，被管理者成了被动的生产工具。在这种观点指导下的管理方式，就是"大棒式"管理。这种"大棒式"管理主要是应用各种处罚手段进行强制性管理。

2. 关于"工具人"假设理论的评价　在"大棒式"管理下，工人生产劳动积极性和效率是有限的。

（二）"经济人"假设

1. "经济人"假设的内容　"经济人"假设又称"唯利人"假说，该理论认为人的行为就是为了追求最大利益，工作的目的是物质上的报酬。"经济人"假设认为，人生来就是懒惰的，不愿意负任何责任，宁愿让别人领导与指挥；参加工作都是为了自己的生理和安全需要，只有金钱和物质利益才能刺激他们工作。其代表人物是泰罗。

2. 关于"经济人"假设理论的评价

（1）该理论的优点在于提出了一切管理都不能单凭个人的经验、个人意见来决定，而应依据科学实验和科学分析。

（2）这种理论也存在一些致命的弱点：它忽视了人在生产过程中行为活动的心理动机，把工人当成机器的一部分；它忽视管理组织的作用，低估了统一指挥在整个管理过程中的作用。

与"经济人"假设相适应，管理者通常采用"胡萝卜加大棒"的管理方式，注重物质刺激，并实行严格的监督和控制。

（三）"社会人"假设

1."社会人"假设的内容 "社会人"又称"社交人"。该假设认为人是社会人，调动人的工作积极性最重要的因素不是物质利益，而是工作中人的社会心理需要的满足程度；组织成员的"士气"是提高生产率最重要的因素；要重视人际关系的协调和非正式组织的影响，鼓励组织成员参与管理。

2.关于"社会人"假设理论的评价 "社会人"假设注意到了员工的心理方面的需要，这和"经济人"假设相比是一个重大的进步，使人得到了尊重。这种假设要求管理者在管理过程中要营造一种和谐的人际关系氛围，使组织成员在良好的社会关系中积极地工作。

（四）"自我实现人"假设

1."自我实现人"假设的内容 "自我实现人"假设认为每个人都需要发挥自己的潜力、表现自己的才能，只有自己的才能表现出来，个人才能得到最大的满足。"自我实现人"假设还认为，人生来就是勤劳的，不但愿意工作而且积极主动地工作；在工作中能进行自我监督和控制。

2.关于"自我实现人"假设理论的评价 "自我实现人"假设比"社会人"假设又前进了一步，它更关心员工的高层次需要和自我价值的体现，这是人本理论的进一步发展。这种假设下，管理人员要给下属提供施展才能的机会和舞台。

（五）"复杂人"假设

1."复杂人"假设的内容 "复杂人"假设认为，人的需要是复杂多样的，而且是随着人的发展和生活条件的变化而变化的，并且人的需要层次也在不断发生改变；人在组织中的生活条件和工作是不断变化的，因而会不断产生新的需要和动机。

2.关于"复杂人"假设理论的评价 "复杂人"假设承认人的需要多种多样，并且不断发生改变，所以在管理方式上，就不会有固定的、普遍适用的模式，而应该因时、因地、因环境而宜。

📖 **知识链接** -

情境领导模型

美国管理学家赫塞和布兰查德创建的情境领导模型，也被人们称为"赫塞–布兰查德模型"。他们认为，领导方式受下属成熟程度的影响，对不同成熟水平的员工，领导方式也应该不同。

赫塞和布兰查德所说的"成熟程度"（或"成熟度"），是指人对个人行为负责的能力和意愿，包括工作成熟度与心理成熟度两个方面。前者主要指人的知识和技能，工作成熟度高的员工具有足够的知识、能力和经验，可以独立完成工作任务。后者指人做某件事的意愿或动机。心理成熟度高的员工不需要太多的外部鼓励，他们有足够的内部动机激励。

根据员工的成熟水平，领导方式可以分为4种。

1.命令式　处于这个阶段的下属既不胜任工作又缺乏自觉性，领导会给他们明确的任务分工并具体指挥下属应该干什么、怎么干、什么时候干。

2.说服式　因为这个阶段的下属愿意承担工作任务，有积极性，但能力不足，所以领导会给予他们一定的指导，同时进行激励。

3.参与式　处于这个阶段的下属具有完成工作任务的能力，但积极性不够，因此领导会与他们共同协商决策，重点放在提供支持和内部协调上。

4.授权式　处于这个阶段的下属有能力有意愿完成工作，领导会让他们独立开展工作，仅提供极少的指导和支持。

总体来说，下属成熟度不高的时候，领导要给予明确指导、支持和严格的控制；下属成熟度比较高的时候，领导只需要给予明确目标和工作要求即可。随着下属从不成熟向成熟过渡，领导者应不断减少对活动的控制，同时减少对下属的帮助。

二、领导特性理论

大量管理学家对领导者特性进行的研究由来已久。他们关注领导者个人性格，并试图确定能够造就伟大领导者的共同特性。这实质上是对领导者素质进行的早期研究。

管理学家对领导者的研究主要集中在3个方面：①身体特征，如领导者的身高、体重、体格健壮程度、容貌和仪表等；②个性特征，如领导者的魅力、自信心和心理素质等；③才智特征，如领导者的判断力、语言表达才能和聪慧程度等。

尽管杰出的领导者的特性差异很大，很难确定几条完全统一的公认特性，但到20世纪90年代，特性理论研究者还是提出了一些反映杰出领导者特性的个性特点。

1.努力进取　成功的领导者必须具有对成功的强烈欲望，勇于进取，奋斗不息。

2.领导动机　有强烈的权力欲望，在领导他人取得成功的过程中满足和自我激励。

3.正直　领导者必须胸怀正义，言行一致，诚实可信。

4.自信　面对挑战与困境，领导者都能充满自信，并能坚定其下属的信心。

5.业务知识　高水平的领导必须有很高的业务素质。

6.感知别人的需要与目标　具备善于有针对性地调整自己领导方式的能力。

三、领导行为理论

领导行为理论认为，领导者最重要的方面不是领导者的个人性格特征，而是领导者实际在做什么。

主要的理论有坦南鲍姆和施米特的领导行为连续统一体理论，利克特的四种管理模式，美国俄亥俄州立大学研究人员的领导行为四分图理论，布莱克和穆顿的管理方格理论，PM型领导行为理论（P、M分别是performance-directed与maintenance-directed的首写字母，代表两种典型的领导方式）等。下面主要介绍其中比较有代表性的3种理论。

（一）领导行为连续统一体理论

该理论是由坦南鲍姆和施米特提出来的。他们认为，领导方式是一个连续变量，从"独裁式"的领导方式到极度民主化的"放任式"领导方式之间存在着多种的领导方式，不能抽象地讲某一种领导方式好，而另一种不好。好与不好只是相对而言，具体要取决于各种客观的因素。

这一理论在"独裁式"的领导方式到极度民主化的"放任式"领导方式之间列举出了7种有代表性的模式：领导者做出决定并宣布；领导者说服下级接受决定；领导者提出计划，但征求意见；领导者提出初步的决策方案，同下级交换意见；领导者提出问题，征求意见，然后做出决定；领导者规定界限，请小组做决定；领导者允许下级在上级规定的界限内行使职权。

上述这些模式不能简单抽象地认准哪一种模式好或不好，而应根据具体情况来选用。

（二）管理方格理论

该理论是由布莱克和穆顿提出来的。这一理论采用两种因素的不同组合来表示领导者的行为。这两种因素分别是对生产的关心程度和对人的关心程度。将这两种因素用二维坐标来表示，横坐标表示对生产的关心程度，纵坐标表示对人的关心程度，作图后就形成了管理方格图。这张方格图有81种领导方式，其中最具代表性的有5种。

1.放任型领导　这种领导方式对生产和人的关心程度都很小，领导仅仅扮演一个"信使"的角色，即把上级的信息单纯地传达给下级。

2.任务型领导　这种领导方式对生产和工作的完成情况很关心，但是很少重视下属的心理、情绪和发展状况。

3.关系式领导　这种领导方式只注重去创造一种良好的人际关系环境，让组织中的每一个人都感到轻松、友好和快乐，很少去关心其工作和任务的完成情况及存在的问题。

4. 中庸式领导　这种领导方式对人和生产都有中等程度的关心，其目的是维持正常的生产效率和人际关系。

5. 集体式领导　这种领导方式无论对于人员还是生产都表现出最大可能的献身精神，通过协调、综合等活动来提高生产和组织士气。布莱克和穆顿认为，只有这种领导才是真正的"集体的管理者"，他们能够把企业的生产需要同个人的需要紧密地结合起来。

（三）权变理论

权变理论又称情景理论，是在特性理论与行为理论的基础上发展起来的，反映了现代管理理论发展的重要趋势。

权变理论认为，世界上不存在一种普遍适用、唯一正确的领导方式，只有结合具体环境，采取因时、因地、因事、因人制宜的领导方式，才是有效的领导方式。

有影响力的权变领导理论主要：菲德勒的随机制宜领导理论，罗伯特·豪斯的途径 - 目标理论，阿吉利斯的不成熟 - 成熟理论，科曼的领导生命周期理论，赫塞和布兰查德的情景领导理论。下面主要介绍比较有代表性的菲德勒的随机制宜领导理论。

菲德勒的随机制宜领导理论认为各种领导方式都可能在一定环境内有效，这种环境是多种外部与内部因素综合作用的结果。

菲德勒将权变理论具体化为 3 个方面，即职位权力、任务结构和上下级关系。

1. 职位权力　是指领导者所处职位具有的权力的大小，或者说领导的法定权、强制权、奖励权的大小。权力越大，群体成员遵从指导的程度越高，领导的环境也就越好；反之，则越差。

2. 任务结构　是指任务的明确程度和部下对这些任务的负责程度。任务越明确，而且部下责任心越强，则领导环境越好；反之，则越差。

3. 上下级关系　是指下属乐于追随的程度。如果下级对上级越尊重，并且乐于追随，则上下级关系越好，领导环境也越好；反之，则越差。

菲德勒认为环境的好坏对领导的目标有重大影响。对低 LPC（least-preferred co-worker，最难共事者）型领导来说，比较重视工作任务的完成。如果环境很差，他将首先保证完成任务；当环境较好、任务能够完成时，他的目标将是搞好人际关系。对高 LPC 型领导来说，比较重视人际关系。如果环境较差时，他将把人际关系放在首位；如果环境较好、人际关系也比较融洽时，他将追求完成工作任务。

菲德勒模型认为，领导者的风格是不能改变的，一旦领导风格与情景发生冲突，可以采取的措施只能是更换领导者或改变情景以适应领导者。

某一领导风格，不能简单地进行优劣区分，因为不同的领导风格在不同条件下取得的领导绩效各不相同。换言之，在不同情况下，应采取不同的领导方式。

案例拓展

多能与专能的国君

史料记载，元顺帝在欣赏宋徽宗赵佶的书画时称赞不已。旁边的大学士却说："徽宗确实多才多能，唯独一件事没有才能。"顺帝问是什么事，大学士回答说："唯独不会当皇帝。他自己身受侮辱，国家受到破坏，都是不会当皇帝造成的。凡是当君主的，最重要的就是能当好君主，而徽宗却不是这样。"《北窗炙录》中周正夫曾评价宋仁宗"百事不会，只会做帝王"。所以，史书对二人这样评价：徽宗多能，仁宗无能，徽宗不能做好君主，而没什么才能的仁宗却能做好君主；多能的反而丧身辱国，少能的反而成为明君。

思考：为什么多能的丧身辱国，少能的成为明君呢？

第三节 领导的艺术

为了有效实现领导的作用、实现组织目标，领导者必须掌握高超的领导艺术。领导者的领导艺术一般主要表现为决策艺术、用人艺术、人际交往艺术、时间管理艺术、创新艺术和处理紧急事件的艺术等。

一、决策的艺术

决策是人们对未来实践的方向、目标以及使之实现的程序和手段做出的抉择，也就是对未来的方向、目标及手段、方法经过选择和判断做出的决定。决策艺术是领导者综合能力的表现，能够体现领导者的政治成熟度及业务知识能力多样性的统一。领导者要遵循决策的程序化，决策的过程也要力求科学化，不能简单地拍脑袋，凭经验和直觉。决策艺术一般包含以下几个方面。

1.处理信息的艺术 要进行决策，首先要掌握决策所需要的各种信息。各种决策方案的可行性，在很大程度上取决于信息的及时、准确和完整。因此，想要有效地获取、利用和加工信息，需要具有高超的能力。

2.决策方法的选择艺术 不同的决策应采用相应的决策方法，对于程序性、短期性的决策，管理者凭自己长期积累的知识和经验，以及相关能力，并根据已知情况和现有资料，通常可以提出比较正确的决策目标、方案并做出最后的抉择。对于战略性的长期决策，一般宜采用集体决策或定量的方法。因为这种决策关系到全局长远的发展，应当发挥集体智慧，广泛听取各方意见，采用科学的决策技术，以防决策失误。

为了使未来的行动能够成功，要求决策者有广博的知识，敏锐的观察力、判断力，还要有严格的科学态度，重真理、不浮躁，勇于打破陈旧观念，开创新局面。因此，领导者要不断提高自身的素质。

二、用人的艺术

马克思主义历来认为，人是世界上是最可贵的。而在人中，人才更为重要，包括领导人才。当今世界各国综合国力的竞争归根到底是人才的竞争。用人是领导者的重要职责和基本职能，也是领导活动自身的要求，在用人上，领导者要掌握有效的激励艺术、选人的艺术、科学用人的艺术、表扬和批评的艺术。

1.有效的激励艺术　主要的激励方法：物质激励法、精神激励法、工作激励法等。有效激励要遵循一定的原则，有的放矢地进行。

2.选人的艺术　选用什么样的人才，作为领导者应掌握以下几个方面的原则。

（1）坚持德才兼备，切勿求全责备　"德才兼备"是选才的总原则。一般来说选才以德为主，但有德无才也不行。一个成功的领导者在选拔人才时应做到兼容宽人，不以己律人，不强人所难，应有正确的自我认识和认知他人。要合理地确立人才标准，使组织内部人人都能各得其所，各得其用，各尽职守。

（2）大胆选拔新人，切忌论资排辈　领导者在选才时，要正确处理德才与资历的关系，以德才为准，在同等的条件下，以选拔新生力量为准。

（3）举荐有胆有识之才，戒唯顺唯亲之风　我们要选拔大批胆识过人、人格健全、个性鲜明的开拓型人才。这些人往往有独立见解，不以领导者的眼色为准，而以是否有利于组织目标的实现为行为准则。

3.科学用人的艺术　主要表现：

（1）知人善用的艺术　也就是用人用其德才，要用人所长，避人所短。

（2）量才适用的艺术　要帮助职工找到自己的最佳工作位置。

（3）用人不疑的艺术　对安排在与自己才能品德相适应岗位上的员工，就应当放手使用，合理授权，使他们能够对所承担的任务全权负责。

（4）用养并重的艺术　有眼光的领导，不仅善于选拔和使用人才，而且重视培养和造就人才，能坚持用养并重。

📖 **案例拓展** -

知人善用

曾经有位大商人开了两家店铺。他分别请了两个掌柜老张和老钱帮他看管生意。

老钱为人热情乐观，他管的店特别吸引顾客。但他粗心大意，丢三落四，账管得乱七八糟，所以他的店虽然顾客盈门却经常入不敷出。老张管账是把好手，但他整天阴沉着脸，太过严肃，他的店经常顾客稀少，最后差点倒闭。

商人就把老钱和老张放在同一间店里，让老钱负责接待顾客和攻关，让铁面无私、锱铢必较的老张管财。在两个人的分工合作下，面临倒闭的商店逐渐呈现出欣欣向荣的景象。

在会用人的领导眼里，没有无用的人。识人善用，把不同的人才搭配好，就能把事业推向成功。

思考：领导用人的时候应该注意什么问题？

三、表扬和批评的艺术

表扬奖励人和批评或指责人，也需要有良好的技巧：①要弄清需要表扬、批评的原因，即掌握事实的真实情况，确保准确性；②要选择合适的时机；③要注意表扬、批评的场合；④要讲求表扬、批评的态度；⑤要正确运用表扬、批评的方式。

四、人际交往的艺术

影响人际关系的因素主要有4个方面：人们之间空间距离的远近；人们彼此交往的频率；人们观念态度的相似性；人们彼此需要的互补性。除了权力之外，人们的性格、品德、气质各异也是影响人际关系的重要方面。

由于人际关系的复杂性，其协调的方法也是多种多样的，没有一套能普遍适用于不同素质员工和不同环境的通用方法。领导者应当制宜地从企业管理的角度分析，掌握协调人际关系的艺术，在组织中营造和谐的人际环境，推动组织工作效率提高。

五、时间管理的艺术

时间也是管理过程中重要的资源，时间管理也是有效管理的重要方面，时间管理的艺术主要包括时间分配的艺术和时间节约的艺术。

1.时间分配的艺术　时间分配的方法主要有以下几种。

（1）重点管理法　即分清事情的主次及任务的缓急，集中时间和精力把事情做好，即能把有限的时间分配给最重要的工作。

（2）最佳时间法　就是把最重要的工作安排在一天中效率最高的时间去完成，而对于零碎的事务或次要工作可以放在精力较差的时间去做。

（3）可控措施法　把自己不可控的时间转化为可控时间，以提高管理效率。

2.节约时间的艺术 可以详细记录自己每周、每月或每季度一个区段使用的时间，再加以分析综合，做出判断，从而了解哪些时间内的工作是必要的、有用的，哪些是不必要、无用的、浪费的，以便改进，促进更好地管理和运用时间。也可以召开会议，科学地计算会议成本，提高会议效率。

六、创新的艺术

创新是指人们发现了新方法、新技术或提供了新观点、新思想。创新是按照自然和社会发展的规律，提出改造自然、改造社会的新设想、新方案。创新应贯穿整个领导活动之中，作为一个合格的领导者应具备开拓创新能力。

合格的领导者观察事物时一般具有独特、细致和敏锐性等特点，能根据形势的发展变化，结合新的实践经验和时代条件，在思路的选择上、思考的技能和技巧上、思维的结论上有独到之处，与众不同，又合乎情理，比别人想得更深入、更透彻，提出人们想象不到、表达不出的新见解。同时也善于从生活的细微之处，从常人司空见惯、习以为常或熟视无睹的事情上发现问题，开动脑筋，引发思考，获得思维成果，这也是创新领导者应具备的一种思维特征。

七、处理紧急事件的艺术

在管理活动中，经常会发生一些突发、紧急和棘手的事件，因而领导者也要掌握处理这类事件的艺术。

1.迅速控制事态 紧急事件发生后，能否先控制住事态，使其不扩大、不升级、不蔓延，是处理整个事件的关键。这既是关系整个事件处理成败的基础和前提，又是寻找更好的、更彻底的处理方法的重要条件。

突发事件发生后，面临紧急事件的组织成员大都情绪激动，一触即发。领导者应进行心理控制，运用弱化员工的激动情绪、舒缓紧张气氛等具体的技巧；减轻群众心绪不稳、思想混乱、不知所措等心理压力，并迅速在组织内部和广大群众中开展正面教育，使大多数人认清形势，稳住阵脚，以防局面失去控制；迅速查清紧急事件的重要人物和地点，予以重点控制。

2.收集事实材料，分析紧急事件产生的原因 紧急事件产生的原因可能是难于控制的自然灾害；复杂多变的政治、经济环境；变化多端的市场竞争；组织的内部管理不善；主观人为的因素等。领导者要带领下属，动用一切可行的手段，准确地掌握大量的现象和事实材料。在掌握全面材料的基础上分析各种现象背后的联系，找到造成整个事件的根本症结，确认事件的性质。然后，迅速地制定处理事件的总体方案。

3.果断实施方案，处理事件 领导者必须果断决策，周密组织，统筹安排，层层落实责任，让人人承担责任，各司其职，各负其责，找准突破口，集中优势兵力去攻克关键环节和难关。

4.总结工作 领导者要深入群众，做好善后思想稳定工作；要总结紧急事件的教训，查找原因，堵塞漏洞，提高认识，避免类似事件再次发生；对于紧急事件处理过程中的工作失误也要及时总结。

小　结

本章主要学习了组织的领导职能的内容和相关理论。

1.领导职能的相关内容 包括领导的概念和含义；领导与管理的联系与区别；领导的实质；领导的职能与作用；领导者的类型。

2.领导理论

（1）人性假设理论。主要包括"工具人"假设、"经济人"假设、"社会人"假设、"自我实现人"假设和"复杂人"假设。

（2）领导特性理论。

（3）权变理论。

3.领导的艺术 包括决策的艺术、用人的艺术、表扬与批评的艺术、人际交往的艺术、时间管理的艺术、创新的艺术和处理紧急事件的艺术。

📖 **实用管理学小原理** -

鲶鱼效应和鳗鱼效应

挪威人爱吃沙丁鱼，尤其是活鱼，挪威人在海上捕得沙丁鱼后，如果能让其活着抵港，卖价就会比死鱼高好几倍。但是，由于沙丁鱼生性懒惰，不爱运动，返航的路途又很长，因此捕捞到的沙丁鱼往往一回到码头就死了，即使有些活的，也是奄奄一息。不过只有一位渔民的沙丁鱼总是活的，而且很生猛，所以他赚的钱也比别人的多。大家纷纷猜测他的鱼槽里有什么秘密。但是该渔民严守成功秘密，直到他死后，人们打开他的鱼槽，才发现他装鱼的水槽里只不过是多了一条鲶鱼。原来鲶鱼以鱼为主要食物，装入鱼槽后，由于环境陌生，就会四处游动，而沙丁鱼发现这一异己分子后，也会紧张起来，加速游动，如此一来，沙丁鱼便能活着回到港口。这就是所谓的"鲶鱼效应"。

日本也有一个与此相似的故事。日本的北海道盛产一种味道珍奇的鳗鱼，海边渔村的许多渔民都以捕捞此鱼为生。鳗鱼的生命非常脆弱，只要一离开深海区，要不了半天就会全部死亡。有一位老渔民天天出海捕捞鳗鱼，奇怪的是，返回岸边之后，他的鳗鱼总是活蹦乱跳。而其他捕捞鳗鱼的渔户，无论怎样对待捕捞到的鳗鱼，回港后全是死的。由于鲜活的鳗鱼要比冷冻的鳗鱼贵出一倍，所以没几年工夫，老渔民一家就成了远近闻名的富翁。而周围的渔民却只能维持简单的温饱。后来人们才知道原来，鳗鱼不死的秘诀，就是在整仓的鳗鱼中，放进几条狗鱼。鳗鱼与狗鱼非但不是同类，还是出了名的死对头。几条势单力薄的狗鱼遇到成仓的对手，便会惊慌地在鳗鱼堆里四处乱窜，这样一来，一仓死气沉沉的鳗鱼就全部被激活了。

这就是"鳗鱼效应"的由来，也称"狗鱼效应"。实则两者本质是一样的。"鲶鱼效应"和"鳗鱼效应"这两个原理常常被引用到管理活动中，并逐步演变为一种竞争机制。作为一种竞争机制，"鲶鱼效应"或"鳗鱼效应"在人力资源管理和领导艺术中也能充分发挥作用。

目标检测

参考答案

一、选择题

1.领导者采用何种领导风格，应当视其下属的"成熟"程度而定。若某一下属既不愿也不能负担工作责任，且学识和经验较少，领导对于这种下属则应采取（ ）领导方式。

    A.命令型　　　　　　　　　　B.说服型

    C.参与型　　　　　　　　　　D.授权型

2.如果你是某公司高层领导者，一位下属找你汇报工作，但他比较啰唆，在汇报工作之时讲许多与工作无关的理论、教条，而此时还有其他下属在等待汇报工作。在这种情况下，你应该（ ）。

    A.任其讲下去，让其他下属耐心等待

    B.不客气地打断其讲话，让其他下属开始汇报工作

    C.情绪急躁地让其别啰唆，挑主要的讲

    D.有策略地打断其讲话，指出时间宝贵，别人还在等待

3.在菲德勒的领导理论中，LPC是指（ ）。

    A.管理模式　　　　　　　　　B.激励的方法

    C.高素质的人员　　　　　　　D.最不受欢迎的合作者

4.根据领导者运用职权方式的不同，可以将领导方式分为专制、民主与放任3种类型。其中民主式领导方式的主要优点是（ ）。

A.纪律严格，管理规范，赏罚分明

B.组织成员具有高度的独立自由性

C.按规章管理，领导者不运用权力

D.员工关系融洽，工作积极负责，富有创造性

5.现代管理学中的领导理论包括（　　）。

A.目标激励理论　　　　　　　　B.人性假设理论

C.权变理论　　　　　　　　　　D.条件领导理论

二、简答题

1.领导和管理是一回事吗？请说明原因。

2.简述自己对领导的艺术的理解。

第九章　激　励

你也许可以干两个人的活，可你成不了两个人。你必须全力以赴，去激励另外一个人，也让他去激励他手下的人。

——福特、克莱斯勒汽车前总裁李·艾可卡

学习目标

1.掌握有效激励的方式与手段。

2.熟悉激励理论。

3.了解激励的概念、特点和一般模式。

案例导读

尴尬的奖金

某企业老板每年春节都会额外给员工发3000元的奖金。但几年下来，老板觉得这笔奖金好像吸引力越来越小，因为员工们在领奖金的时候反应相当平静，每个人都像领自己每月的工资一样自然，而且在日常工作中好像也没有人会为了这笔年终奖而表现得格外努力。

既然奖金起不到激励作用，加上今年行业经济不景气，老板决定取消这笔奖金，这样还能给公司节省一部分开支。然而奖金停发的结果却大大出人意料：公司上下几乎每个人都在抱怨老板，员工的情绪十分低落，工作效率也受到不同程度的影响。老板有点困惑：为什么有奖金的时候，没有人积极主动工作，也没人夸奖老板体贴员工，而取消奖金反而有这么多人抱怨呢？

思考：你能解答老板的困惑吗？

第一节 激励概述

一、激励的含义

激励是管理者运用各种管理手段，刺激被管理者的需要、激发其动机，引导并促进被管理者产生有利于管理目标行为的过程。可以从以下几个方面来理解激励这一概念。

1.激励是一个过程 人的行为都是在某种动机的推动下完成的。对人的激励，实质上就是利用能满足人的需要的诱因条件，激发其行为动机，从而推动其采取相应的行为，以实现目标，然后再根据人们新的需要设置诱因，如此循环往复。

2.激励过程受内外因素的制约 各种激励措施应与被激励者的需要、理想、价值观和责任感等内在因素吻合，才能产生较强的影响力，从而激发和强化其动机，否则不会产生激励作用。

3.激励具有时效性 每一种激励手段的作用都有一定的时间限度，超过时限就会失效。因此，激励不能一劳永逸，需要持续进行。

4.激励的最终目的是实现组织目标，同时让组织成员实现个人目标 即达到组织目标和成员个人目标的客观统一。

📖 案例拓展 -

引人深思的拉绳实验

法国一位工程师设计了一个拉绳实验：把被试者分成一人组、二人组、三人组和八人组，要求各组要用尽全力拉绳，同时他用灵敏度很高的仪器分别测量各组的拉力。结果，二人组的拉力只是单人拉绳时二人拉力总和的95%，三人组的拉力是单人拉绳时三个人拉力总和的85%，八人组的拉力竟然只有八个人拉力总和的49%。

"拉绳实验"中出现 "1+1<2"的情况，明摆着是有人没有竭尽全力，这说明人有惰性，如果不得不单枪匹马地干活，就会竭尽全力；如果是在集体中，则可能悄悄把责任分解给其他人。社会心理学研究认为，这是集体工作时存在的普遍特征，并称之为"社会浪费"。

发掘人的潜力极限需要刺激，而最长效、管用的刺激手段，莫过于建立"人尽其才、人尽其力"的激励机制。责任越具体，人的潜力才发挥得越充分，耍滑头的人就越少，真用劲的人越有发展空间。这样，既能在人力资源管理上挖掘员工潜能，又可减少无法滥竽充数的"南郭先生"，最大限度地减少"社会浪费"。

思考： 如果你是某家公司的高层领导者，看完这个案例后你认为应该采取什么措施调动员工的积极性？

二、激励的功能

1.有利于鼓舞士气　有研究者发现，组织员工一般仅发挥个人能力的四分之一，就足以保住自己的"饭碗"，不被解雇；如果受到充分的激励，他们的能力可以发挥到八成到九成，甚至十成，这个巨大差距就是激励发挥的作用。

一般领导者在工作遇到难题的时候，为了推动目标达成，总是会先考虑改进现有设备和环境等硬件条件，其次才会考虑发挥员工潜力。实际上，如果多关注运用激励手段激发员工士气，即使在相同的硬件条件下，也可能取得难以想象的效果。

2.吸引和留下优秀人才　彼得·德鲁克认为，组织需要3个方面的绩效：直接成果、价值的实现和未来的人力资源发展。缺任何一种绩效，组织都将面临危机。因此，领导者应该对3个方面都给予重视，特别要重视未来人力资源的发展。一些企业会通过各种优惠政策、丰厚的工资待遇、快速晋升途径等在短期内吸引大批人才加入，正是发挥了激励的作用。

3.有利于员工素质的提高　很多组织会制定各种评优评先、奖励制度，就是通过对忠于职守、业绩突出的员工进行一定奖励来激励更多的员工。

4.造就良好的竞争环境　科学的激励制度能够创造一种良好的竞争环境，形成良性竞争机制。在具有竞争性的环境中，组织成员会感受到环境压力，进而努力提高个人工作业绩。有效的激励措施同时对组织成员的努力给予及时的肯定，会进一步激发员工的热情和主动性。

三、激励的特点

激励作为一种领导手段，最显著的特点是内在驱动性和自觉自愿性。由于激励起源于人的需要，是被管理者追求个人需要满足的过程，因此，这种实现组织目标的过程，不带有强制性，而完全是靠被管理者内在动机驱使的、自觉自愿的。

激励在组织管理中具有十分重要的作用，有利于激发和调动员工积极性，有利于满足职工在物质、精神、尊重、社交等多方面的需要；有助于将职工的个人目标与组织目标统一起来。

四、激励的一般模式

激励过程就是一个由需要开始到需要得到满足的连锁反应。当人产生需要而未得到满足时，会产生一种紧张不安的心理状态；在遇到能够满足需要的目标时，这种紧张不安的心理就转化为动机，并在动机驱动下向目标努力。目标达到后，需要得到满足，紧张不安的心理状态就会消除。随后又会产生新的需求，引起新的动机和行为。这就是激励过程。可见，激励实质上是以未满足的需要为基础，利用各种目的激发动机产生，驱使和诱导员工的行为，促使目标实现，提高需要满足程度的连续的心理和行为过程，整个过程如图9-1所示。

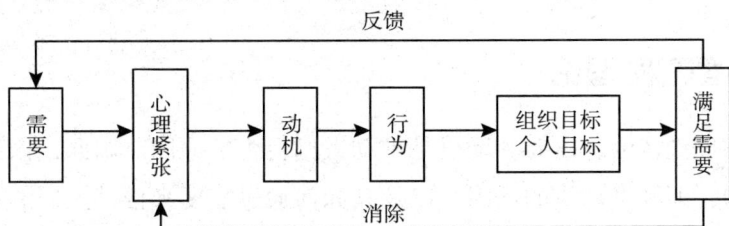

反馈

```
需要 → 心理紧张 → 动机 → 行为 → 组织目标个人目标 → 满足需要
```

消除

图9-1　激励模式

案例拓展

令人烦恼的升职

黄总在一家房地产公司主要负责销售业务。他提拔了公司里最优秀的销售员小王担任销售部经理。他认为把小王提拔起来，不仅是对小王的一种激励，还可以让她发挥更大的作用。然而，小王升职不久就不时有员工投诉，说小王对待下属态度不好，而且几乎从来不给销售员们的工作进行指导和帮助。并且原本业绩出类拔萃的小王在升任销售部经理后，工作积极性好像也大打折扣。

其实，小王在升职之后确实不太高兴：当推销员时，她每做成一笔订单就能拿到奖金提成，可是当了领导后，不但没有订单提成，她的工作干得好坏都要取决于下属的业绩，奖金有多少也要到年底才能定下来。几年前，她在市区买了一套高价住宅，还买了一辆汽车。以前做销售的时候，每个月丰厚的奖金提成可以让她轻松还房贷、车贷，现在做了领导，差不多全部收入都用在还贷和家庭日常开销上，日子过得紧巴巴，生活水平好像也下降了不少。小王觉得，自己现在的工作又忙又累，却没有经济效益，还没有成就感。所以她现在跟过去相比判若两人。

黄总咨询了一位管理专家。专家经过调查给出了结论：升职销售部经理不是小王期望的，因此不能发挥激励作用，她也不会卖力工作追求成功。

思考：如果你是黄总，你会怎么激励小王？

第二节　激励理论

20世纪20~30年代以来，许多管理学家、心理学家和社会学家都从不同的角度对怎样激励他人的问题进行了研究，并提出了相应的激励理论。通常我们把这些激励理论分为三大类：内容型激励理论，过程型激励理论和行为改造型激励理论。

一、内容型激励理论

内容型激励理论认为，需要和动机是推动人们行为的原因。因此，该理论着重研究需要的内容和结构，即激发动机的诱因，以及其如何通过需要来推动人们的行为。其中有代表性的理论有需要层次理论、双因素理论等。

（一）需要层次理论

需要层次理论由美国社会心理学家亚伯拉罕·马斯洛提出，因而也称为马斯洛需要层次理论。本理论我们在第二章粗浅介绍过。在本章，我们将更加详细地剖析。

1.需要层次理论的主要内容

（1）人是有需要的动物，其需要取决于他已经得到了什么、还缺少什么，只有还没有得到满足的需要才能够影响人的行为。

（2）人的需要有高低层次之分，某一层次的需要得到满足后，另一个层次的需要才会出现。人的需要层次由低到高依次是生理的需要、安全的需要、社交的需要、尊重的需要、自我实现的需要（图9-2）。

1）生理的需要：人类生存最基本的需要，如食物、水、住房、医药等。这是动力最强大的需要，如果这些需要都得不到满足，人类就无法生存，也就谈不上其他的需要。

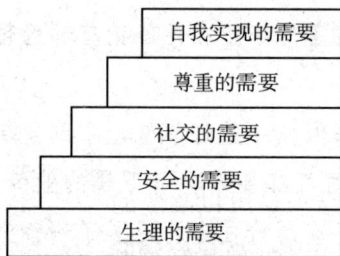

图9-2　需要层次论

2）安全的需要：不受身体危害，以及不受失业、财产、食物或居住损害的恐惧的需要，包括劳动安全、职业安全、生活稳定、劳动保险、老有所养、免于灾难、未来有保障等。

3）社交的需要：包括友谊、爱情、归属、信任与接纳的需要。人们一般都愿意与他人进行社会交往，想和同事们保持良好的关系，希望给予和得到友爱，希望成为某个团体的成员等。这一层次的需要得不到满足，可能会影响人的精神健康。

4）尊重的需要：包括自尊和受到别人尊重两方面，前者是对地位、成就、权威、自信心、独立和自由的渴望，后者来自别人的尊重、赏识、注意或欣赏等对名誉和声望的渴望。人的这个层次的需要一旦得以满足，必然信心倍增，否则就会产生自卑感。

5）自我实现的需要：需要层次中最高层次的需要，指个人成长与发展，发挥自身潜能、实现理想的需要。它通常表现在两个方面：①胜任感，有这种需要的人力图控制事物或环境，希望一切在自己的控制之下，而不是被动等待事情的发生。为了达到这个目的，他们会主动利用掌握的知识和资源积极、主动地研究、分析、改进工作；②成就感，它会让人享受工作成果或成功，并愿意为了获得成果和成功不断努力。

（3）人的基本需要必先得到满足，然后才会进一步追求较高层次的需要。当一个层次的需要相对满足了，就不再成为激励因素，就会提出更高一层次的需要。

2.需要层次理论的进一步发展　马斯洛的需要层次论在后来更多研究者的推动下得到继续发展。现在人们一般认为，人类的需要具有多样性、层次性、潜在性和可变性等特征。

（1）需要的多样性　是指人的需要是多种多样的。一个人在不同时期也可能有多种不同的需要，在同一时期也可以存在好几种程度不同、作用不同的需要。

（2）需要的层次性　是指支配人的行为的需要并不是同等重要的。研究发现，决定人的行为的是人们感觉最迫切的需要。也就是说，在一定时期，只有那些表现最强烈、感觉最迫切的需要才能引发人们最强烈的动机。对于不同的人在同一时期，或者同一个人在不同时期，感受到最强烈的需要类型并不一定相同。具体某一个人在一定时期的需要并不一定像马斯洛的理论那样严格按照一定层次顺序排列。

（3）需要的潜在性　指人的需要并非随时全部能被人清楚感知或认识到。有些需要是以潜在的形式存在的，只有到了一定时刻，由于客观环境或主观条件发生了变化才能让人们发现或感觉到自己这些需要。

（4）需要的可变性　是指需要的迫切性以及需要的层次结构是可以改变的。改变的原因可能有两个：①原来迫切的需要已经得到某种程度的满足，紧张感已经消除，需要的迫切性也随之消失；②由于外界环境的改变或影响，改变了人们对于自己各种需要的迫切性的认识，从而一些原来迫切的需要可能不再那么迫切，被原来不那么迫切的需要取而代之。例如，正常情况下，一个人可能把升职加薪作为个人工作的首要需要，但是当经济形势不好，面临公司裁员的时候，员工们可能会希望自己能留下来不被裁掉，保住"饭碗"就成了最迫切的需要。

作为领导者，只有在充分认识和了解员工需要的基础上，才能根据下属不同的需要进行有效的激励。

3.需要层次理论在管理实践中的应用　领导者要正确认识被管理者的需要。片面看待下属的需要是不正确的，应进行科学分析并区别对待。要结合本组织的特点，同被管理者的各层次需要联系起来，进行科学分析，找出被管理者的需要及其差别，然后有针对性地满足被管理者的需要，才能取得良好的激励效果。见表9-1。

表 9-1　需要层次理论在企业中的应用

需要层次	激励因素（追求的目标）	应用
生理需要	工资和奖金、各种福利和工作环境	较高的薪金、舒适的工作环境、合理的工作时间、住房和福利设施、医疗保险等
安全需要	职业保障、意外事故的防止	雇佣保证、退休养老金制度、意外保险制度、安全生产制度、危险工种营养福利制度
社交需要	友谊、团体的接纳、组织的认同	建立和谐的工作团队、建立协商和对话制度、互助金制度、联谊小组、教育培养制度
尊重需要	名誉和地位、权力和责任	人事考核制度、职衔、表彰制度、责任制度、授权
自我实现需要	能发挥个人特长的环境、具有挑战性的工作	决策参与制度、提案制度、破格晋升制度、目标管理、工作自主权

（二）双因素理论

双因素理论是美国心理学家赫茨伯格于1959年提出来的，全名叫"保健、激励因素理论"。

赫茨伯格曾在匹兹堡地区对11个工商业机构的2000多位工程师、会计师等白领工作者进行调查征询。他设计了许多问题来调查受访者对工作的满意度评价。通过调查发现，受访人员表示不满的项目，大都同他们的工作环境和工作条件等外在因素有关；而感到满意的因素，则一般都是工作内在的，与工作本身有关。据此，他提出了双因素理论。

1.双因素理论的主要内容　赫茨伯格认为，影响员工工作积极性的因素可分为两类：保健因素和激励因素。

（1）保健因素　就是那些得不到就会造成职工不满的因素。这类因素的改善能够解除职工的不满，但不能使职工感到满意或激发起职工的积极性。它们主要包括公司政策、行为管理和监督方式、工作条件、人际关系、地位、安全和生活条件等。一般与工作环境和工作条件有关。

（2）激励因素　就是那些与人们的满意情绪有关的因素，即得到就会使职工感到满意的因素，唯有这类因素的改善才能让员工感到满意，能够起到调动员工积极性，提高劳动生产效率的作用。如果处理不当，其不利效果也顶多是员工没有满意情绪，但不会导致不满。赫茨伯格认为，激励因素主要包括：工作表现机会和工作带来的愉悦感；工作上的成就感；由于良好的工作业绩而得到的奖励；对未来的发展期望和职务上的责任感等。

保健因素与激励因素具体内容见表9-2。

表 9-2　保健因素与激励因素

保健因素	激励因素
金钱	工作本身
监督	赏识
地位	进步
安全	成长的可能性
工作环境	责任
政策与行动	成就
人际关系	

2.双因素理论在管理实践中的应用　传统观念认为，满意的对立面就是不满意。而赫茨伯格发现，满意的对立面是没有满意，不满意的对立面是没有不满意。

我们要善于区分管理实践中的存在的两类因素。要调动和维护员工的积极性，首先要注意保健因素，做好与其有关的工作，以防止员工产生不满情绪。要重视利用激励因素来激发员工工作热情，使他们努力工作。如果领导者只满足于员工没有什么意见，只针对保健因素采取一些消极措施，虽然可以使员工和管理者相安无事，却不能创造奋发向上的氛围，很难取得非凡的工作业绩。

但是，在不同的国家、不同地区、不同时期、不同阶层、不同组织甚至是每一个人，最敏感的激励因素是各不相同的，有时差别还很大。因此，必须在分析上述因素的基础上，灵活地加以确定。例如，工资在发达国家的一些企业中，不是激励因素，但在我们国家的许多企业中仍是一个非常重要的激励因素。

📖 **案例拓展** -

卡车司机的要求

20世纪60年代，美国一家运输公司经常面临招工不足、卡车司机流动性大、流失率高的问题，令公司管理层非常头疼。为了解决这个问题，人力资源部门派专人找公司旗下的500多位司机逐个了解情况，并征求他们的意见。最后，根据司机们的建议，公司给卡车都安装了气动装置和反刹车锁，从而提高了司机们的行车安全系数。因为卡车司机通常要跑长途，食宿难以保障，公司又按照司机们的建议在各大公路沿途增加了司机住宿点。建造住宿点按照司机们的要求，给每间宿舍都配备了私人浴室。这样就能够让司机们在跑长途的路上有固定的地方吃饭、休息，拥有回家的感觉。经过以上措施，公司的卡车司机流动性大大减小，而且更容易招到人了。

思考：运输公司的措施对卡车司机们发挥了什么作用？

- -

（三）成就需要理论

美国另一位管理学家麦克利兰把人的基本需要分为权力的需要、社交的需要和成就的需要3种。他认为，这3种需要在不同的人身上变现出来的强烈程度不同。他在研究中发现了以下特点。

1.具有较高权力欲望的人　希望对别人施加影响和控制。这种人一般善于提出要求，喜欢发表演讲、鼓励人心，他们更希望成为领导。

2.具有强烈社交需要的人　通常会从人际交往中得到快乐，他们希望与其他人保持融洽的关系，希望得到他人的关心和谅解，也会为遇到困难的伙伴提供安慰和帮助。

3.成就感强烈的人　通常喜欢寻找富于挑战的工作，愿意承担风险，敢于承担责任。他们强烈希望获得成功，会尽量避免失败带来的打击。

麦克利兰通过研究还发现，有成就感需要的人数多少和成员成就感的强烈程度会很大程度上影响企业乃至整个国家的经济发展水平和速度。

二、过程型激励理论

过程型激励理论是着重研究人们选择其所要采取的行为的过程。即研究人们的行为是怎样产生的，是怎样向一定方向发展的，如何能使这个行为保持下去，以及怎样结束行为的发展过程。它主要包括弗鲁姆的期望理论和亚当斯的公平理论。

（一）期望理论

弗鲁姆认为，人们采取某项行动的动力或激励力取决于其对行动结果的价值评价和预期达成该结果可能性的估计。换言之，激励力的大小取决于该行动所能达成目标并能导致某种结果的全部预期价值乘以个人认为达成该目标并得到某种结果的期望概率。用公式可以表示为：

$$M=V \times E$$

式中，M表示激励力量，是直接推动或使人们采取某一行动的内驱力，是指调动一个人的积极性、激发出人的潜力的强度；V表示目标效价，指达成目标对于满足个人需要的价值大小，它反映个人对某一成果或奖酬的重视与渴望程度；E表示期望值，指根据以往的经验对达成目标并能导致某种结果的概率进行主观判断，是个人对某一行为导致特定成果的可能性或概率的估计与判断。

显然，只有当人们对某一行动成果的效价和期望值同时处于较高水平时，才有可能产生强大的激励力。

弗鲁姆的期望理论提出在进行激励时要辩证地处理好3个方面的关系，这些也是调动人们工作积极性的3个条件。

1.努力与绩效的关系　人们总是希望通过一定的努力达到预期的目标，如果个人主观认为达到目标的概率很高，就会有信心，并激发出很强的工作力量，反之如果他认为目标太高，通过努力也不会有很好的绩效时，就会失去内在的动力，导致工作消极。

2.绩效与奖励的关系　人总是希望取得成绩后能够得到奖励。这个奖励是综合的，既包括物质上的，也包括精神上的。如果他认为取得绩效后能得到合理的奖励，就可能产生工作热情，否则就可能没有积极性。

3.奖励与满足个人需要的关系　人总是希望自己所获得的奖励能满足自己某方面的需要。然而，由于人们在年龄、性别、资历、社会地位和经济条件等方面都存在差异，他们对各种需要得到满足的程度也不同。因此，对于不同的人，采用同一种奖励办法能达到的满足程度会有所不同，能激发出的工作动力也就不同。

对期望理论的应用主要体现在激励方面。它启示管理者不要泛泛地采用一般的激励措施，而应当采用多数组织成员认为效价最大的激励措施。而且在设置某一激励目标时，应尽量加大效价的综合值，加大组织期望行为与非期望行为之间的效价差值。在激励过程中，还要适当控制期望概率和实际概率，加强期望心理的疏导。期望概率过大，容易产生挫折，期望概率过小，又会减少激励力量；而实际概率应使大多数人受益，最好实际概率大于平均的个人期望概率，并与效价相适应。

（二）公平理论

在组织中，个人参与组织活动（工作）并从组织获得一定的报酬（精神上和物质上）是满足人的需要的主要途径。报酬不仅能直接满足人的某种需要，而且能体现组织对个人某个时期的工作成果的评价和承认程度。从某种意义上说，报酬的多少体现了个人在上级主管心目中的形象、地位和价值。因此公平理论认为，报酬对人们行为的影响，首先要取决于人们的上述认识，即取决于人们对报酬公平与否的评价。

公平理论又称社会比较理论，它是美国行为科学家亚当斯提出来的一种激励理论。该理论侧重于研究工资报酬分配的合理性、公平性及其对职工工作积极性的影响。

公平理论的基本观点：当一个人做出了成绩并因此获得报酬后，他不仅关心自己所得报酬的绝对量，而且关心自己所得报酬的相对量。因此，他要进行种种比较来确定自己所获报酬是否合理，比较的结果将直接影响其今后的工作积极性。

人们一般进行横向比较和纵向比较来衡量自己的"报酬"。

1.横向比较　就是将自己获得的"报酬"（包括金钱、工作安排以及获得的赏识等）与自己的"投入"（包括教育程度，所做努力，用于工作的时间、精力和其他无形损耗等）的比值与组织内其他人做比较，只有相等时他才认为公平，用公式可以表示为：

$$O_P/I_p=O_C/I_C$$

式中，O_P表示自己对所获报酬的感觉；O_C表示自己对他人所获报酬的感觉；I_p表示自己对个人所投入的感觉；I_C表示自己对他人所投入的感觉。

但是，在现实中，还可能可能出现以下两种情况。

（1）前者小于后者，员工可能要求增加自己的收入或减少自己今后的努力程度，以使左边的比值增大，与右边趋于相等；也有可能他要求组织减少比较对象的收入或让其今后增大努力程度以使右方减少趋于相等。此外，他还可能另外找人作为比较对象以便达到心理上的平衡。

（2）前者大于后者，员工可能会在开始时积极主动地多做些工作，但是，久而久之他会重新估计自己的技术和工作情况，等到他认为自己确实应当得到那么高的待遇时，产出量便又会回到过去的水平了。

2.纵向比较 即把自己目前投入的努力与目前所获得报偿的比值，同自己过去投入的努力与过去所获报偿的比值进行比较。只有相等时他才认为公平。用公式可以表示为：

$$O_P/I_P=O_H/I_H$$

式中，O_H表示个人对过去所获报酬的感觉；I_H表示个人对自己过去投入的感觉。

当两边比值相等时，人不会因此产生不公平的感觉，但也不会感觉自己多拿了报偿从而主动多做工作。当上式为不等式时，人也会有不公平的感觉，这可能导致工作积极性下降。调查和实验结果表明，不公平感的产生绝大多数是由于经过比较认为自己目前的报酬过低而产生的；少数情况下也会由于经过比较认为自己的报酬过高而产生。

公平理论揭示了几种客观事实：①影响激励效果的不仅有报酬的绝对值，还有报酬的相对值；②激励时应力求公平，使等式在客观上成立，尽管有主观判断的误差，也不致造成严重的不公平感；③在激励过程中应注意对被激励者公平心理的引导，使其树立正确的公平观。要认识到绝对的公平是不存在的；不要盲目攀比；不要按酬付劳，按酬付劳是在公平问题上造成恶性循环的主要杀手。

为了避免职工产生不公平的感觉，企业往往采取各种手段，在企业中造成一种公平合理的气氛，使职工产生一种主观上的公平感。例如，有的企业采用保密工资的办法，使职工相互不了解彼此的收入情况，以免职工相互比较而产生不公平感。

三、行为改造型激励理论

行为改造型激励理论主要研究如何改造和修正人的行为。主要的理论有斯金纳的"强化理论"、凯利的"归因论"等。下面介绍一下"强化理论"。

所谓强化，指的是对一种行为给予肯定或否定的后果（报酬或惩罚），它至少在一定程度上会决定这种行为在今后是否会重复发生。根据强化的性质和目的可把强化分为正强化和负强化。

美国的心理学家和行为学家斯金纳认为当人或动物为了达到某种目的，就会采取一定的行为作用于环境。当行为的后果对他有利时，这种行为就会在以后重复出现（正强化）；不利时，这种行为就减弱或消失（负强化）。可以用这种办法来影响人们的行为，从而达到修正其行为的效果，这就是强化理论，也叫作操作条件反射理论。

在管理上，正强化就是鼓励那些组织需要或对组织有利的行为，以加强这种行为；负强化就是限制那些与组织不相容的行为，以削弱这种行为。正强化的方法包括奖金、对成绩的认可、表扬、改善工作条件和人际关系、升职、安排担任挑战性的工作、给予学习和成长的机会等；负强化的方法包括批评、处分、降级等，有时不给予奖励或少给奖励也是一种负强化。

在管理实践中应用强化理论，应注意以下问题。

（1）要根据不同的对象采用不同的强化措施。对于不同年龄、性别、职业、学历、经历的人，需要采取不同的强化方式。如有的人更重视物质奖励，有的人更重视精神奖励，应区分情况，采用不同的强化措施。

（2）及时反馈。一个人在实施了某种行为后，如果没有得到及时反馈，或领导者没有注意到这种行为，这种行为重复发生的可能性就会减小甚至消失。所以，必须利用及时反馈作为一种强化手段。

（3）运用强化手段时，应以正强化为主；必要时也要对不好的或对组织不利的行为给予惩罚，做到奖惩结合。

知识链接

斯金纳箱

斯金纳是美国行为主义心理学家，操作性条件反射理论的奠基者。他研制了一个非常简单有效的研究动物行为的装置——斯金纳箱。通过这个装置对老鼠进行实验，斯金纳得出了关于强化的理论。直到今天心理学家依然使用这个装置来研究动物的行为。

斯金纳箱是一个带"机关"的动物实验箱，底部装有电击网，箱子边上有个食物槽，食物槽旁边有两个按钮，一个是红色，一个是绿色。按压红色按钮，就会有食物掉到食物槽中；按压绿色按钮，箱子底部的电击会停止。斯金纳把实验的小白鼠放进箱子。刚开始，小白鼠在箱子里无意识地上蹿下跳，一不小心按压到了红色按钮，就有食物掉出来，它吃掉食物后还想让食物出来，于是按压红色按钮的频率上升了。后来斯金纳又放入另一只小白鼠。小白鼠一进入箱子，底部的电击网就开始工作，老鼠在逃窜中不小心按压到了绿色按钮,发现电击停止了。为了不被电,小白鼠按压绿色按钮的频率也上升了。

斯金纳把小白鼠学习按压红色按钮的过程称为"正强化",学习按压绿色按钮的过程称为"负强化"。

四、有效激励的方式与手段

在管理实践中,常用的激励手段主要有3类:物质激励、精神激励和情感激励。

(一)物质激励

物质激励即通过物质刺激的手段,对组织成员进行鼓励。它的主要表现形式有正激励,如发放工资、奖金、津贴、福利等;负激励,如罚款等。

采取物质激励措施应注意以下几方面。

(1)物质激励应与相应制度结合起来。制度是目标实现的保障。因此,物质激励需要相应的制度提供依据。在组织管理中,物质奖惩标准应事先形成制度稳定下来并公之于众,而不能靠事后的"一种冲动",想起来则奖励一下,想不起来就作罢,那样难以达到激励目的。

(2)物质激励必须公平、公正,要注意防止"平均主义"。美国心理学家亚当斯的公平理论告诉管理者必须对所有职工一视同仁,不偏不倚,按统一标准奖罚,否则会产生负面效应。此外,必须反对"平均主义"。平均分配奖励等于无效激励。

(3)企业要通过物质奖励调动职工积极性,应把奖金与工薪分开发放。如果把奖金与工薪一起发,员工容易把工作应得的和额外奖励混为一谈,不会产生受奖励的喜悦。

📖 **案例拓展** ----------------------------

晋商的股份激励

清代,晋商就有给予商号的大掌柜、二掌柜等经营管理人员和业务人员股份的做法。一般商号的股份分银股和身股两种。银股和身股同股同利,但性质不同。银股的股东是真正的东家,股份可以代代相传。身股是东家对员工的一种奖励,这种奖励采取股份的形式,使掌柜和伙计有股东的感觉,相当于一个企业的干股奖励。身股所有者可以参与分红,但股份不能继承,人一离职即取消。这种股权激励使员工与企业结成命运共同体,形成长期激励的效果。

思考:你知道哪些企业使用了股权激励方法?效果如何?

（二）精神激励

与物质激励相比，精神激励是在较高层次上调动职工的工作积极性，其激励深度大，维持时间也较长，精神激励的方法有许多种，这里着重介绍以下几种。

1.**目标激励** 企业目标是企业凝聚力的核心，体现了工作的意义，能够在理想和信念的层次上激励全体员工。实施目标激励，企业首先应将自己的长远目标、中期目标和近期目标进行宣传，使员工更加了解企业，了解自己在目标实现过程中应起到的作用。其次，应注意把组织目标和个人目标结合起来，宣传两者的一致性，使大家了解到只有在完成企业目标的过程中，才能实现个人的目标，个人事业的发展、待遇的改善与企业的发展、效益的提高息息相关。这样，员工就会对企业产生强烈的感情和责任心，平时用不着别人监督就能自觉地把工作搞好，能自觉关心企业的利益和发展前途。

2.**工作激励** 自我实现人假设是指人们力求最大限度地将自己的潜能发挥出来，只有在工作中充分表现自己的才能，才会感到最大的满足。依据这种假设，为了更好地发挥职工工作积极性，管理者要多考虑如何才能使工作本身变成更具有内在意义和更高的挑战，给职工一种自我实现感，使工作本身也具有激励力量。

3.**参与激励** 现代人力资源管理的实践经验和研究表明，员工都有参与管理的要求和愿望，创造和提供一切机会让职工参与管理是调动其积极性的有效方法。通过参与，可以形成员工对企业的归属感、认同感，可以进一步满足员工自尊和自我实现的需要。

4.**荣誉激励** 荣誉是社会或组织对个体或群体的崇高评价，是满足人们自尊需要，激发人们奋力进取的重要手段。荣誉激励成本低廉，但效果很好。美国IBM公司有一个"百分之百俱乐部"。当公司员工完成年度任务，就会被获准加入"百分之百俱乐部"，他和家人还会被邀请参加俱乐部的隆重集会。结果，公司的雇员都将获得"百分之百俱乐部"会员资格作为第一目标，希望获取那份光荣。这项激励措施就是有效利用了员工的荣誉感需求，取得了良好的激励效果。

5.**赏识激励** 来自上级的赏识是任何物质奖励都无法相比的。赏识激励是激励的最高层次，是领导激励优势的集中体现。社会心理学原理表明，群体成员都有一种希望能得到上级领导的承认和赏识的心理。赏识激励能较好地满足这种精神需要。

（三）情感激励

情感是人们情绪和感情的反映。情感激励既不以物质利益为诱导，也不以精神理想为刺激，而是指领导者与被领导者之间的以感情联系为手段的激励方式。领导者和被领导者的人际关系既有规章制度和社会规范的成分，更有情感成分。情感激励就是加强与员工的感情沟通，尊重职工，使员工始终保持良好的情绪，以激发员工的工作热情。

人的情感具有两重性：积极的情感可以提高人的活力；消极的情感可以削弱人的活

力。一般来说，下属工作热情的高低，同领导者与下属的交流多少成正比。古语说"士为知己者死""感人心者，莫过于情"。有时，领导者一句亲切的问候，一番安慰的话语，都可成为激励下属行为的动力。所以，领导者不仅要注意以理服人，更要强调以情感人。要舍得情感投资，重视与下属的人际沟通，变单向的工作往来为全方位的立体式往来，在广泛的信息交流中树立新的领导行为模式。领导者可以在这种无拘无束、下属没有心理压力的交往中得到大量有价值的信息，并能通过思想感情交流增进与下属的了解和信任。领导者通过真诚地帮助每一位下属，可以使团体内部产生一种和谐、团结的气氛。在心境良好的状态下人会变得工作思路开阔、思维敏捷，能迅速解决问题。因此，情感具有一定的动机激发功能。

创造良好的工作环境，加强管理者与员工之间以及员工与员工之间的沟通与协调，是情感激励的有效方式。

小　结

本章主要学习了激励的有关概念和理论。

1.激励的有关概念　包括激励的含义、功能、特点和一般模式。

2.激励的主要理论　包括内容型激励、过程型激励和行为改造型激励3种。内容型激励主要介绍了需要层次理论和双因素理论；过程型激励主要介绍了期望理论和公平理论；行为改造型理论主要介绍了斯金纳的强化理论。

3.有效的激励方式与手段　主要包括物质激励、精神激励和情感激励3种。要根据激励对象的特点采用合适的激励方式和手段。

📖 **实用管理学小原理** -

贝尔原则

美国西雅图的华盛顿大学准备修建一座体育馆。消息传出，立刻引起了教授们的反对。校方迫于压力顺从了教授们的意愿，取消了计划。

教授们为什么会反对修建体育馆呢？原因是校方选定的位置是在校园的华盛顿湖畔，体育馆一旦建成，恰好会挡住从教职工餐厅窗户欣赏到的美丽湖光。

为什么校方又会如此尊重教授们的意见呢？原来，与美国教授平均工资水平相比，华盛顿大学教授的工资一般要低20%左右。教授们之所以愿意接受较低的工资而不到其他大学去寻找更高报酬的职位，完全是出于留恋西雅图的湖光山色。西雅图位于太平洋沿岸，华盛顿湖等大大小小的水域星罗棋布。天气晴朗时可以看到美洲最高的雪山之一雷尼尔山峰，开车出去还可以到海伦火山。

教授们为了美好的景色而牺牲了获得更高收入的机会。这表明，华盛顿大学教授的工资，80%是以货币形式支付的，20%是由良好的自然环境补偿的。如果因为修建体育馆而破坏了这种景观，就意味着工资降低了20%，教授们可能会流向其他大学。可以预见，学校就不能以原来的货币工资水平聘到同样水平的教授了。

这就是由美国心理学家贝尔提出的贝尔原则：美丽的景色也是一种无形财富，它可以起到吸引和留住人才的作用。而作为学校来说，充分了解教师们的心理需求，并从这种需求出发，建立物资以外"美丽环境"的激励因素，也是至关重要的。正所谓，深入人心才可以得人心。

目标检测

参考答案

一、选择题

1.如果员工将失败归结为没有努力，接下来他的工作状况会（   ）。

    A.更加努力   B.积极性降低

    C.不变   D.不能判断

2.如果员工将失败归结为能力太差，接下来他的工作状况会（   ）。

    A.更加努力   B.不变

    C.积极性降低   D.不能判断

3.绩效工资实际上是（   ）的逻辑结果。

    A.期望理论和公平理论   B.双因素理论和强化理论

    C.公平理论和强化理论   D.期望理论和强化理论

4.很多企业都在公司员工的衣服上贴有公司名称、职位等标签，其目的是激发员工（   ）。

    A.成就感   B.权力欲

    C.归属感   D.安全感

5.干劲的高低可以通过考察职工是否愿意从事某种工作进行衡量，它主要通过（   ）等指标反映出来。

    A.出勤率   B.工时利用率

    C.任务达成率   D.员工流失率

    E.要求调动率

6.下列属于保健因素的有（　　）。

  A.监督方式　　　　　　　　B.关系

  C.工资福利　　　　　　　　D.提升

  E.奖金

7.马斯洛认为，人的需要包括（　　）。

  A.生理需要　　　　　　　　B.安全需要

  C.社交需要　　　　　　　　D.尊重需要

  E.自我实现需要

8.根据赫茨伯格的双因素理论，以下属于激励因素的有（　　）。

  A.照明　　　　　　　　　　B.职位晋升

  C.对未来的期望　　　　　　D.职务上的责任感

  E.夏天的空调

二、简答题

1.简述激励的功能。

2.简述双因素理论的内容。

3.有效激励有哪些方法？

第十章　沟通管理

与人交谈一次，往往比多年闭门劳作更能启发心智。

——世界著名文学家列夫·托尔斯泰

学习目标

1. 掌握沟通联络方式的障碍和沟通管理的主要策略。
2. 熟悉影响有效沟通的主要障碍。
3. 了解沟通的含义、类型。

案例导读

"沟通漏斗"中的筛子眼

20世纪初，美国军营里一位营长对值班的军官说："明晚8点钟左右，我们这个地区可能可以看到哈雷彗星，这颗彗星每隔76年才能见一次。命令所有士兵，今晚着野战服在操场上集合，我将向他们解释这一罕见的天文现象。如果今晚下雨，就在礼堂集合，我会给大家放一部有关彗星的影片。"

值班军官立即执行营长的命令，对连长说："根据营长的命令，明晚8点，每隔76年才能看见一次的哈雷彗星将在操场上空出现。如果下雨的话，就让士兵们穿着野战服列队前往礼堂，这一罕见的现象将在那里出现。"

连长立即执行值班军官的命令，对排长说："根据营长的命令，明晚8点，非凡的哈雷彗星将军将穿着野战服出现在礼堂，这是每隔76年才发生一次的事。如果操场下雨的话，营长将下达另一个命令，这种命令每隔76年才会出现一次。"

排长立即执行值班连长的命令，对班长说："明晚8点，营长将带着哈雷彗星在礼堂中出现，这是每隔76年才出现的事。如果下雨的话，营长将命令彗星穿上野战服到操场上去。"

最后，班长对士兵说："在明晚8点下雨的时候，著名的76岁的哈雷将军将在营长的陪同下身着野战服，开着一辆彗星牌汽车，经过操场前往礼堂。"

这个故事听起来像一个笑话，但是生活中类似的事情时有发生。这种在传递过程中信息失真的现象被人们称作"沟通漏斗"。在企业运营中，一旦信息失真，员工会部分理解甚至误解组织指令，执行的效果也会大打折扣，严重影响企业效率和效益，甚至可能会使企业陷入危机。所以，沟通管理非常重要，我们要掌握基本的沟通技巧，争取让这个沟通漏斗"漏"得越来越少。

思考： 根据你的经验，你认为可以怎样减少沟通中的信息失真现象？

第一节　沟通的含义与类型

一、沟通的含义

沟通的含义比较丰富，人们从不同角度给沟通下的定义不下百种，但它们都揭示了沟通的3个基本条件：①沟通必须发生在两个人或者多个人之间；②沟通过程中一定要有信息的存在，传递信息要有方法、工具和渠道；③成功的沟通，不仅需要信息传递，还需要接收者理解并影响其行为。

因此沟通可如下表述：沟通即信息交流，指将可理解的信息、思想、情感传递给对方，并被对方接收和理解的过程。

为了全面理解沟通的含义，我们不能忽视对沟通实质的认识，这有助于我们实现有效的沟通。

1.沟通是符号象征的过程　任何形式的沟通都需要借助某种符号。因为信息靠符号传递。文字就是一种符号。用某种符号来代替某种事物，就是一个象征化的过程。沟通双方正是在这个象征过程中接收并理解了信息。

2.任何符号都是用来代表或指称某种事物的　同样的事物可以用不同的符号来代表，而同样的符号也可能代表不同的意思。因此，对符号的认知是有效沟通的前提。

3.有效沟通要求沟通双方使用同一种符合系统　可见，没有共同的语言、文字，沟通就会出现障碍。

4.任何符号的意义都是特定的　符号的意义会因时空的转换而发生变化。对已发生变化符号的意义的理解有赖于个人的知识和经验。沟通双方知识和经验的差异，会导致对符号的特定意义的理解不同，导致无效沟通。

认识沟通的目的对于理解沟通也很必要。简单来说，沟通的目的就是分享信息。个人和群体间通过信息分享使认知和行为相互适应。组织中沟通的目的更直接，即通过分享信息，使组织每一个成员的思想和行动同组织的目标保持一致。在知识经济时代，企业在参与国际化经营过程中，重视内部信息沟通的同时，可能会更偏重企业间的沟通。因为通过这种沟通，企业可以共享某些相关信息，从而降低交易成本。

二、沟通的类型

人际沟通是人与人之间感情、思想、信息的交流和联系。组织内人际沟通的目的在于通过成员之间的相互交往，增进互相了解，有效判断并调整自己的行为活动状况，形成合力，实现组织既定的目标。

人际沟通的方式很多，这里重点分析和研究语言沟通和非语言沟通这两大类沟通方式的内容和特点。

（一）语言沟通

语言沟通即以语言为载体的沟通。语言沟通时使用正式的语言符号。语言沟通又分为口头语言沟通与书面语言沟通两种。

1.**口头语言沟通** 在组织内有面对面访谈、各种会议、培训、演讲、电话联系等，对外有街头宣传、推销访问、口头调查、组织间的洽谈等。口头沟通的优点是生动活泼、有亲切感，可利用表情、语调等非语言技巧增强沟通的效果，并有即时效应，是较典型的双向沟通。其优点是方式灵活，随机应变。其缺点是如果传递者口头表达能力差，则无法使接收者了解信息真意；口头信息一过即逝，不利于记忆和保存；如果接收者理解能力不高，也会影响沟通的效果。

2.**书面语言沟通** 在组织内有文件、布告、通知、备忘录、公报、刊物、职工手册、学生手册、教师手册、建议书、调查问卷等，对外有市场调查问卷、广告、招聘信息、新闻发布等。书面沟通的信息，具有权威性、正确性、准确性。之所以书面沟通是一种准确性较高的沟通方式，是因为书面沟通不容易在传递过程中被歪曲，可永久性保存，接收者可以按照自己的节奏和阅读习惯了解和理解信息。其缺点是反馈速度慢，甚至不反馈，接收者对信息的接收意愿不主动等。而且，由于书面沟通缺乏信息源背景信息的支持，会导致信息接收者接收不到信息源自身人格和情感等非语言信息，因而受到的影响力有限。

（二）非语言沟通

借助非正式语言等符号进行的沟通称为非语言沟通。在沟通过程中，非语言沟通传递了大约55%的信息。尽管非语言沟通效能较强，但人们因为思维惯性所致常常忽视其重要性，因而使其沟通效果大打折扣。非语言沟通包括身体语言沟通、副语言沟通和物体操纵。

1.身体语言沟通 包括动态的身体语言和静态的身体语言。动态的身体语言是通过动态无声性的目光、表情动作、手势语言和身体运动等实现沟通。静态身体语言是通过无声性的身体姿势、空间距离及衣着打扮等实现沟通。比如，坐着或站立时挺直腰板给人以威严之感；耷拉着双肩或跷着二郎腿可能会使某个正式场合的庄严气氛荡然无存，但也可能使非正式场合更加轻松友善。

2.副语言沟通 是通过非语词的声音，如音高、语速、语调、重音、哭、笑、停顿等来实现的。心理学家称非语言的声音信号为副语言。有时候一句话的含义常常不取决于其表面的含义，而是取决于它的弦外之音。俗话说"听话听声，锣鼓听音"就形象地揭示了副语言的内涵。

3.物体操纵 包括环境布置、辅助仪器与设备的使用等。物体操纵传递的信息是客观实在的。有时物体操纵这种非语言沟通方式的效应也比较大。比如20世纪刚刚面世的手机（俗称"大哥大"），在当时是老板级人物身份的象征，手持"大哥大"就可以直观营造出一个老板的身份。在正式公关场景中，座次的安排、合乎身份的衣着等都能体现出物体操纵这种非语言沟通方式的影响力。

综上所述，非语言沟通的特点可以用广泛性、连续性、简捷性、实用性来加以概括，非语言往往比普通语言更能有效地影响人们内心情感和外部行为。

知识链接

人际沟通在中国

中国是一个非常注重人际关系的国家，人与人之间存在着较强的人际依赖和人际制约，而这种强烈的人际依附性也决定了人际摩擦的高频出现率。同时，中国人在人际交往中的心理困扰也受到中国人特有的情感表达方式、思维方式和个性的影响，其中包括以下内容。

1.情感表达的含蓄性 中国社会文化习俗促使个体形成了比较内向的性格特征，因此决定了情感表达方式的含蓄性。由于很难将感情和情绪直率地表现出来，所以不仅加大了人与人之间理解的难度，同时也加大了误解的可能性。

2.思维方式的求全性 中国人追求完美的思维方式主要体现在道德观和人性审美上，既苛求他人也苛求自己，这种缺乏宽容精神的求全思维加深了人际隔阂，从而加大了人与人之间的摩擦系数。

3.对他人评价的极端关注 人际敏感可以说是中国人普遍具有的性格特征，其根源是个体对自我的判断总是取决于他人对自己的态度，而自我感觉的良好与否，则主要依赖于人际交往的结果。对人际关系的注重、对获得他人好感的追求，使中国人普遍存在着对来自他人指责的恐惧。如有的人在公众场合唯恐说错话、做错事，结果言行过度谨慎，举止极端退缩；有的人在别人面前总要刻意修饰，生怕暴露自身的缺点；有的人面对父母、上级、长辈就会深感不自在。

4.对他人的过度怀疑　多疑也是中国人比较普遍具有的性格特征，一些俗语反映了这一现象的存在，如"人心难测""人心隔肚皮""知人知面不知心""听话听声，锣鼓听音"，而最能代表这种猜疑心态的俗语则是"害人之心不可有，防人之心不可无"，即要防止自己在人际交往中因轻信他人而上当受骗。这种自我保护式的过度防御心态无疑会加大人际交往的难度。

启示：要了解沟通对象的文化习惯和沟通习俗，才能减少沟通障碍，提高沟通效率。

第二节　沟通的障碍与渠道

一、沟通的障碍

在沟通过程中，由于存在外界干扰及其他原因，信息往往容易丢失或曲解，使信息不能有效传递。因此，组织要特别注意有效沟通的问题。也就是提高传递和交流信息的可靠性、准确性，提高组织对内外噪音的抵抗能力。

影响有效沟通的障碍包括下列因素。

1.主观障碍　指属于沟通主体自身的障碍。以下几种情况都会产生主观障碍。

（1）个人性格、知识、经验、价值观的差异决定了个人主观心理因素的取向，受心理因素的制约，个人对某一种信息的传递，就会形成障碍。

（2）沟通双方在认知水平方面的差距过大，比较容易产生沟通障碍。

（3）在同一层次传递同一信息时，个人的认知、思辨能力不同，也会降低沟通的效率。

（4）个人偏好和利益的驱动，使一些组织成员不关心组织的目标等信息，只重视和关心与自己利益相关的信息，使沟通产生障碍。

（5）沟通双方有过信任危机的伤害，直接影响沟通的顺利进行。

（6）在管理压力相对较大的环境下，下级人员处于被动的沟通地位，对强势的信息传递不感兴趣甚至拒绝。

简单来说，影响沟通的个人主观因素主要包括两大类：①有选择地接受；②沟通技巧的差异。

有选择地接受是指人们拒绝或片面地接受与他们期望不一致的信息。心理学研究发现，人们往往听或看他们感情上能接纳的东西，或他们想听或想看的东西，甚至只愿意接受中听的，拒绝不中听的。

除了对信息的有选择地接受和个人接受能力差异以外，人们的沟通技巧也不相同。有些人擅长口头表达，有人擅长文字描述，这些情况都会影响人与人之间进行有效沟通。

2. 人际因素 主要包括沟通双方的互相信任、信息来源的可靠性和信息传送者与接收者之间的形似程度等。

沟通传递不是单方面的，而是存在于发、收双方。因此，沟通双方的诚意和互相信任至关重要。双方之间互相猜疑只会增加抵触情绪，减少坦率交流的机会，不可能进行有效沟通。

沟通的准确性与沟通双方的相似性也有直接关系。沟通双方的相似性会影响沟通的难易程度。如果沟通一方认为对方与自己关系很近，他就比较容易接受对方的意见，并达成共识。相反，如果一方对另外一方有排斥感，信息传递就很难进行。

3. 结构因素 包括地位差别、信息传递链、团体规模和空间约束等方面。

沟通者地位的高低对沟通的方向和频率有很大影响。地位也是沟通中一个重要障碍。地位悬殊，信息倾向于从地位高的向低的流动，形成单向流动；平级直接之间更容易形成信息双向沟通。

一般来说，信息通过的等级越多，到达目标的时间越长，信息失真程度也越大。这种信息连续从一个等级到另一个等级所发生的变化，称为信息链传递现象。

团体规模越大，沟通渠道也会越多，人与人之间的有效沟通越困难。

每个人在组织中的工作都是相对固定的，工作场所也相对固定。处于同一个空间（办公室、车间）的人之间沟通更频繁，沟通效率也更高。一般来说，两个人之间的距离越短，交往的频率越高。空间距离也是影响沟通的一个重要因素。

4. 技术因素 语言、非语言暗示、媒介的有效性和信息过量都属于造成沟通障碍的技术因素。

人们之间大多数的沟通通过语言进行。由于语言是个符号系统，它所传达的意思不但与人们约定俗成的含义有关，还受到个人主观因素的影响。每个人表述的内容常常受他独特的经历、个人需要、社会背景影响。因此，语言和文字被不同的人接受、理解也会有差异。语言的不确定性还在于，对不同的人，语言可能激发各种不同的感情，这些感情又会进一步扭曲信息的含义。因此，不同的字词对不同的团体来说，可能引发不同的感情和理解。

各种沟通工具的效率不同。一般来说，书面沟通和口头沟通各有所长。组织的书面沟通常用于传递篇幅较长、内容详细的信息。它的优点是易于远距离传递，易于储存，需要时可以随时提取。因为信息发出前会经过多人审阅，所以会比较准确。接收者可以用自己的方式和速度阅读书面材料，不受时间限制。口头沟通与书面沟通相比，传递速度快，信息传递是即时性的，便于马上得到反馈。不适合用书面媒介传递的信息或敏感、秘密信息一般会选择口头沟通的方式。口头沟通还可以达到传递感情和非语言暗示信息的目的。

选择何种沟通工具，很大程度上取决于信息的种类和沟通的目的，还与外界环境和沟通双方有关。

我们生活在一个信息爆炸的年代，所有人，尤其是管理者都面临信息过量的问题。有研究发现，管理者一般只能利用他们所获取信息的百分之一到千分之一进行决策。信息过量不仅使管理人员没有足够时间辨别、处理信息，也提高了沟通的难度。

5.沟通方式　语言使用不当会出现误解、歪曲信息的现象。信息表达方式不同，会直接影响接收者的情绪，造成不必要的心理负担，影响沟通的效果。

如果不能根据组织的目标及实现策略来选择沟通渠道、原则和方法，也不考虑各种沟通形态的优缺点，误用不当的沟通方式，会直接造成沟通障碍，同时也会使组织的沟通能力和技巧受到质疑。

📖 **案例拓展** --

不会沟通，从同事到冤家

小贾是某公司销售部一名员工，为人性格随和，不喜争执，和同事的关系处得都比较好。但是前段时间，同一部门的小李突然老是处处和他过不去，有时候还故意在别人面前对他指桑骂槐，还有意把一些任务推给小贾，甚至抢了小贾的好几个老客户。

起初小贾觉得大家都是同事，没什么大不了的事，忍一忍就算了。但是，看到小李的行为变本加厉，小贾一赌气告到了经理那儿。经理把小李批评了一通。从此，小贾和小李成了对头冤家。

思考：如果你是小贾，你会怎么处理？

二、组织沟通渠道

组织沟通渠道越畅通，说明组织的沟通机制越健康、完善。这种情况下信息可以得到充分共享，组织成员间关系和谐、行动协调一致，组织内充满生机和活力。各层面的管理者在促进良好的组织沟通中扮演着十分重要的角色，承担重要的责任，理应做好组织沟通渠道的开拓、疏浚、完善、健全等工作，不断提高组织沟通的能力。组织沟通渠道如下。

（一）正式沟通

正式沟通是指在根据组织原则与组织管理制度及明文规定的相关原则进行的信息传递与交流。它包括许多具体沟通类型和方式，常见的有组织与组织间的信函来往、组织内部的文件传达、各种会议、上下级之间定期情报交换等。

1.正式沟通的特征

（1）组织体系的内部结构决定了正式沟通渠道的框架。

（2）组织中的正式沟通一般体现了信息交流的功能。

（3）管理者比较看重以书面沟通为主的传统正式沟通方式。

（4）出于管理成本和管理效率的考虑，管理者多希望采用正式沟通的方式以求责任分明。

（5）正式沟通使用的具体频率和效能受组织内人际关系协调程度的影响。

正确认识和把握正式沟通的特征有助于弘扬正式沟通的长处，克服其"短板"。主动自觉地利用正式沟通渠道，有助于提升组织的沟通管理水平。

正式沟通是组织认可的主要沟通方式，因而它的优势很明显，比如权威性强，少受干扰，沟通效果好；约束力较强，易于保密，沟通质量高；沟通双方易于信息反馈等。

但是，正式沟通也有缺点，比如容易"官僚"化，缺乏灵活性，有时也存在信息失真和扭曲的可能。

2.正式沟通的方式　按照信息的流向，正式沟通可分为上行沟通、下行沟通和平行沟通。

（1）上行沟通　是一种由下而上的沟通，是由下级向上级报告工作情况，提出自己的意见和建议时采用的沟通方式。上行沟通有助于管理者了解下层的需要，获取对自己下达的指示和命令是否正确以及是否得到如实贯彻的反馈信息。这种反馈信息对于管理者履行领导职能，达成管理目的是十分宝贵的。但在有的组织，自下而上的沟通在很大程度上被忽视了，致使"下情不达"，上下沟通的渠道"梗阻"。尽管许多组织采取诸如开门政策、建议系统、问卷表、特别会议、调查职工申诉人、倡导职工参与民主管理等措施，企图改善这种状况，但从本质上讲，上行沟通仍然是大部分组织的薄弱环节。而且值得注意的是，有时信息在由下向上流动的过程中，随着组织层次的提高而受到过滤作用的影响，大量有用的信息被过滤掉，使正式沟通的质量大打折扣。

（2）下行沟通　是一种由上而下的沟通，是由上级直接向下级发布命令和指示。下行沟通是传统的组织内部最主要的沟通流向。组织通常以命令、指示方式传达上级组织或其上司所决定的政策、计划、规划之类的信息，包括命令、海报和布告、公司简讯、报纸、信件、员工手册、年终报告表等。总之，组织自上而下的沟通渠道很多，而且主管们因为在这种沟通中拥有较多的话语权而乐于使用。这种下行沟通不仅给组织的下层成员以行为的指导和控制，还可以协调组织各层次之间的行为活动，增进互相了解，从而实现有效合作。下行沟通相对于上行沟通而言，客观上有"水往低处流"的自然优势，但这种沟通过于强调自上而下的等级差别，容易影响士气，使下级的参与意识减少，再加上下级对信息误解、曲解等原因，也会使信息失真。这种现象在一些传统的组织，特别是在沟通文化并不成熟的组织中更为严重，值得我们注重。

（3）平行沟通　是组织内部同一层次不同部门之间的沟通，又称横向沟通。这种沟通的基本功能在于加速信息流动，促进对信息的接收和理解。另外，平行沟通可以打破部门间各自为政的无效率局面。在正式沟通系统内，平行沟通的机会并不多，若采用委员会和举行会议的方式开展平行沟通，容易加大沟通成本，而达到的沟通效果并不显著。因此，管理者常常依赖非正式沟通的渠道弥补平行沟通的不足。适度健康的平行沟通，有利于组织内部各部门之间的协调，减少资源浪费，提高组织的合力。但是平行沟通的头绪较多，信息量大，容易成为小道消息和谣言的发源地。

（二）非正式沟通

所谓非正式沟通是相对正式沟通而言的，是指通过正式沟通途径以外的信息沟通方式，通常有"小道消息"和谣言两种形式。与正式沟通不同，非正式的沟通的对象、时间、内容、效果等都是未经计划和难以辨别、难以控制的。另外，人们之所以对非正式沟通"情有独钟"，还在于它有正式沟通无法比拟的3个方面的魅力：①非正式沟通不受社会层级、组织层级、位差的制约；②出于传统思维定式，很多人相信通过非正式沟通获得的信息更可靠；③非正式沟通在很大程度上与人们的切身利益休戚相关，更能引发人们的参与意愿。

1.非正式沟通的目的

（1）缓解情绪，建构个体的安全感。这种安全感是组织成员的基本需要之一。实质上，个体成员对信息不对称或信息不透明有"知情"的权利。客观有事实，主观有要求，"小道消息"便有了市场，当人们处于不稳定的信息环境时，往往会通过传播和获取"小道消息"而保持心态平衡。

（2）通过非正式沟通活动，可以将共享某种信息资源的群体成员整合在一起，以期实现某种共同诉求。

（3）在严格的组织层级中利用非正式沟通渠道传播非正式信息能满足信息垄断者地位和权利的需要，或者能达成其某一种管理目的。

2.非正式沟通的作用

（1）非正式沟通带来的信息交流可以为组织决策提供支持。由于非正式沟通渠道与正式沟通途径相比有更多的弹性，可以横向交流，也可斜向交流、交叉交流，所以沟通交流速度快，信息量也较大，质量也比较高，因而经常获得决策者的重视并把它们作为决策的依据。历史上有"一言兴邦"的例子，在当代组织领导决策过程中，来自智者和民意的"点子"促成拍板决策的例子也不鲜见。

（2）可以减轻管理者的沟通压力。非正式沟通能够拓宽沟通信息的通道，补充了正式沟通的局限，可以大大改善组织的沟通环境，使管理者沟通的压力得以缓解。管理者的沟通压力表现在，因正式沟通渠道短缺和不畅而带来的困惑，因信息量不足或信息质量不高带来决策依据的犹豫、沟通成本的制约、下情不达等诸多方面。为了减轻这些压力，管理者只能选择非正式沟通这一方式，使自己能更自由地把握组织系统的沟通活动，真正做到"兼听则明"或"于无声处听惊雷"。

（3）可以提升组织成员的参与意识。非正式沟通可以满足职工情感方面的需要，使组织内的沟通更具情感性、更人性化，因而更能激发组织成员的参与意识，培育员工喜闻乐见的沟通文化。进一步讲，沟通文化愈浓郁，就愈能促进非正式沟通活动健康开展。

（4）可以防止管理者滥用正式通道，有效防止正式沟通中信息"过滤"现象。管理者充分有效地利用非正式沟通的积极效能，可以使组织的沟通环境更透明，使正式沟通与非正式沟通两种渠道优势互补、相得益彰。对管理者而言，正因为有非正式沟通这个第二通道，才更珍惜正式渠道的沟通；也正因为非正式沟通在正式沟通渠道"失灵"的时候能够辅助组织的沟通活动，才有可能防止管理者的主观随意，避免"过滤"现象的发生，使事关组织大局的信息资源真正充分地得以分享。

3.非正式沟通的优缺点

（1）优点　沟通方便、内容广泛、方式灵活、速度快、沟通成本小。

（2）缺点　信息的真实性和可靠性欠缺，有时甚至歪曲事实，出现以讹传讹的现象，易衍生小集体、小圈子，削弱组织的凝聚力和人心稳定。

4.对非正式沟通应采取的立场和对策

（1）从非正式沟通产生的原因来看，管理者如果使组织内沟通系统更加开放和透明，就会削弱非正式沟通的负面效应。

（2）为克服非正式沟通的缺点，管理者明智的做法是不断使组织成员增加对管理者的信任，构建信息传播者和接收者的诚信关系，引导下属和员工愿意接收组织提供的信息。

（3）管理者应加强对各层级主管的沟通观念、沟通技巧的培训，提升他们的沟通技能，从而能理性从容地面对来自非正式沟通可能产生的"棘手"问题。

（4）管理者要采取适当的措施，关注非正式沟通活动的状况，针对已经产生的消极信息，应及时提供正式沟通渠道的真实信息，达到正视听、明是非、统一认识、统一行动的目的。

📖 **案例拓展** ---

如何辞退员工

某公司因近年来业务不太好，准备辞退部分员工。对辞退的员工，公司可以给予一定的补偿。但公司领导在辞退哪些人和给多少补偿的问题上存在较大的分歧。由于这项决定直接涉及不少员工的利益，所以必须慎重决策。经过反复协商和衡量，公司最终确定了辞退人员名单和补偿办法。最后，跟被辞退员工进行沟通的任务落到了人力资源部。为了防止与被辞退员工之间发生冲突，人力资源部的主管王总给部门提出了两个沟通建议。

1.不要与被辞退员工发生争执或者争辩，只需陈述事实　例如，可以这样跟被辞退员工交谈：综合考虑你的工作表现和公司要求，公司对你做出辞退的决定。或者这样说：经过这段时间的试用，由于业绩原因，公司觉得你不太适合本公司的工作，感谢你这段时间的付出，具体赔偿我们也会落到实处。

2.注重对方的感受　可以这样说：我们很抱歉公司做出这个决定，但是我们也无法改变这个事实。假如你离职后有什么需要帮助的，请向我们提出，我们会尽量给予帮助。

思考： 1.你认为王总的沟通建议有用吗？

2.如果由你来负责沟通，你认为怎样才能使公司的决策得到员工的理解和支持？

第三节　改善人际沟通的方法

一、做好有效沟通的事前准备

事前充分的准备可以提高沟通的质量。如果想进行一次有效沟通，一定要提前做好充分准备。

（1）确立明确且详细的沟通目标。

（2）制订沟通计划。确定沟通目的之后，还要确定如何通过沟通实现这一目的。要根据沟通目的制订沟通计划。

（3）在沟通中注意细节。在沟通中，除了当事人以外，通常还会涉及一些应该注意的小细节，都要提前做好准备，以免出现因细节没有处理好而影响沟通效果的情况。

（4）预测沟通中可能遇到的争执和异议。沟通中出现争执和异议非常普遍。如果能事先预测，预先做好周密的应对准备，可以节省不少时间来迅速妥善地解决问题。

二、提高沟通主体的沟通水平

沟通的效果取决于沟通行为主体的个体行为，要提高人际沟通效果，就必须提高沟通行为主体的沟通水平。

根据有效沟通的条件和沟通行为主体对沟通的影响，作为信息发送者，要注意以下几点。

1.有勇气开口：成为信息发送者　作为信息发送者，首先要有勇气开口。只有当你把心里想的表达出来，才有可能与他人沟通。人与人之间存在很多矛盾的一个主要原因，就是当事人都只在自己心里想，而没有勇气把自己的想法说出来，从而导致了误解。

2.态度诚恳：使对方成为信息接收者　态度会影响或决定沟通行为，加上人们常常会对未知的东西抱有戒备心理，因此只有当双方坦诚相待时，才能消除彼此间的隔阂，从而求得相互间的合作。

3.选择合适的时机：创造良好氛围　所处的环境、气氛会影响沟通双方的感知，从而影响沟通的效果，所以信息交流要选择合适的时机和场所。对于重要的信息，在办公室等正规的地方进行交谈有助于双方集中注意力，从而提高沟通效果；思想或感情方面的沟通，则适宜在比较随便、私密的场合下进行，便于消除双方隔阂。要选择双方情绪都比较冷静时进行沟通，并在沟通过程中控制好情绪，不要让情绪影响沟通。要开好头，消除陌生感，寻找共同语言创造相互配合的氛围。

4.提高表达能力：准确传递信息　对于信息发送者来说，无论是口头交谈还是采用书面交流形式，都要力求准确表达自己的意思。为此，要致力于提高逻辑思维能力，力求传递信息时条理清楚、层次分明，使信息接收者易于理解。还要选择准确的词汇、语气，了解信息接收者的态度、个性特点、文化水平和接受能力，根据对方的具体情况来确定自己的表达方式和用词。在沟通中，对重要的内容要加上强调性的说明，还可以借助手势、动作、表情等来帮助进行思想和感情上的沟通，以加深对方的理解。

5.注重双向沟通：及时纠正偏差　由于信息接收者容易从自己的角度来理解信息而导致误解，因此信息发送者要注重反馈；要善于观察对方的反应，鼓励对方不清楚就问；注意倾听反馈意见，或者请信息接收者复述所获得的信息或反馈他们对信息的理解，以检查信息传递的准确程度和偏差所在。

6.积极说服对方：达成沟通目的　人是复杂的，为了达到沟通目的，在沟通过程中，人们不仅要晓之以理、动之以情，必要时还要诱之以利。由于每个人都有自己的情感，为了使对方接受信息，并按发送者的意图行动，信息发送者可以进行积极的劝说，从对方的角度出发加以引导，有时还需要通过反复的交谈协商，甚至采取一些必要的让步或迂回。要尽可能开诚布公地进行交谈，耐心地说明事实和背景，以求得对方的理解。

作为信息接收者，则要注意仔细地聆听。沟通是双向交流的过程，信息发送者讲或写，接收者听（读）和响应。以前人们常常只注重说、写能力的培养，对听的能力不那么重视。事实上，倾听对于有效的沟通来说同样重要。

作为管理者，要花大量时间与其他人沟通，以收集和发布信息，若不善于听，则可能难以收集到有用的信息。因此，作为管理者，也要学会倾听。

倾听是一种完整地获取信息的方法，包含了4层内容，即听清、注意、理解和掌握。

（1）保持平静，以听清内容　作为信息接收者，首先要能完整地接到信息。"听清"不仅要有好的听力，还要设法排除内外干扰。要注意相互间的距离，改善环境，切断噪音；要控制自己的情绪，保持内心的平静。

（2）集中精力，以注意要点　在听清内容的同时，信息接收者要能抓住要点。"注意"是指要去掉一切会转移注意力的因素，全神贯注地聆听，以抓住其中的关键点。

（3）开动脑筋，以理解含义　信息接收者不仅要完整地接收到信息，还要能正确地加以理解。"理解"要求对信息进行准确的综合评价，注意对方的语气和身体语言，理解对方真正的含义。这就要求在听的同时开动脑筋，设身处地考虑对方的看法，客观地加以归纳；对不清楚的，及时向对方查对，或扼要地向对方复述要点，以保证理解准确。

（4）及时反应，以达成目的　在理解了对方的意思后，为了据此采取正确的行为，首先要记住对方传递过来的信息。而要真正达到沟通的目的，还需要根据所获得的信息，及时做出相应的反应。这种反应可以是提出不同意见或做出反馈，也可以是按对方传递过来的信息采取相应的行动。

📖 案例拓展

经理的委屈

财务部陈经理每个月都会自掏腰包请部门员工聚餐一次，这已经成为一种惯例。一天，他叫员工小马通知其他人晚上吃饭。走过休息室时，陈经理听到有人在里面说话，他从门缝看过去，原来是小马和销售部的员工小李。小李对小马说："你们陈经理对你们多好呀，我看见他经常请你们吃饭。""得了吧"小马不屑地说，"他就这么点笼络人心的本事。碰到我们真正需要他关心、帮忙的事，他没一件办成的。就拿上次公司培训的事来说吧，谁都知道要是能上这个培训班，对个人工作能力提高作用可大了，而且能增加升职机会。我们部门好几个人都想去，陈经理却一点都没注意到，也没积极给我们争取，结果让别的部门抢了先。我真的怀疑他有没有真正关心过我们。""别不高兴了"小李说，"走，吃饭去。"陈经理见两个人往外走，只好满腹委屈地躲进自己办公室。

思考：1.你认为陈经理该不该请部门员工吃饭？

2.遇到案例中这种情况，如果你是陈经理或者小马，你会怎么做？

小 结

在本章，我们主要学习了沟通的内容，请通过思考以下几个问题进行回顾。

1. 怎样才算是有效的沟通？
2. 沟通在组织管理中起着什么作用？
3. 个体行为对人际沟通有何影响？
4. 影响人际沟通的主要障碍有哪些？
5. 改善人际沟通的关键是什么？
6. 非正式沟通与正式沟通有何区别？
7. 影响组织沟通的主要障碍有哪些？

📖 **实用管理学小原理** -

赫洛克效应

心理学家赫洛克（E·B·Hunlock）做过一个实验：观察4个小组在不同诱因条件下完成任务的情况。他把实验对象分为4个小组：第一个小组完成工作任务后会得到称赞和表扬，我们可以称他们为表扬组；第二个小组完成任务后会被挑毛病、挨批评，暂时成为挨训组；第三个小组的工作结果得不到评价，但他们可以旁听对其他小组的评价，我们暂时称为忽视组；第四个小组是控制组，他们与另外三个小组隔离，并且得不到评价。通过实验，赫洛克发现：控制组的成绩最差，表扬组成绩最好，其次是挨训组，第三是忽视组。他认为，希望得到表扬是每个人的天性，称赞和表扬会对个人和集体的发展起到积极的促进作用。这种现象被称为赫洛克效应。

在赫洛克的实验中，无论是表扬、批评还是旁听都是我们平常会使用的沟通方式。沟通也可以看作一种反馈，它可以让人得到肯定或否定的信息，有沟通胜过没有沟通。但是，沟通方式不同，取得的结果却大相径庭。虽然人人都有喜欢得到表扬的天性，但是我们对待别人的问题却喜欢用直接批评的方式。想想从小是不是从父母那里得到的批评多于表扬？老师也经常用批评的方式来指导我们进步，结果可能让我们对学习失去了信心。

赫洛克效应起作用的原因就在于，赞美具有催化和膨胀作用，能够有效调动人的热情，让人们对表扬和积极评价的需要得到满足，从而对人的行为起到正向引导作用。

在竞争激烈的经济大环境下，大多数企业都面临严酷的压力。为了留住人才，升职、加薪等办法经常被企业拿来作为人才竞争的有力武器。与这些"硬通货"手段比起来，赞美、表扬和肯定的成本几乎为零，动动嘴、伸出大拇指赞扬，或者领导者给予一个肯定的眼神、一个鼓励的微笑，也能达到目的。

当然，给予及时、适度的赞美，需要领导者准确了解每个人的优势和特长，才能让赞美更加贴切和真诚。这种赞美才具有真正的积极能量。为了达到目的虚伪的赞美或言之无物的表扬反而可能起到相反的作用。

启示：当别人做出贡献或行为有值得赞扬的地方，请不要吝啬你的赞美。欣赏他人、赞扬他人是一种美德，更是积极有效的沟通方式。

目标检测

参考答案

一、选择题

1.个人对待人际冲突的态度一般不包括（　　）。

A.回避　　　　　　　　　　　　B.对抗

C.妥协　　　　　　　　　　　　D.暴力

2.沟通方式可以细分为不同的类型，而有一种沟通方式显得更加周密、逻辑性强、条理清楚，这种沟通方式是（　　）。

A.非正式沟通　　　　　　　　　B.正式沟通

C.书面沟通　　　　　　　　　　D.口头沟通

3.在沟通距离的划定中0~0.5米属于（　　）。

A.社交距离　　　　　　　　　　B.亲密距离

C.私人距离　　　　　　　　　　D.公众距离

4.冲突处理态度中没有自信心且缺乏合作精神的行为是（　　）。

A.回避　　　　　　　　　　　　B.对抗

C.妥协　　　　　　　　　　　　D.合作

5.以下属于横向沟通的策略的是（　　）。

A.迎合不对抗　　　　　　　　　B.对抗不妥协

C.妥协不对抗　　　　　　　　　D.设立沟通官员，制造直线权力压力

6.下列选项中，不属于纵向沟通障碍的是（　　）。

A.管理者展示的沟通风格与情境不一致

B.接收者沟通技能上的障碍

C.猜疑、威胁和恐惧

D.不善倾听

7.下列方式中不利于会议沟通形成成效的是（　　）。

    A.明确会议目的　　　　　　　　　　B.限制发言时间

    C.对参加人员有选择性　　　　　　　D.会上分发会议文件

8.有一种类型的沟通，它解决问题的速度非常慢，但信息精确度非常高，在这种类型的沟通下，职员的士气高昂，工作变化非常具有弹性，这种类型的沟通是（　　）。

    A.全渠道型沟通　　　　　　　　　　B.正式沟通

    C.身体语言沟通　　　　　　　　　　D.表情沟通

9.下列选项中，不属于来自接收者的障碍的是（　　）。

    A.过度加工　　　　　　　　　　　　B.表达模糊

    C.知觉偏差　　　　　　　　　　　　D.心理障碍

二、讨论题

请列举人们在平时沟通交往中所表现出来的不良习惯，并说明这些不良习惯是如何影响人们相互之间的沟通的。

三、简答题

1.一次有效沟通通常具有哪些要素和特征？

2.面谈是沟通常采取的方式，在进行面谈过程中应该注意哪些方面的问题？

四、案例分析题

某分管公司生产经营的副总经理，得知一较大工程项目即将进行招标，由于采取向总经理以电话形式简单汇报未能得到明确答复，副总经理误以为被默认，于是在情急之下便组织业务小组投入相关时间和经费跟踪该项目，最终因准备不充分而成为泡影。事后，在总经理办公会上陈述有关情况时，总经理认为副总经理"汇报不详，擅自决策，组织资源运用不当"，并当着部门的面给予副总经理严厉批评。副总经理反驳认为"已经汇报、领导重视不够、故意刁难，是由于责任逃避所致"。由于双方信息传递、角色定位、有效沟通、团队配合、认知角度等存在意见分歧，致使企业内部人际关系紧张、工作被动，恶性循环，公司业务难以稳定发展。

    思考：1.分析该案例，上下级没有有效沟通的原因是什么？

            2.你认为可以如何改进他们之间的沟通？

            3.这个案例给我们的启示是什么？

第十一章 现代企业与管理创新

不创新，就死亡。

——现代美国著名企业家艾柯卡

学习目标

1.掌握现代企业制度的基本构成；管理创新的阻力和克服管理创新阻力的策略。

2.熟悉创新及管理创新的含义；管理创新的基本原则及实现途径。

3.了解现代企业的定义与内涵；现代企业的基本特征；企业的常见类型。

案例导读

小王是一名即将毕业的现代家政服务与管理专业的高职学生，她一直梦想着能开一家自己的收纳整理服务公司。在校期间她积极开展勤工俭学，大学3年，她一直在一家收纳整理公司兼职，勤奋、刻苦、好学让小王赚到自己人生的第一个3万元。

毕业后，小王发现自己家乡的收纳整理市场需求不断增长，创业成本可控，有广阔的发展前景，因此决定回到家乡创办一家小型收纳整理公司。但是一到落实上，小王犯了难：①企业类型很多，究竟采用哪种企业类型进行注册，才更有利于企业的发展；②小王一开始就打算吸引合伙人投资来增强企业的实力，但是不知道现代企业该如何引入投资；③不知道企业需要招聘哪些人才，这些人才如何分工协作才能完成企业的任务，也就是企业的组织结构应该怎么安排。

思考：1.你知道哪些企业类型和组织形式？

2.你认为小王创办这个企业选择什么样的形式较合适？

第一节　现代企业管理

一、认识现代企业

（一）企业的含义

在各种经济活动中，"企业"一词是出现频率很高的经济词汇，英语为"enterprise"。对于我国而言，"企业"一词是在清朝末年从日本借鉴而来的，而日本则是在明治维新以后，引进西方的企业制度，由西方文字翻译而成。因此可以看出，"企业"一词来源于西方词汇，并非我国古文化所固有的。企业是从事生产、流通与服务等经济活动的营利性组织，企业通过各种生产经营活动创造物质财富，提供满足社会公众物质和文化生活需要的产品服务，在市场经济中占有非常重要的地位。

企业概念反映了两层意思：①经营性，即根据投入产出进行经济核算，获得超出投入的资金和财物的盈余，企业经营的目的一般是追求营利性；②企业是具有一定经营性质的实体。由此可见，企业基本上属于一个经济概念。从法律的角度看，凡是经合法登记注册、拥有固定地址而相对稳定的经营组织，都属于企业。

对企业概念的基本内涵，我们可以从以下3个方面进行把握。

（1）企业是在社会化大生产条件下存在的，是商品生产与商品交换的产物。

（2）企业是从事生产、流通与服务等基本经济活动的经济组织。

（3）就企业的本质而言，它属于追求盈利的营利性组织。

（二）企业的特征

企业是一个独立的经济组织，其组织机构、目标、管理方式和运行机制等都有别于政府行政管理机构、其他社会组织和团体。企业具有以下典型特征。

1. 独立从事经济活动　企业作为社会经济活动的基本单位，必然是从事社会商品的生产、流通等经济活动的有机体，因此它不同于一般的行政单位或社会团体。

现代企业在生产经营活动中必须独立核算、自负盈亏、自主经营、自我发展。独立核算是指现代企业必须具有独立的财产，在银行开立独立的户头，进行独立、完整的会计核算，并考核经济效益。现代企业作为商品生产经营者，要按照价值规律的客观要求，按照等价交换的原则来进行生产经营，以收抵支，并独立承担盈亏责任。现代企业要真正实行独立核算、自负盈亏和自我发展，就必须具有自主经营权，使企业能够根据市场情况和社会实际来进行生产经营，从而取得最佳的经济效益和社会效益。因此，自主经营是现代企业实现独立核算、自负盈亏、自我发展、成为独立商品生产经营者的基本要求。在现代激烈的市场竞争中，企业要依靠自己的力量，运用各种合法的竞争手段和策略，求得生存与发展，使企业不断地发展壮大。

2.以营利为目的　这是企业最基本的特征。企业是从事经济活动的组织，必须具有营利性，才能获得持续的发展。当然，在获取利润的同时，企业要为社会提供产品或服务，同时必须承担一定的社会责任，否则企业就不可能存在和发展。所以，追求利润是企业的主要目的，但并不是企业的唯一目的。

3.满足社会需要　企业是为了生产和提供人们所需的某种商品而存在的。从社会来看，企业的任务首先是满足社会需要，这是社会之所以允许企业存在的原因。

生产并提供商品或服务只是满足社会需要的一个方面。企业通过向政府纳税，使政府有经济能力为社会提供诸多公益设施和安全措施等，保证社会安全和发展。在一定意义上也可以认为是企业满足了社会成员的共同需要。

满足社会需要还表现为企业必须通过自身发展，保持并不断增加工作机会，满足社会成员的就业需要。作为经济组织的企业，其重要任务之一就是要不断创造和提供就业机会。

在讨论企业的任务时，有些人认为企业的根本任务是满足社会需要；有的人坚持企业的唯一任务就是营利。在我们来看，这两个方面并不是互相排斥的关系，而应该是互为条件、互相补充的关系：首先，营利是企业满足社会需要程度的标志；其次，营利也是企业满足，或继续、更好地满足社会需要的一个重要前提。因此，盈利与满足社会需要是相辅相成的关系。只有满足社会需要，企业才能营利；企业只有营利，才能更好地满足社会需要。

（三）企业的类型

1.按工商登记注册的形式分类　企业作为一个生态有机体，有着多种属性与复杂形态。按照不同的标准，可以将企业划分为多种类型。但一般而言，我们采用以工商登记注册的形式作为主要依据。

（1）有限责任公司　是最常见的工商登记形式，又可分为自然人独资、法人独资、自然人投资或控股、国有独资、外商投资、外商独资等。它还可以下设分公司，其性质为"有限责任公司分公司"。

有限责任公司也包括股份有限公司，根据公司上市情况，可再细分为上市公司和非上市公司两种。股份有限公司也可下设分公司，性质为"股份有限公司分公司"。

（2）个人独资企业　一般由一个自然人投资设立，其下设分支机构性质为"个人独资企业分支机构"。

（3）合伙企业　合伙人可以是两个以上自然人，也可以是有限公司、企业法人、事业法人、社团法人等。可以分为普通合伙和有限合伙两种类型。

（4）全民所有制企业　"国有"和"全民"所有制企业统称为全民所有制。分为企业法人和营业单位两种。

（5）集体所有制企业　也包括企业法人和营业单位两种。集体所有制企业法人主办单位一般是事业单位、社团组织、工会、村委会等。

2. 其他分类方法　除此之外，按照行业、主要资源类型等标准划分也会产生相应的不同分类。

（1）按所属行业分类　可以将企业分为农业企业、工业企业、服务企业等。

（2）按企业使用的主要资源类型分类　可以将企业分为劳动密集型企业、资金密集型企业、技术密集型企业、知识密集型企业。

（3）按企业的规模分类　可以将企业分为大型企业、中型企业、小型企业、微型企业。

（4）按企业外部社会联系方式分类　可以将企业分为联合公司、企业联合体、企业集团。

二、认识现代企业制度

（一）现代企业的特征

1. 生产技术越来越先进，生产规模越来越扩大　现代企业的生产活动中，无论是设计产品、制定工艺规程乃至提供服务，都在大量系统地运用科学技术知识和现代化技术手段。在现代科学技术发展的推动下，企业的生产力水平不断提高，生产规模也越来越大，企业社会化大生产是现代科学技术和生产力发展的必然结果。

2. 劳动分工越来越精细，协作关系越来越复杂　现代企业是建立在社会化大生产基础上的，而社会化大生产具有整个社会共同劳动的客观要求。社会化程度越高，就越要求生产分工的专业化；专业化越发展，企业间的依赖性也越强。因此，精细分工和密切协作就成为现代工业企业发展的必然趋势。

3. 广泛采用科学的管理方法　专业化协作的发展、现代科学技术的进步以及先进机器设备的采用，使企业与企业之间、企业内部各环节及各生产要素之间的联系越来越复杂、紧密。随着生产机械化和自动化程度日益提高，以及先进生产组织方式的广泛采用，对生产过程连续性要求也越来越高。在这种情况下，企业必须在总结传统管理方法的基础上，因地制宜地采用更加有效的科学管理方法，进一步提高管理质量和效率，才能适应社会化大生产的客观要求。

4.珍惜环境，实现可持续发展 现代企业的经营活动是在其外部环境不断变化中进行的，企业要实现可持续发展，必须充分认识其赖以生存的周围环境，不断地去了解它们的发展变化，并及时地做出积极的反应，才能较好地实现企业的目标。这里讲的环境，既指自然环境，也包括企业所处的社会环境。出色的自然环境，可以为企业的发展提供丰富的物质资源；而良好的社会环境，可以为企业的发展提供不可缺少的人文资源。

（二）现代企业制度的构成

现代企业制度是指以市场经济为基础，以完善的企业法人制度为主体，以有限责任制度为核心，以公司企业为主要形式，以产权清晰、权责明确、政企分开、管理科学为条件的新型企业制度。其主要内容包括企业法人制度、企业自负盈亏制度、出资者有限责任制度、科学的领导体制与组织管理制度等。

1.现代企业制度的基本特征

（1）产权清晰 是指产权在两个方面的清晰：①法律上的清晰；②经济上的清晰。产权在法律上的清晰是指要以法律形式明确企业的出资者与企业的基本财产关系、责任要清晰，即企业在产权关系方面的资产所有权及相关权利的归属明确、清晰。产权在经济上的清晰是指产权在现实经济运行过程中是清晰的。它包括产权的最终所有者对产权具有极强的约束力，以及企业在运行过程中要真正实现自身的责权利的内在统一。

（2）权责明确 是指合理区分和确定企业所有者、经营者和劳动者各自的权利和责任。所有者按其出资额享受资产受益、重大决策和选择管理者的权利，对企业债务承担相应的有限责任；在公司存续期间，对由各个投资者投资形成的企业法人财产拥有占有、使用、处置和收益的权利，并以全部法人财产对其债务承担责任。经营者受所有者的委托，享有在一定时期和范围内经营企业资产及其他生产要素并获取相应收益的权利。劳动者按照与企业的合约拥有就业和获取相应收益的权利。

（3）政企分开 是指政府的经济、行政、社会管理职能要与企业的经营管理职能分开。在现代企业制度中，政府的经济管理职能主要是通过政策法规和经济手段来调控市场，引导企业经营活动，而不是直接干预企业的生产经营活动。政府的行政管理职能是政府作为国家行政机关的一种职能，企业不是政府的行政机关，不承担政府的行政管理职能，政府不能按行政机构来管理企业。

（4）科学管理 广义来看，科学管理包含了企业组织合理化的含义。狭义而言，科学管理要求企业管理的各个方面，如质量管理、生产管理、供应管理、销售管理、研究开发管理、人事管理等方面的科学化。管理致力于调动人的积极性、创造性，其核心是激励、约束机制。要使管理科学，当然要学习、创造、引入先进的管理方式，包括国际上先进的管理方式。对于管理是否科学，虽然可以从企业所采取的具体管理方式的"先进性"来判断，但最终还要从管理的经济效率上，即管理成本和管理收益的比较上做出评判。

2.现代企业制度的基本内容　现代企业制度有着十分丰富的内涵，它是当前最为发达的一种企业体制。市场经济较为发达的西方国家已建立起一整套较为完善的现代企业制度。在我国社会主义市场经济条件下所建立的现代企业制度，主要包括现代企业产权制度、现代企业组织制度、现代企业管理制度3个方面的主要内容。

（1）现代企业产权制度　产权归属的明晰化、产权结构的多元化、责任权利的有限性和治理结构的法人性是现代企业产权制度的基本特征。企业建立现代企业制度，首先要明晰企业的产权划分和归属主体。同时，根据投资的多少，确立对等的责任和权利。在所有权与经营权分开的前提下，企业依照自己的法人财产开展各项经济活动，独立地对外承担民事权利和民事义务。在现代企业产权制度规范下，企业不再是国家行政机关的附属物，国家也不再是企业的唯一投资主体。企业通过自己独立的法人地位运营全部资产。企业与国家之间、企业与分散的股东之间，各自的责任与权利是明确的。

（2）现代企业组织制度　现代企业制度有一套完整的组织制度。这些制度的基本特征是所有者、经营者和生产者之间，通过公司的决策机构、执行机构、监督机构形成各自独立、责权分明、相互制约的关系，并以国家相关的法律法规和公司章程加以确立和实现。

现代企业组织制度有两个相互联系的原则，即企业所有权和经营权相分离的原则，以及由此派生出来的公司决策权、执行权和监督权三权分立的原则。在此原则基础上形成股东大会、董事会、监事会和经理层并存的组织机构框架。

公司的组织机构通常包括股东大会、董事会、监事会和经理人员4个部分。按其职能，分别形成权力机构、执行机构、监督机构和管理机构。

1）股东大会：作为权力机构，它由国家授权投资的机构或部门以及其他出资者选派代表组成。股东实际上就是公司的所有者，股东大会所形成的决议是最终决议，具有法律效力。

2）董事会：作为公司的常设机构，是股东大会的执行机构，也是公司的经营决策机构，其主要职责是执行股东大会的决议，制定公司的大政方针、战略决策、投资方向、收益分配。

3）监事会：作为公司的又一常设机构，其主要职能是对董事会和经理人员行使职权的活动进行监督，审核公司的财务和资产状况，提请召开临时股东会等。

4）经理人员：企业的管理阶层，包括公司的总经理、副总经理和部门经理等，负责公司日常经营管理活动，依照公司的章程和董事会的决议行使职权。经理层对董事会负责，实行聘任制，不实行上级任命制。

由股东大会、董事会、监事会及经理层相互制衡的现代企业组织制度既赋予经营者充分的自主权，又切实保障所有者的权益，同时又能调动生产者的积极性，是企业建立现代企业制度的核心依托。

（3）现代企业管理制度　包括以下几个方面的内容：有一套股东大会、董事会、监事会与经理层相互制衡的公司治理结构；具有正确的经营思想和能适应企业内外环境变化、推动企业发展的经营战略；建立适应现代化生产要求的领导制度；拥有熟练地掌握现代管理知识与技能的管理人才和具有良好素质的职工队伍；在生产经营各个主要环节普遍、有效地使用现代化管理方法和手段；建设以企业精神、企业形象、企业规范等内容为中心的企业文化，培育良好的企业精神和企业集体意识。按照市场经济发展的需要，积极应用现代科学技术成果，在企业内部设置科学合理的治理机制，建立起现代企业管理制度是建立现代企业制度的根本保障。

现代企业产权制度、现代企业组织制度、现代企业管理制度三者之间是相辅相成的，它们共同构成了现代企业制度的总体框架。

第二节　企业管理创新

一、创新的定义与形成机制

创新是企业长期竞争优势的重要来源。彼得·德鲁克指出："只有创新才能保持市场地位并实现经济增长，没有创新，企业就会衰败"。迈克尔·波特也认为："企业在不断的创新中才能获得持久的竞争优势。"在当今全球化、信息化的市场环境中，创新更加重要。企业要想在市场竞争中取得更高的地位和收益，就必须不断引入新的或改进的思想、方法、工具和技术，不断推陈出新，提高企业的核心竞争力，赢得市场份额。

（一）创新的定义

创新作为一个重要的管理概念，被广泛地应用于企业管理和战略规划中。创新的定义也因此成为一个热门话题，有各种不同的定义和解释。

著名的管理学家彼得·德鲁克对创新进行了深入探讨。他认为，创新是指通过创造新的知识、新的方法和新的想法来创造价值，以满足客户需求，并获得更高的效益。德鲁克强调，创新是管理者必须关注和致力其中的任务，因为只有创新才能保持企业的竞争力，并在不断变化的市场环境中取得成功。

斯图尔特·亨德森在他的著作《经理人创造创新》中提出："创新是一种新思想、新观点、新技术或新行为的应用，能够带来企业或组织的持续增长和发展。"

切萨布鲁夫在其著作《开放式创新》中，将创新定义为"一种通过开发和应用新思路、新过程、新产品或新服务，以达到商业成功的行动"。他将创新定义为一种实践活动，通过不断地开发和应用新思路、新过程、新产品或新服务，来提高企业的商业价值和市场竞争力。

根据以上观点，创新不仅仅是发明新产品或服务，更包括新思想、新观点和新技术等多个方面。同时，创新还需要能够带来企业或组织的持续增长和发展，也就是说，创新必须要与商业机会相结合，才能产生真正的价值。

创新的重要性体现在以下几个方面。

（1）创新可以帮助企业在市场竞争中获得更高的地位和收益。在全球化、信息化的背景下，市场竞争日益激烈，不断推陈出新的创新能够提高企业的核心竞争力，赢得市场份额。

（2）创新可以推动产业结构的升级和经济结构的转型升级。创新可以改变现有的经济结构，推动传统产业向高附加值、高科技、高效率和高质量方向发展，从而推动产业升级和经济转型。

（3）创新可以提升社会福利。创新可以使产品和服务更加符合消费者需求，同时也可以提高生产效率，降低生产成本，进而提高社会资源利用效率，提升社会福利水平。

📖 **案例拓展** ---

和尚分粥

僧多粥少，每到开饭时，和尚们一拥而上，本来就少得可怜的粥被挤翻，大家只能一起挨饿。饿得受不了，有和尚提议轮流分粥。这下可好了，轮到自己掌勺的时候，撑个半死；轮到别人掌勺的时候饿得发昏。

方丈云游归来，指定其中一名和尚全权分粥，其他人不得有异议，但又规定分粥的人必须最后取粥。从此以后，和尚们均等地吃上了热粥。

思考： 你认为方丈的办法为什么比原来的办法有效？

（二）创新的分类及其特点

创新是企业发展的重要动力，根据创新的性质和程度，可以将创新分为以下几类。

1.产品创新　是指企业在产品的设计、技术、性能、功能、外观等方面进行的创新。随着科技的不断进步和市场的竞争加剧，产品创新已经成为企业发展的重要战略。

2.服务创新　是指企业在服务领域中提供新的服务方式、服务质量、服务内容等。在创新的分类中，服务创新是近年来备受关注的一种创新方式。随着社会的进步和消费者需求的变化，服务质量和服务方式已经成为企业竞争的重要方面。服务创新旨在通过提供更加高效、便利、贴心的服务，来满足消费者不断变化的需求。

3.市场创新 也是一种非常重要的创新类型，尤其是在当今竞争激烈的市场环境下。市场创新包括新的市场策略、销售渠道、销售方式等。对于企业来说，市场创新是非常重要的，因为市场是企业获取利润的主要途径。如果企业无法在市场环境中脱颖而出，找到自己的位置，就很难获得更多的市场份额和利润。

4.组织创新 是指随着生产的不断发展而产生的新的企业组织形态，如股份制、股份合作制、基金会制等，就是改变企业原有的财产组织形式或法律形式使其更适合经济发展和技术进步。组织创新的方向就是要建立现代企业制度，真正做到"产权清晰、责权表明、政企公开、管理科学"。

5.管理创新 指在企业管理模式、管理制度、管理方法等方面进行的创新。例如，谷歌公司的"20%创新时间"就是一种非常著名的管理创新。在谷歌公司，员工每周可以利用20%的工作时间自由地开展创新项目，这项措施激发了员工的创新激情，促进了企业的创新。此外，一些企业也在人力资源管理方面进行创新，例如在招聘、培训、晋升等方面进行创新，以提高员工的工作效率和企业的绩效。

📖 案例拓展

案例1

微信红包是腾讯公司2014年推出的一种电子红包形式，通过手机微信APP发送和领取，大大方便了人们在互联网上的交际和社交活动。微信红包的创新之处在于，它打破了传统红包必须面对面交流的局限，同时也利用了大数据分析和智能算法等技术手段，让用户可以根据个人兴趣、好友关系和社交网络等因素进行个性化设置，提高了红包的使用效率和体验感，成为移动支付和社交、娱乐领域的一项重要创新。

思考： 你认为微信红包的最大创新之处是什么？

案例2

A公司自1988年成立以来一直专注于向社区住户提供满意的餐饮服务，先后荣获中国烹饪协会颁发的"中国快餐十大品牌""改革开放40年优秀企业""美团外卖、饿了么全国百强品牌""中国餐饮好案例""得到APP连锁快餐案例品牌"等荣誉。即使是在2020—2022年餐饮业发展环境普遍不好的3年，A公司不但没有像其他餐馆那样亏损或倒闭，反而发展得更快，仅在北京地区的门店数量就翻了一倍。它的做法是依托社区，做全时段社区餐饮服务，根据社区不同人群的餐饮需要，一天提供5餐饭：早上为上班族准备可以打包带走的茶叶蛋和豆浆等方便早餐；中午给不方便做饭的老人提供便宜又营养的午餐；下午为放学回家饥肠辘辘的孩子提供晚餐前小餐食；晚上为下班回家疲惫不堪的居民提供晚餐；深夜又开放深夜食堂，24小时不打烊。就是这种餐饮服务创新让A公司在餐饮行业整体不景气的大环境下反而获得了更快的发展。

思考：你认为A公司凭什么获得了成功？

（三）创新的形成机制及其影响因素

创新是企业在面对市场变化、技术进步、竞争压力等外部和内部因素的时候，通过引入新产品、新服务、新工艺、新技术、新管理方法等方式，在市场中获得优势和竞争力的过程。创新的形成机制包括技术进步、市场需求、政策支持、人才引进等多种因素。

1.技术进步 是创新的推动因素。随着科技的不断发展，新技术不断涌现，为企业提供了机遇和挑战。例如，信息技术的快速发展为互联网、电子商务等新兴行业带来了无限的商机。在技术进步的推动下，企业可以开发新产品、创新服务，优化生产流程，提高产品质量和生产效率。

2.市场需求 是创新的源泉。市场需求的变化和差异，为企业提供了开发新产品、新服务的机会。例如，消费者对环保、健康等问题的关注，推动了低碳、环保、健康等新型产品的开发。企业通过不断地了解市场需求和调查市场反应，能够更好地掌握市场趋势和消费者需求，不断开发新产品，创造更大的市场空间。

3.政策支持 是创新的有力保障。政府对于科技创新、产业转型升级等领域的政策和资金支持，为企业的创新提供了重要的保障。政府的政策和资金支持，能够激发企业创新的热情，降低企业研发成本，推动企业技术水平的提升和产业升级。

4.人才引进 人才是创新的核心驱动力。企业通过引进优秀人才，提高企业的科研能力和技术水平，推动企业的技术创新和管理创新。企业通过在国内外招聘人才、与高校和科研机构建立紧密的合作关系等方式，吸引和培养人才，为企业的长期发展提供了坚实的人才基础。

企业应当根据自身特点和环境，结合以上因素，选择适合自己的创新路径。

📖 案例拓展 --

谷歌的管理创新

谷歌的"20%时间"是一种管理创新。它允许谷歌的工程师可以每周使用20%的工作时间自由选择一个自己感兴趣的项目进行研究，不用局限于公司分配的日常任务。这个创新的想法起源于谷歌的联合创始人之一拉里·佩奇。他认为给工程师们创造一个自由的环境可以激发他们的创造力，同时也能够帮助公司培育新的产品和服务。

实施这个创新并不容易，因为它不太符合以集中控制和监督为特点的传统管理方式。但谷歌认为，这种方法可以鼓励员工去尝试新的设想和方法，可以为公司带来更多的创新。这项管理创新确实给谷歌带来了很多好处。

1.提高了员工的创造力　员工有更多的自由时间去尝试，从而给公司带来更多的创新。

2.促进知识共享　员工会积极主动寻找志趣相投的同事一起进行研究，不断互相分享彼此的知识和经验。

3.增强公司的竞争力　员工的自由探索给公司带来很多创新，使谷歌能不断推出新的产品和服务，这也是它在行业中保持领先地位的原因之一。

总之，"20%时间"是一种创新的管理方式，它能够激发员工的创造力，促进组织内部知识共享，并提高公司竞争力。这也证明，管理创新和增加管理的灵活性能够给组织带来巨大的好处。

思考：谷歌的"20%时间"给你什么启示？

二、管理创新的定义及其重要性

管理创新是指在管理领域中引入新的思想、理念、方法和工具，以改进组织的运营、提高业务绩效和推动企业发展的过程。管理创新强调创新的过程是可管理的，需要创新者具备创新思维和创新能力，以及对组织内外部环境的深入洞察和理解。彼得·德鲁克在其著作《创新与企业家精神》中指出："管理创新是指通过改变生产工艺、商业模式、产品设计、市场营销等方面，创造出更多、更好的机会，以增加企业的利润、市场份额和实现企业的可持续发展。"盖伊·库万在其著作《管理革命》中提到："管理创新是指在管理中实现突破性的变革，提升组织效率、创造价值，并推动企业的创新和发展。"

管理创新是一种改变和创新管理理念、方法和工具的过程，旨在提高组织的绩效和实现企业的可持续发展；也是一种系统化的管理方法，旨在促进企业创新能力的提升和实现创新的商业价值。

管理创新的重要性主要包括以下4个方面。

1.提高企业竞争力　在全球化和数字化的背景下，企业之间的竞争变得愈发激烈。创新是企业在市场竞争中取胜的关键因素。通过创新管理，企业可以加快创新的速度，提高产品的质量和功能，从而满足不断变化的市场需求，获得更大的市场份额和更高的盈利水平。例如，苹果公司在推出每一款新产品时，都会针对用户的需求和市场趋势进行深入的调研和分析，然后通过优秀的创新管理不断地实现产品更新和升级，从而在市场上不断赢得新的用户和市场份额。

2.提高组织创新能力 管理创新可以帮助企业提高组织创新能力，包括提高创新意识、创新能力和创新文化，推动创新的实践和落地。创新管理将创新过程中的策略、流程、人员和资源进行有效的组织和管理，可以激发企业员工的创造力和创新潜力，推动企业不断地进行创新。

3.促进知识管理 创新是基于知识的，管理创新则需要对企业内部的知识进行有效的管理和利用。创新管理需要建立知识共享和知识保护机制，将企业内部的知识资源有效地整合和利用，提高企业的创新能力和竞争力。

例如，IBM公司的"创新网"平台，将全球IBM员工的创新资源整合在一起，建立了全球最大的创新社区，员工可以在这个平台上分享和交流自己的创新想法和实践，有效地促进了企业内部知识的共享和利用。

4.加强组织适应能力 通过管理创新，企业可以不断适应市场的变化和顾客的需求，从而实现可持续发展。同时，管理创新也可以帮助企业提高资源利用效率，降低生产成本，实现可持续发展的经济效益。例如，通用电气公司实施的"绿色创新"计划，旨在通过创新来降低能源消耗和环境污染，实现可持续发展。

📖 **知识链接** --

走动管理

走动管理是美国学者彼得斯（Thomas J.Peters）和奥斯汀（Nancy Austin）提出的一种新型管理方式。

这种管理主张管理者要经常深入基层，到处走、到处看，多接触员工、供应商、销售商和顾客，做到体察下情，方便沟通，及早发现问题，也有利于在企业内部建立广泛的、非正式的、公开的信息沟通网络。

运用走动管理，需要重点做好三件事：倾听、教育和促进。倾听就是从供应商、销售商、顾客和员工那里获得最真实的信息，倾听必须是建立在关心而不是监控的基础上。同时管理者在到处走动中，还要把企业价值观面对面地传播给员工，为他们提供直接帮助，进而教育员工，促进他们的发展。

三、管理创新的基本原则

管理创新是为了实现创新目标，以规划、组织、领导和控制为主要手段，对企业内部的创新活动进行管理的过程。在管理创新中，有一些基本原则和策略需要遵循和采取。

1.**以市场为导向** 企业必须密切关注市场需求和趋势，及时进行市场调研和分析，以便准确把握市场的需求和变化，切实解决市场问题。

2.**以客户为中心** 企业要将客户的需求和要求放在第一位，注重客户满意度和体验，建立良好的客户关系。

3.**以人才为基础** 人才是创新的源泉和驱动力，企业应该注重人才的培养和发展，建立具有创新精神的团队。

4.**以技术为支撑** 技术是推动企业创新的关键，企业要加强对技术的研发和应用，积极探索新的技术领域。

5.**以风险为挑战** 创新过程中充满不确定性和风险，企业要勇于面对风险和挑战，积极探索未知领域，做好风险管理。

四、管理创新的实现途径

管理创新的目的是促进组织创新，提高组织的竞争力和生产力。需要一系列策略和措施的支持，包括设立创新团队、提供创新资源和支持、培养创新文化、推动技术创新和市场创新、建立创新联盟和合作关系等方面，并根据组织的实际情况进行灵活的调整和应用。

1.**设立专门的创新团队** 组织可以设立专门的创新团队来推动创新活动。这个团队的成员可以来自不同部门，具备不同的技能和知识，通过协作和交流来推动创新。这个团队需要有足够的资源和自主权，可以制定自己的计划和目标。

2.**提供创新的资源和支持** 创新需要投入资源和支持。组织可以为创新活动提供足够的资金、技术和人力资源等支持，鼓励员工提出新的想法和解决方案。同时，组织可以建立创新评价机制，对创新项目进行评估和奖励。

3.**培养创新文化** 创新需要一种积极、开放的文化氛围来支持。组织可以通过建立开放的交流机制、鼓励员工提出意见和建议、支持员工的创新实践等方式来营造创新文化。同时，组织需要允许员工犯错和失败，鼓励员工从错误中吸取经验和教训。

4.**推动技术创新和市场创新** 技术创新和市场创新是组织创新的两个方面。组织需要同时推动技术创新和市场创新，通过引入新技术、开发新产品、探索新市场等方式来提高组织的创新能力。

5.**建立创新联盟和合作关系** 创新需要跨越不同领域和产业，建立创新联盟和合作关系可以拓展组织的创新网络，提供更多的创新资源和机会。组织可以通过加入创新联盟、与其他组织建立合作关系等方式来拓展自己的创新网络。

📖 **案例拓展** --

阿里巴巴与"双11"

　　"双11"是阿里巴巴2009年推出的一个网络购物促销活动，在每年的11月11日举行。这个活动一推出就在中国各大电商平台"独领风骚"，进而成为全球最大的网购促销活动。

　　阿里巴巴的"双11"购物狂欢节创新之处在于它通过创新的促销方式和强大的技术支持实现了在线购物的全方位体验。例如，通过大数据分析和AI技术，个性化地向顾客推送商品和优惠券，为用户提供更便捷、优质和精准的购物服务。此外，阿里巴巴还通过强有力的物流和供应链管理确保商品能准时交付。在"双11"活动的背后，是一整套完整的电商生态系统和创新商业模式，为中国电商行业树立了标杆，也对全球电商发展产生了深远的影响。

　　思考： 与"双11"类似的网络促销活动还有哪些？你认为它们的创新之处主要是什么？

五、管理创新的阻力

　　创新管理需要具备一定的组织、协调、指导和控制能力，以及跨部门和职能的协作和沟通能力。在实践中，企业需要关注创新活动所涉及的技术和市场环境的不确定性，进行资源的有效分配和利用，创造良好的组织文化和管理体制，以及在人才培养和管理上做出努力，以保证创新管理的顺利开展和持续发展。

　　然而，在进行管理创新时，企业经常会面临各种阻力，包括传统思维的束缚、组织结构与文化的制约、管理者的意识与行为以及技术与资源的限制。

　　1.传统思维的束缚　传统思维是指一些已被人们习惯和接受的观念和做法。在进行管理创新时，传统思维往往会成为一种阻力。一方面，传统思维会限制企业对新想法的接受和尝试，企业往往只愿意走以前走过的老路，而不愿意冒险尝试新的创新方式；另一方面，传统思维也会影响企业对新技术的认知和应用，使企业难以适应市场变化。对此，哈佛大学教授克里斯托弗·贝尔认为："传统思维会让企业的视野变得狭隘，使其难以接受新事物，从而错过了很多机会。为了克服传统思维的束缚，企业需要建立一个鼓励创新、尊重个性、鼓励员工发挥创造力的企业文化。"

　　2.组织结构与文化的制约　组织结构和文化是企业内部管理的两个关键方面。在进行管理创新时，企业的组织结构和文化也往往会成为一种阻力。一方面，传统的组织结构和文化可能会阻碍新想法的产生和传播，使企业的创新能力受到限制；另一方面，企业为了保持组织稳定性和文化传承，可能会对新人和新想法采取排斥态度，从而限制创新的发展。对此，管理学家彼得·德鲁克曾指出："组织结构和文化必须适应企业所处的环境和市场，以实现创新和发展。企业需要在组织结构和文化上做出适当的调整，以适应市场变化和技术进步。"

3.管理者的意识与行为　是影响创新管理的关键因素之一。作为组织的领导者，管理者需要具备创新意识和创新思维，以便推动企业的创新活动，同时还要有一定的冒险精神和创新精神，敢于挑战传统观念和做法，推动企业从传统向创新转型。然而，许多管理者并没有意识到创新的重要性，或者缺乏相应的能力来支持管理创新。管理者可能会对创新缺乏理解或不愿意尝试新的方法，也可能担心创新会导致失败或影响他们的职业生涯，并因此抵制创新。

4.技术与资源的限制　技术与资源的限制是另一个影响管理创新的关键因素。企业需要大量的资源支持创新活动，包括人力、财力、物力等。然而，这些资源通常是有限的，因此企业需要进行有效的资源管理和规划，以支持管理创新。

同时，技术的发展也会对管理创新产生影响。随着技术的不断发展和变革，企业必须不断地更新和升级技术，以保持市场竞争力和创新能力。在这个过程中，需要投入大量的资源和精力，这也会成为管理创新的一项挑战。

📖 **案例拓展** --

和尚庙里销售梳子

有四个销售员接到去寺庙推销梳子的任务。第一个空手而归，说和尚没头发不需要梳子，所以一把都没卖掉。第二个卖了十几把。他介绍经验说，我告诉和尚，经常拿梳子梳一梳头皮，可以止痒，还可以活络血脉有益健康。念经念累了，梳梳头，还可以让头脑清醒。这样就销了十来把。第三个卖了一百多把。他说，我到庙里去，跟老和尚说，您看这些香客在庙里烧香磕头，磕了几个头起来头发都乱了，多虔诚呀。您在每个大殿的前面放一些梳子，让他们用来梳头，香客会感到受到关爱，下次还会再来。这样一来我就卖掉了百十把梳子。第四个销售员卖了几千把，还带回了后续订货单。他说，我到庙里跟老和尚说，庙里经常接受香客的捐赠，可以送人家一些回报或者赠品，梳子是最实惠、有用的礼物。可以在梳子上刻上寺庙的名字，再写上"积善梳"三个字，作为礼物回赠给香客，还告诉他们这梳子可以给他们带来平安、福气，可以多买一些梳子作为赠送香客的礼品，保证庙里香火更旺。这一下就卖掉了好几千把，还带回了以后的订单。

思考： 这个卖梳子的案例给你什么启示？

六、克服管理创新阻力的对策

（一）打破创新思维的局限

在面对新的问题和挑战时，人们往往会采用惯性思维和模式化思维，导致创新的局限。为了克服这种阻力，可以采取以下对策。

1.培养多元思维　多元思维是指能够从不同角度看待问题的能力，包括系统思维、逆向思维、创新思维等。通过培养多元思维，可以帮助人们更好地认识问题的本质，并在解决问题的过程中发现新的机会。

2.聚焦用户需求　企业应该始终将用户需求作为创新的出发点和归宿，通过了解用户需求、洞察用户行为和反馈，发现用户需求的潜在痛点和需求缺口，从而引导创新方向和创新内容。

3.与外部合作伙伴建立合作关系　企业可以与外部合作伙伴建立战略性合作关系，共同创新，借鉴对方的优势和经验，促进企业的创新能力提升。

（二）调整组织结构与文化

要克服管理创新阻力，调整组织结构与文化也是一个重要的对策。组织结构和文化是影响组织创新能力的两个关键因素。一方面，组织结构的合理性与灵活性直接影响组织内部信息的流通和决策的效率；另一方面，组织文化也会影响员工的创新意识和创新能力。

针对这一问题，管理者可以采取以下对策。

1.重新设计组织结构　管理者可以根据企业的需求和发展阶段，重新设计组织结构，让组织更加灵活、高效、适应变化。通过调整组织结构，可以促进信息的流通，激发员工的创新意识。

2.建立鼓励创新的文化　管理者可以通过制定创新奖励制度、培训创新能力等方式，建立一种鼓励创新的文化。这种文化可以激发员工的创新潜能，帮助员工在工作中不断提高和创新。建立创新文化是一个长期的过程，需要企业高层的领导力和全员参与。创新文化的建立应该包括激励创新、支持创新、容忍失败、鼓励探索等。

3.推崇开放式管理　管理者可以采取开放式的管理方式，鼓励员工与上级管理者交流沟通，提出自己的意见和建议。这样可以打破组织层级的壁垒，促进组织内部的信息流通和共享，同时也有利于激发员工的创新意识。

4.提高员工素质　管理者可以通过培训等方式，提高员工的素质和能力。员工的素质和能力的提高，有利于员工更好地适应组织变革、创新和推动企业发展。

调整组织结构与文化是克服管理创新阻力的重要对策之一。在具体实践中，管理者应该根据企业的实际情况，采取相应的措施，建立一种鼓励创新的组织文化和管理模式，促进组织创新能力的提高。

（三）培养创新人才与团队

人才是创新能否取得突破的关键。因此，培养创新人才和团队成为克服管理创新阻力的一个重要对策。

培养创新人才需要考虑以下几个方面：①招聘时更加注重人才的创新能力，招聘过程中可以通过设计创新性测试、考察候选人的创新经历和项目经验等方式来评估候选人的创新能力；②企业需要提供适宜的培训和学习机会来帮助员工开发和提高创新能力，包括向员工提供与创新相关的培训、鼓励员工参加创新项目和活动、建立创新实验室等；③需要通过奖励制度来激励员工的创新行为，例如提供奖金、股票期权等。

培养创新团队也是重要的对策之一。创新团队的成功不仅取决于团队成员的创新能力，还取决于团队内部的合作、沟通和决策能力。为了培养创新团队，企业需要建立良好的团队氛围，鼓励团队成员相互合作和协作。同时，企业还需要通过制定清晰的团队目标和任务分工来确保团队成员的工作高效而有序。

（四）积极采取技术和资源策略

1.引入新技术 是推广管理创新的重要策略之一。新技术不仅能够提高企业的生产力和效率，还能够创造新的产品和服务，从而带来更高的市场竞争力。例如，企业可以利用人工智能、大数据分析、物联网等新技术来改善生产流程、提高产品质量和服务水平，从而实现管理创新的推广。

2.资源整合 通过整合企业内外部的资源，企业可以更好地支持管理创新的推广。例如，企业可以与供应商和客户合作，共同开发新产品和服务，同时可以利用外部专家和顾问的专业知识和技能来帮助企业实现管理创新。此外，企业还可以通过收购、并购等方式来获得新技术和资源，以支持管理创新的推广。

小 结

本章主要学习了现代企业与管理创新两个内容。主要内容如下。

1.现代企业具有独立从事经济活动、以营利为目的和满足社会需要等特征；根据不同维度，可以进行多种分类。

2.现代企业制度具有产权清晰、权责明确、政企分开、科学管理等特征，主要包含现代企业产权制度、组织制度、管理制度等基本内容。

3.企业创新主要包括产品、服务、市场、组织、管理创新等方面，受到技术进步、市场需求、政策支持、人才引进等因素影响。可以通过设立创新团队、提供创新资源、培养创新文化、推动技术创新、建立创新联盟等途径开展企业创新。

4.传统思想、组织原有结构与文化、管理者的思想、企业现有技术与资源都会对管理创新构成阻力，可以针对不同阻力来源采取相应对策。

📖 实用管理学小原理 -

路径依赖原理

路径依赖原理指人们一旦做了某种选择，由于惯性的力量，就会不断重复这种选择，使其不轻易发生改变。

这个原理是由美国经济学家道格拉斯·诺思提出来的。他因使用"路径依赖"原理成功阐释了经济制度的演变规律而获得1993年诺贝尔经济学奖。诺思认为，路径依赖类似物理学中所讲的"惯性"，某一路径一旦形成就会在以后不断得到强化。

好的路径会对企业发挥正向反馈作用，通过惯性和冲力产生推进效果，让企业发展进入良性循环；不好的路径会对企业造成负面影响，如同厄运循环，可能会把企业锁定在某种低效率状态下。这种选择一旦被锁定，想要摆脱很难。

柯达公司曾经是世界上最大的影像产品及相关服务的生产和供应商，是一家在纽约证券交易所挂牌的上市公司，业务遍布150多个国家和地区，全球员工约8万人。柯达公司一百多年来帮助无数的人们留住美好回忆、交流重要信息以及享受娱乐时光。但是因为数码技术的崛起和冲击，柯达公司已经不复存在。

实际上，早在1975年，世界上第一台数码相机就是在柯达的实验室中发明出来的。但是柯达公司觉得数码相机的发展严重妨碍了自家胶卷的销售，于是虽然拥有大量的数码相机相关专利，但还是一直对自家的数码相机事业进行打压，导致公司在21世纪没能跟上数码相机时代发展的步伐，并最终于2012年正式破产。

柯达公司的案例可以说是一个典型的企业路径依赖案例。

不但是企业或组织会掉入路径依赖陷阱，我们每个人也会陷入某种行为的不断重复和强化中，从而形成习惯。好习惯不只影响我们自己的一生，还可以让子孙后代受益，坏习惯却可能遗祸我们终生。正如哲学家威廉·詹姆士所说："播下一个行动，收获一种习惯；播下一种习惯，收获一种性格；播下一种性格，收获一种命运。"

- -

参考答案

目标检测

一、选择题

1.企业登记最常见的注册形式是（　　）。

　　A.有限责任公司　　　　　　　　B.股份公司

　　C.合伙企业　　　　　　　　　　D.个体户

2.以下不属于现代企业制度基本特征的是（　　）。

　　A.产权清晰　　　　　　　　　　B.权责明确

　　C.政企合并　　　　　　　　　　D.科学管理

3.以下属于法人的是（　　）。

　　A.某部委法规司　　　　　　　　B.某银行北京分行

　　C.某有限公司　　　　　　　　　D.某公司上海分公司

4.我国公司制企业中最高权力机构是（　　）。

　　A.大会　　　　　　　　　　　　B.董事会

　　C.总经理　　　　　　　　　　　D.CEO

5.市场创新的主要目标是（　　）。

　　A.改进产品设计和性能　　　　　B.提供更佳的顾客服务

　　C.增加市场份额和利润　　　　　D.精简组织程序

6.在打破创新思维的局限方面，以下可以帮助人们更好地认识问题的本质并发现新机会的措施是（　　）。

　　A.建立创新文化　　　　　　　　B.聚焦用户需求

　　C.与外部合作伙伴建立合作关系　D.培养多元思维

7.以下不属于传统思维影响的是（　　）。

　　A.限制企业对新想法的接受和尝试　B.影响企业对新技术的认知和应用

　　C.使企业难以适应市场变化　　　D.鼓励员工发挥创造力的企业文化

8.以下应该包括在建立创新文化措施中的有（　　）。

　　A.激励创新　　　　　　　　　　B.支持创新

　　C.容忍失败　　　　　　　　　　D.鼓励探索

9.管理者在推动企业的创新活动中需要具备的能力有（　　）。

　　A.冒险精神和创新精神　　　　　B.传统思维和老路

　　C.创新意识和创新思维　　　　　D.支持员工发挥创造力

10.企业在进行管理创新时，组织结构和文化可能会成为的阻力有（　　）。

    A.阻碍新想法的产生和传播　　　　B.使企业的创新能力受到限制

    C.对新人和新想法采取排斥态度　　D.增强企业的创新活力

11.以下属于培养多元思维方法的有（　　）。

    A.系统思维　　　　　　　　　　　B.惯性思维

    C.创新思维　　　　　　　　　　　D.逆向思维

二、案例分析题

Netflix是一家全球知名的视频流媒体公司，它的人力资源管理方式具有很强的创新性。Netflix在管理中，通过增加员工的自主权和责任，以及公司管理体系的透明度提高了员工的满意度，并促进了公司收益提升。Netflix的管理创新包括以下几个方面。

1.自主权　Netflix鼓励员工进行自主决策，给员工在工作中更多的决策权。员工可以自己选择从事的工作项目，而不必被强制接受上级分配的任务。这项措施极大激发了员工的创造力。

2.责任　Netflix将责任下放到基层。基层员工在工作中承担更多的责任，并被授予相应的决策权，使他们可以更好地应对工作中的各种挑战和问题。

3.透明度　Netflix通过透明的工资体系和公开的企业内部文化提高公司管理的透明度。公司公开员工的薪资和福利，体现公司薪酬体系的公正，增强了员工的信任感。

思考：这些管理创新措施给Netflix公司带来了什么好处？

三、简答题

1.传统思维为什么会成为管理创新的阻力，应该如何克服传统思维的束缚？

2.简述管理者的意识与行为对创新管理的影响。

3.什么是多元思维？如何培养多元思维？

4.为什么调整组织结构与文化是克服管理创新阻力的一个重要对策？调整组织结构与文化可以采取哪些对策？

参考文献

［1］单凤儒.管理学基础［M］.北京：高等教育出版社，2021.

［2］斯蒂芬·D·威廉森.宏观经济学［M］.中国人民大学出版社，2015.

［3］王利平.管理学原理［M］.北京：中国人民大学出版社，2001.

［4］丹尼尔·A·雷思.管理思想的演变［M］.北京：中国社会科学出版社，1995.

［5］H·孔茨.西方管理学名著提要［M］.南昌：江西人民出版社，1998.

［6］于云波，俞林.管理学基础［M］.北京：科学出版社，2019.

［7］吴戈，关秋燕.管理学基础［M］.北京：中国人民大学出版社，2020.

［8］李英，欧阳翰夫.管理学基础［M］.大连：大连理工大学出版社，2007.

［9］林根祥.管理学基础［M］.武汉：武汉理工大学出版社，2006.

［10］周三多，陈传明，龙静.管理学原理［M］.3版.南京：南京大学出版社，2020.

［11］徐文杰.管理学基础［M］.北京：清华大学出版社，2018.

［12］彼得·德鲁克.管理：任务，责任，实践［M］.北京：华夏出版社，2008.

［13］周仁铖，徐恺.中层管理人员管理能力训练课程［M］.北京：广东经济出版社，2007.

［14］蔡茂生.管理学基础［M］.2版.广州：广东高等教育出版社，2022.

［15］刘磊.现代企业管理［M］.3版.北京：北京大学出版社，2019.

［16］季辉.管理学基础［M］.3版.北京：人民邮电出版社，2019.

［17］孙萍，张平.公共组织行为学［M］.北京：人民大学出版社，2011.

［18］张惠文，雷岁江，富立友.管理学原理［M］.上海：上海财经大学出版社，2020.

［19］张永良.管理学基础［M］.3版.北京：北京理工大学出版社，2018.

［20］代海涛.企业战略管理［M］.北京：北京交通大学出版社，2009.